FABIANO LANA

BRASIL ACIMA DA LUCIDEZ

UMA INVESTIGAÇÃO JORNALÍSTICO-FILOSÓFICA SOBRE O BRASIL E OS BRASILEIROS

FABIANO
LANA

BRASIL ACIMA DA LUCIDEZ

UMA INVESTIGAÇÃO JORNALÍSTICO-FILOSÓFICA SOBRE O BRASIL E OS BRASILEIROS

70

Brasil acima da lucidez

ISBN: 978-65-5427-295-7

Impresso no Brasil – 1ª Edição, 2025 – Edição revisada conforme o Acordo Ortográfico da Língua Portuguesa de 2009.

Dados Internacionais de Catalogação na Publicação (CIP)
(BENITEZ Catalogação Ass. Editorial, MS, Brasil)

L243b
1.ed. Lana, Fabiano
Brasil acima da lucidez : uma investigação jornalístico-filosófica sobre o Brasil e os brasileiros / Fabiano Lana. – 1.ed. – Rio de Janeiro : Edições 70, 2025.
240 p.; 15,7 x 23 cm.

Bibliografia.
ISBN 978-65-5427-295-7
1. Brasil – Política e governo. 2. Cidadania. 3. Democracia. 4. Jornalismo – Aspectos políticos. 5. Sociedade – Brasil – Aspectos políticos. I. Título.

03-2025/75 CDD 320.981

Índice para catálogo sistemático:
1. Brasil : Política e governo 320.981
Aline Graziele Benitez – Bibliotecária - CRB-1/3129

Grupo Editorial Alta Books

Produção Editorial: Grupo Editorial Alta Books
Diretor Editorial: Anderson Vieira
Editor da obra: Marco Pace
Vendas Governamentais: Cristiane Mutüs
Gerência Comercial: Claudio Lima

Produtora Editorial: Andreza Moraes
Diagramação: Vanessa S. Marine
Capa: Beatriz Frohe

ALTA BOOKS
GRUPO EDITORIAL

Rua Viúva Cláudio, 291 – Bairro Industrial do Jacaré
CEP: 20.970-031 – Rio de Janeiro (RJ)
Tels.: (21) 3278-8069 / 3278-8419
www.altabooks.com.br – altabooks@altabooks.com.br
Ouvidoria: ouvidoria@altabooks.com.br

Editora **afiliada à:**

Para Marcela Sabino de Lana
(1973-2021)

"Eu preparo uma canção que faça acordar os homens e adormecer as crianças"

— Carlos Drummond de Andrade

SUMÁRIO

PREFÁCIO - **A ÉTICA DO DEBATE**

Atrever-se a pensar o Brasil é um ato de ousadia. Um país tão vasto, com desafios e contradições ainda maiores, intimida qualquer um. E, no momento atual, essa dificuldade inerente de se pensar soluções para o problema Brasil vê-se acrescida de mais um obstáculo, na verdade muito maior e mais difícil do que a complexidade dos temas que impactam a vida nacional: a indisposição dos brasileiros para este debate. Dado que ninguém nunca terá o poder de simplesmente fazer a mudança sem a cooperação de milhões de outros indivíduos, essa construção de um debate público e as respostas que ele pode gerar é um passo imprescindível. E justo ele mostra-se impossível. Definitivamente, o Brasil não é para amadores.

E é com uma boa dose de ousadia - e sem amadorismo - que Fabiano Sabino de Lana se coloca neste desafio de entender nosso país. A partir de sua experiência com a política e sua formação filosófica e jornalística, ele nos apresenta um conjunto de ensaios que, mais do que dar respostas, nos convida a pensar junto.

Lendo os textos que compõem este livro, podemos identificar três tipos de abordagem diferentes. O primeiro, histórico, que se pergunta sobre nossa origem e nossa identidade, tentando abarcar ao mesmo tempo nossa capacidade de convivência do diferente com a realidade de uma história marcada pela violência, pela injustiça e pela exploração. O segundo, jornalístico ou mesmo político, de discussão de temas que impactam nossa vida de maneira mais concreta. O crescimento econômico, a violência, a desigualdade. Conhecemos nossas carências, mas saber o quanto a condição social do Brasil nos aproxima da Faixa de Gaza é sem dúvida um insight pertubador. Em alguns casos, histórias pontuais como a da rodovia BR-381 servem como parábola dos descaminhos de todo um país.

Ambas as perspectivas, é claro, se misturam a todo momento: o histórico como contexto profundo da cobertura jornalística do presente. Numa obra que, em sua busca por entendimento da realidade nacional, pode mobilizar tanto a antropologia de Gilberto Freyre, a sociologia de Raymond Aron e a economia de John Maynard Keynes quanto a música de Milton Nascimento e Nelson Ned. Estarão na nossa história e na nossa identidade cultural as respostas para as mazelas que ainda nos assolam no presente?

Fernando Henrique Cardoso, que une ao mesmo tempo a função de presidente e de pensador da política e do próprio Brasil, é uma referência incontornável que volta e meia retorna nesse debate.

A terceira abordagem que se nota nessas páginas é a filosófica, que olha para o próprio debate e busca desenroscar as travas mentais que nos impedem de avançar. Aqui, somos guiados principalmente pelo pensamento do filósofo Júlio Cabrera, cujo mandamento intelectual da ética negativa ele enuncia logo no início: "Aja te tal forma que com seus argumentos não procure destruir a posição contrária, ou mostrar a sua total insustentabilidade, abuso e desonestidade, mas apenas mostrar que você tem uma linha de argumentação alternativa que também é sustentável".

Não é segredo para ninguém que vivemos tempos de profunda polarização. E a primeira baixa desse clima de guerra ideológica é a possibilidade do debate público produtivo. Ouvir o outro e, principalmente, ser capaz de considerar uma questão colocando a busca pela verdade acima da mera defesa do que é conveniente para o próprio time, é uma capacidade cada vez mais rara.

A mudança do debate público brasileiro nos últimos 11 anos é inescapável. É como se um portal tivesse sido aberto. E isso tem tudo a ver com a entrada de milhões de brasileiros no debate, graças ao advento das redes sociais, verdadeiras imprensas de Gutenberg do século 21. A questão é que essa expansão também mudou valores, referências e até a percepção do que são fatos. Com a multidão, veio também uma boa dose de ódio e confusão.

Simplesmente limpar o terreno argumentativo, tirando dele o entulho de rótulos e preconceitos que, mais do que tudo, travam a discussão, já é um trabalho intelectual meritório. Esquerda, direita, conservador, reacionário, esquerdista, socialista, fascista. Ou esses termos terão significados estabelecidos ou decairemos para a pura troca de insultos.

Nenhum de nós é uma instância de razão pura. Todos temos personalidade, temperamento, interesses, experiências distintas. Isso dá à nossas opiniões um inevitável viés. Isso não é uma falha, é parte constitutiva de como exercemos a racionalidade: não como inteligências abstratas, e sim como indivíduos concretos em toda nossa complexidade biológica, histórica, social e psicológica.

Assim, o debate público tem que funcionar com o humano tal como descoberto por Nietzsche e Freud, e não do puro racionalismo cartesiano.

Colocar-se de verdade no debate público, ademais, envolve um elemento de risco. Ao colocar as próprias premissas em discussão, abre-se, ao menos teoricamente, a possibilidade de ver que elas estão erradas e ter de rejeitá-las, com resultados imprevisíveis sobre as conclusões que, inicialmente, nos mobilizavam com tanta força. De nada adianta que aqueles que se dizem mais comprometidos com a democracia e a verdade não demonstrem em sua atitude essa postura elementar. Apenas reproduzem o que dizem combater.

Indo em sentido oposto ao da polarização emburrecedora, Lana se mostra menos preocupado em dar soluções definitivas do que colocar algumas das principais questões do país em termos aceitáveis para qualquer indivíduo que faça o esforço mínimo de se colocar com sinceridade do palco do debate. E isso inclui um esforço pessoal de considerar, sem preconceitos, o outro lado. E é o que ele faz ao considerar, num olhar honesto, o pivô da revolução ideológica que perpassou o Brasil: Olavo de Carvalho. Além, é claro, do esforço de compreender o fenômeno Bolsonaro, o que não significa apoiar suas ambições.

Perpassando a discussão política, está sempre ele, o Brasil. De maneira mais ou menos explícita, é o desejo de encontrar soluções para para esta nação tão cindida que anima os esforços de cada ensaio. E, assim, reacende o debate não só de nossos desafios, mas de nossas virtudes nacionais também.

"Como conseguir em nosso mundo uma convivência pacífica entre as pessoas apesar da diversidade de raças, classes, cores, religiões e convicções? Esse é o problemacom que toda a comunidade, todo país sempre volta a se defrontar. A nenhum outro país senão o Brasil, ele se impôs em uma constelação tão complicada, e nenhum outro país – e é como grato testemunho disso que escrevo este livro – conseguiu resolvê-lo de maneira tão feliz e exemplar como o Brasil." Lana, com realismo, vê ingenuidade na visão deslumbrada de Zweig. Adiciona complexidades. Essa mesma visão, contudo, não deixa de ser parte do espírito e da meta que inspira seus textos e sua tentativa de limpar o terreno do debate público, para quem sabe promover a convivência produtiva a que estamos espiritualmente vocacionados e, ao mesmo tempo, tão distantes na prática.

- Joel Pinheiro da Fonseca
08/2024

1. UM PAÍS DE TANTOS ACASOS

Este é um livro sobre o Brasil, sobre os brasileiros, sobre a nossa história, a nossa política, a nossa cultura, os nossos interesses, enfim, sobre a nossa vida. E falar sobre um país é falar sobre sua gente. Falar sobre pessoas é tentar abordar a humanidade. E, para chegar às pessoas, temos que abranger todo o universo a partir do nosso quintal.

É um livro contado a partir de muitas perspectivas, muitos autores, de formações diversas e até mesmo divergentes, de lugares diferentes e distantes, buscando dar ênfase nas chaves da filosofia e do jornalismo, que por acaso são minhas formações e estão entre objetos de interesse e de trabalho. Nesta busca pelo Brasil, vou apontar para todos os lados. O que estiver à minha frente utilizarei como ferramentas de conhecimento, seja ciência política, cultura popular, literatura, impressões pessoais, redes sociais, intuições de outras pessoas que li ou convivi, célebres ou anônimas. Inclusive formulações de muita gente que nunca refletiu sobre nosso país, mas cujos pensamentos servem para nos explicar. O que estiver ao alcance será utilizado para apreender o inapreensível Brasil e sua gente. De certa forma, haverá, no livro, um diálogo com pessoas de todo o mundo sobre as coisas do Brasil, que muitas vezes são também as coisas do mundo.

Desde já apresento um pouco da minha concepção de filosofia das argumentações, que é nunca considerar qualquer afirmação absurda por si. Traduzindo-se a ideia para o debate brasileiro e mundial sentenças como: *"Não houve golpe"*, *"Não houve ditadura"*, *"Não há aquecimento global"*, *"Cuba é um país mais democrático do que os EUA"*, *"O nazismo é de esquerda"*, *"O Brasil não é um país sério"*, *"O sentido da vida é caminhar para a morte"*, *"O estilo musical sertanejo universitário é mais rico em harmonia do que o jazz"*, *"Olavo de Carvalho não é filósofo"*, *"É impossível um cristão ser de esquerda"*. São apenas teses que podem sobreviver ou não a depender do que vier depois. Clichês ideológicos, jargões, frases prontas, podem estar certos ou errados, ou sob eterno debate, a partir dos dados apresentados e da argumentação que os sustentam.

Se temos um temperamento filosófico, após ouvir o que consideramos uma tremenda bobagem, por um momento suspendemos os juízos prévios sobre o assunto em questão e perguntamos: "Ok, quais os argumentos da sua tese?". E, a partir daí, começamos a discussão que pode levar a algum lugar ou a lugar nenhum. Uma das coisas que precisamos aprender é que nunca se sabe a priori.

Quase ninguém consegue agir dessa maneira de esperar os argumentos antes de aplaudir ou condenar, mas fica como um horizonte utópico dos debatedores.

Afirmações muitas vezes precisam de argumentos para sobreviver. Sem justificativas podem não significar nada. Por outro lado, frases antes absurdas, após certo tipo de argumentações, intuições, pesquisas, podem até mesmo se transformar em verdades sociais – o seu contrário também é fidedigno. Um caso muito afamado: *"A Terra, em rotação, realiza um movimento em torno do sol"*, ideia que já teve como punição enfrentar as labaredas inquisitórias das autoridades que tinham poder e eram donas das certezas. Nesse caso, a sentença enfrentava a autoridade bíblica, mais especificamente o livro de Josué (10-12), que relata quando Deus teria parado o sol e a lua para auxiliar a fuga do povo escolhido, liderado por Josué.

Ora, se a Terra está em rotação de que adianta deter o sol? O dia chegará da mesma maneira após a escuridão e Josué não poderia escapar de seus perseguidores. Pensar assim como na frase anterior já foi considerado uma blasfêmia, um absurdo. Hoje tendemos a interpretar essa passagem bíblica com tinturas mais simbólicas ou literárias. Como saberemos de que maneiras as pessoas do futuro compreenderão esse trecho bíblico?

Não busco, portanto, verdades definitivas, mas reflexões sinceras. Convicções firmes e previsões inalteráveis são tarefas para gurus e messias. Também não há pretensão de universalidades e todas as frases estão abertas a questionamentos. Tentaremos ter como guia o imperativo ético-negativo do filósofo argentino Julio Cabrera: *"Aja de tal forma que com seus argumentos não procure destruir a posição contrária, ou mostrar a sua total insustentabilidade, abuso e desonestidade, mas apenas mostrar que você tem uma linha de argumentação alternativa que também é sustentável"*. (2018, p. 341). Algo muito difícil de praticar numa vida de envolvimentos e paixões e quando há uma obsessão em mostrar que o outro, de quem se discorda, está errado, que é obtuso, é despreparado, ou está, como sempre, desinformado. Em geral, prefere-se vencer o debate do que ter razão. Talvez por ser mais divertido. De qualquer maneira, ninguém costuma admitir que perdeu um debate.

Mas em vez de detentor de verdades, o filósofo é muito mais um parasita social que tenta fazer você questionar o que há um minuto era uma certeza inabalável. Que coloca em questão o que era estabelecido. Filósofos são ótimos para destruir. Para construir, nem tanto – confiram as propostas de Platão, Marx e outros para a sociedade e verá que, de maneira geral, fracassaram no planeta – até agora. Mas são ideias que inspiram e movem sonhos.

"As ideias dos economistas e filósofos políticos... são mais poderosas do que normalmente achamos. Na verdade, o mundo é governado por algo mais. Homens práticos que se acreditam isentos de qualquer influência intelectual, são geralmente escravos do defunto de algum economista", afirmou o também economista John Maynard Keynes, em 1936. (Frieden. 2008, p. 257). O próprio Keynes se tornou um exemplo defunto de seu ponto de vista. Está cheio de keynesianos e neokeynesianos por aí.

Filosofia não tem necessariamente a ver com cursos de graduação ou trabalhos publicados na academia, mas com uma postura de perplexidade e questionamento sem fim das coisas e do mundo e a tentativa de estruturá-los. É como se fosse uma doença ou um não perder da postura infantil de sempre perguntar pelos porquês das coisas procurando elaborar algo sobre suas ansiedades – e as coisas não resistem quando há muitos porquês em seguida! É o sentimento daquela adolescente que vê com distância e até mesmo desdém os valores dos adultos, que sabe como são frágeis e arbitrários, e busca questioná-los. Há muita gente que apresenta inquietações filosóficas sem o saber. O filósofo é às vezes o antípoda dos profetas. Busca divergir, desconstruir, e muitas vezes sem ser capaz de apresentar uma solução que não seja desnorteada ou socialmente inviável.

Já o jornalismo apresenta uma dinâmica diferente. A atividade se baseia em saber contar histórias, mostrar o que está mal-ajambrado no mundo, desnudar as contradições e privilégios dos poderosos, investigar o que preferiam que ficasse escondido, tentar traduzir o que poderia ser inacessível para o maior número de pessoas. Jornalistas e filósofos têm como traços comuns uma curiosidade infinita e uma tentativa de organizar o que poderíamos chamar de fatos desordenados do mundo em um relato coerente – com a diferença de que o filósofo vai questionar até mesmo a existência dos fatos em si. O jornalista tem menos problemas com o conceito de fato e refletir demais sobre o tema pode até prejudicar o andar da profissão. Ambas as atividades costumam incomodar as mentes conformistas, os caráteres fechados, os poderosos, e os apêndices do poder.

Para ambas as ocupações, há empecilhos pela frente. Alguns deles não muito refletidos. Por exemplo, o papel da consciência, que permeia tanto o processo filosófico quanto o jornalístico. A consciência não surgiu para examinarmos o mundo, nosso país, ou nós mesmos. A consciência surgiu, pelos caminhos da evolução (se confiamos nos cientistas), para nos ajudar a sobreviver. Então, quando invocamos a consciência para evitar equívocos e abusos, mesmo assim podemos incorrer em erros literalmente impensáveis. A consciência, que proporciona a possibilidade de escrevermos um livro sobre o Brasil, também pode oferecer riscos de desvios e distorções. Mesmo assim, escrevemos. A outra opção, se quisermos procurar algum tipo de pureza ou perfeccionismo objetivo, é não fazer nada.

Mas o que é o Brasil? O que é ser brasileiro? Difícil pergunta para um filósofo-jornalista.

As definições, por mais criteriosas, meticulosas e perspicazes que sejam, acabam por diminuir e aprisionar a riqueza do que é real – partindo do princípio controverso de que o real é algo que de fato existe e está à espera de ser decifrado. As pessoas, o mundo e mesmo as coisas tendem a escapar dos rótulos. Toda tentativa de explicação é sempre ver a partir de certos ângulos e não de outros.

Analisar, buscar entender, é como água escapando por entre os dedos. Se somos honestos conosco mesmos, sabemos que as tentativas de esclarecimentos acabam por deixar muita coisa para trás. Um livro explicativo e exaustivo sobre qualquer fenômeno do mundo teria de possuir infinitas páginas. Teria de exibir todas as versões que competem para o mesmo fato, aprofundar-se nas análises do tal fenômeno a partir de todas as ideologias, de todas as religiões, de todas as escolas de sociologia, de história, das visões de cada humano que vivenciou o que se quer explicar, e mesmo assim seria incompleto.

O Brasil se enquadra nessa condição de só ser apreensível por um *Funes o Memorioso,* o personagem de Jorge Luis Borges que tinha acesso a todas as coisas. Porém, mesmo com conhecimento enciclopédico, Funes não sabia pensar. Precisaríamos de um Funes capaz de elaborar, generalizar e abstrair o imenso conhecimento adquirido. Alguém apto em captar todos os acontecimentos, todas as vidas envolvidas, todos os sons, todos os cheiros, todos os nascimentos, todas as mortes, todos os sofrimentos relacionados ao país – que desse conta de articular tudo e todas as coisas que aconteceram desde o início da eternidade.

Como explicar um país? Cada um dos seus habitantes tem sua própria vida que se distingue das outras. Personalidades que ficaram para a história podem ser vistos por diversos ângulos, por julgamentos que variam por meio das ferramentas e moralidades de cada época. Grandes heróis podem se transformar em vilões e o contrário. A cada geração precisamos destruir as estátuas antigas e construir as novas que um dia poderão ser destruídas. É árduo tentar abarcar um país com a consciência de que não existem fundamentos sólidos e inquestionáveis para nada – e o Brasil é ainda singular nessa provisoriedade das coisas.

Como humanos somos presos no presente. O passado já nos escapa. E sobre o futuro, nunca teremos certeza de como será. Para explicar algo que ocorre no dia de hoje, um conflito qualquer, é preciso voltar no tempo. Mas até quando? A rigor, para explicarmos a vida de qualquer pessoa precisamos conhecer a trajetória de todos os seus antepassados, que incluem não só humanos, mas também pré-humanos, animais, organismos pluricelulares, unicelulares. Para explicarmos os organismos precisamos voltar à origem da Terra. Para explicarmos a Terra devemos ir à origem do universo. A busca de uma pequena verdade completa exige uma regressão infinita – aí teremos que voltar ao argentino Borges em outra de suas invenções literárias: encontrar um Aleph brasileiro, aquele ponto escondido num sótão capaz de ver todo o passado e o futuro do universo, para nos entendermos.

Quais fatos devemos escolher para reconstruir um acontecimento? Tudo que buscamos explicar são montagens construídas por nós que levam em conta o que nos interessa? A nossa língua, no caso, o português, é a capaz de dar conta de tantas coisas? *"Passei cerca de meio ano neste país, mas só agora, apesar de toda a vontade de aprender e de todas as viagens, sei o quanto falta para ter uma visão completa desse gigantesco reino e que uma vida inteira não bastaria para afirmar: eu conheço o Brasil"*, escreveu o alemão Stefan Zweig, no quem sabe premonitório, mas ainda não realizado, *Brasil: um país do futuro*. Zweig publicou seu célebre livro apenas após seis meses de moradia no país e alguns poucos meses antes de cometer seu suicídio.

A memória é traiçoeira, os documentos antigos trazem descrições enviesadas pelos valores dos seus tempos. Estudos objetivos precursores sempre contêm metodologias falhas aos olhos de hoje e assim será aos olhos do amanhã. Entre o que poderia ser chamado de verdade e o que sociólogos, historiadores, filósofos, cientistas, religiosos, místicos, jornalistas, contam sobre ela há uma série de véus. Podemos citar aqui o véu de viver em determinado momento histórico, o véu da ideologia, da linguagem que já nos impõe as palavras a serem usadas, e até mesmo o véu dos sentidos, que nem sempre são confiáveis.

Especialistas em determinado assunto muitas vezes são apenas militantes de algumas causas – as suas causas. Até a eles devemos ter nossas reticências, pois nem sempre possuem o interesse de esclarecer as coisas; querem tentar indicar qual será a versão e o tom moral adequado perante seus assuntos prediletos. Pensar, ao contrário, é se livrar de qualquer certeza antes de prosseguir, sempre próximo ao abismo do erro.

Além disso temos as limitações do acaso de termos nascidos em um local específico, em determinado ano, em determinada família, com acesso a uma série de fontes fortuitas que nos inspiram. Há a influência dos modismos dos tempos, dos amigos, dos professores, o sugestionamento das ondas intelectuais do momento, com todas as limitações que esses acasos podem provocar em procurar um conhecimento puro – objetivo e universal. Melhor imaginar que a busca pelo conhecimento se encontra sempre em perspectiva e o que nos dá bagagem e preparo ao mesmo tempo nos aprisiona e nos limita.

O pré-conceito ao lidar com as coisas é inevitável. No sentido de que não temos um conceito perfeito e acabado sobre nenhum tema ou país. Temos de nos apresentar com um conceito prévio sobre algo (um pré-conceito) e tentarmos sermos honestos e humildes o suficiente para destruir, se necessário, o que tínhamos antes ao nos integrarmos com o que queremos conhecer. Mas não tenhamos ilusões de que eu sou uma coisa e o que quero dominar é outra. Somos algo indissociável. O Brasil, no caso, apresenta-se de maneira diferente para cada um de nós, e não há critérios firmes para definir quem é mais capacitado para emitir juízos inabaláveis sobre um país.

O contar a história de um país ou mesmo aprisioná-lo em uma série de textos costuma se enquadrar em preconcepções ou ideologias. Damos mais atenção a fatos que corroboram nossas teses, ignoramos o que não nos auxilia. Ligamos os pontos, mas apenas os pontos que consideramos relevantes. Ter a consciência dessas limitações pode ser uma virtude. Uma virtude negativa, do ponto de vista da consciência da finitude e da incompletude, mas uma virtude.

Porém, o recontar, o analisar não é apenas fazer ficção. É buscar o que se tem e tentar organizar o que se conseguiu. Há algo de um salto sobre a ribanceira mesmo quando tentamos explicar acontecimentos banais.

No nosso cotidiano cada vez mais veloz por causa das novas tecnologias, a tendência da opinião sobre as coisas em geral são saques irresponsáveis, generalizações apressadas por desconhecimento ou preguiça, ou desejo de que tudo tivesse acontecido mais ou menos daquele jeito. Ter essa consciência pode servir para colocarmos nossas preconcepções sempre em escrutínio. É preciso tomar cuidado até mesmo com as avaliações externas. Em geral, quando uma tese vai ao encontro de alguém que já pensava daquela maneira recebe elogios como: *"Essa análise é lúcida", "Essa é perspicaz", "Essa finalmente foi direto ao ponto", "Aqui está o texto perfeito"*. Estar próximo de alguma verdade original, nunca dita, pode significar que você desagrade a maioria.

O assunto deste livro são os brasileiros. E o fato de o autor ser brasileiro pode ajudar de uma maneira e prejudicar de tantas outras. Assim como nós nunca vemos a nós mesmos a não ser por espelho ou por imagens, raciocínio análogo vale para os nascidos num país refletir sobre sua terra. Estamos próximos demais de nós mesmos para podermos nos analisar.

Ler o máximo de livros possíveis, seguir os jornais, viajar para todos os estados, explorar as regiões, ter vivido em muitas cidades, conversar com as pessoas, refletir, tornar-se obcecado por qualquer fonte de informação ou reflexão, sair do Brasil para experiências distintas – nada nos livrará da prisão de não conseguirmos nos afastar de nós para tentarmos saber quem somos. Mas mesmo todos os impedimentos não devem nos impossibilitar de ir à frente.

Muitos se arriscaram e trouxeram visões de quem somos nós como brasileiros a tal ponto que até nos influenciaram estabelecendo certas direções de como nos vemos. Tome-se o caso do homem cordial de Sérgio Buarque de Holanda, a questão da miscigenação em Gilberto Freyre, ou o sertanejo forte de Euclydes da Cunha. Os escritores ofereceram um rótulo que, quando o aceitamos, começamos a ver o brasileiro influenciados por essas fontes.

Quem se arriscar a ler este livro, portanto, terá, a seguir, mais uma maneira de ver o Brasil por meio de alguns textos contingentes.

2. BRASIL: UMA NAÇÃO ACIDENTAL

O nascimento do Brasil como nação é controverso. Até hoje não sabemos exatamente se a esquadra de Pedro Álvares Cabral alcançou nosso litoral no dia 22 de abril de 1500 por acidente de percurso ou a seguir um plano traçado de Lisboa. Quando as caravelas atracaram já havia presença humana e luta pela terra entre as inúmeras etnias que habitavam o território. Até porque, desde sempre, onde há humanos, há disputa.

A algumas centenas de quilômetros ao norte de onde os lusitanos desembarcaram, o Vale do Catimbau, hoje no estado de Pernambuco, mostra alguns sinais desses primeiros brasileiros em conflagração – e aqui o termo brasileiro é algo problemático, por óbvio. O Catimbau é uma região na transição do agreste para o sertão nordestino, com paisagens magníficas, distante 280 km do atual Recife, a capital Pernambucana. Após uma caminhada não tanto exaustiva a partir da comunidade que sedia o vale, Buíque, é possível ver uma pintura rupestre que pode ser interpretada como uma batalha de guerreiros aparentemente sem cabeça, por território, ocorrida em torno de seis mil anos atrás. Há também imagens de danças em fila indiana, de sexo, de animais, de caça, e até mesmo uns curiosos símbolos concêntricos que os habitantes locais especulam que poderiam ser alguma imagem de extraterrestres que visitaram o local há milênios.

Como está registrado na canção de Lô Borges e Márcio Borges sobre Belo Horizonte, *Ruas da cidade*, houve nesse protoBrasil Guaicurus, Caetés, Goitacazes, Tupinambás, Aimorés, Timbiras, Tupis. Eram tribos que estavam aqui quando fundearam as caravelas. As histórias dos primeiros moradores não se amalgamaram com o Brasil, mas sim correram paralelamente numa contradição entre integração, conflitos, mortes ou isolamento.

O comandante Cabral, apesar do encontro extraordinário com os pioneiros habitantes do lugar que passaria a se chamar Brasil, rumou para a Índia, porque precisava concluir negócios – comprar especiarias para vendê-las com altas taxas de lucro para o Estado mercantilista português. Lá, boa parte dos seus companheiros de viagem encontrou a morte, inclusive o nosso primeiro cronista, Pero Vaz de Caminha, em batalha contra os guerreiros de Calicute. Cabral é pouco celebrado na nossa nação-pai, Portugal, porque fracassou como comerciante em sua expedição. Não deram tanta importância assim à tomada de posse do Brasil em comparação com o que queriam dos produtos asiáticos. Essa questão indica que podemos ser, como nação, um filho não planejado ou que não sabiam como seria criado. O desleixo, desde então, é um dos nossos marcos iniciais do processo de colonização da nação Brasil e nos marcará para sempre.

Por falar em nação, se você se relaciona com a história de maneira desconfiada perceberá que o conceito tem muito mais de mitologia e ideologia do que de verdade. Por milênios, a sociedade mundial conviveu com tribos, povos nômades, cidades-estados e impérios. A ideia de nação é relativamente recente, utilizada como discurso político apenas a partir da revolução francesa, no século 18 – ontem, metaforicamente, se formos levar em consideração a trajetória milenar da sociedade. *"Entender a história de forma errada é preciso para ser parte de uma nação", observou o filósofo Ernest Renan,* ainda no século 19. (Gelvin. 2014, p. 24).

A identidade das pessoas com suas nações é algo historicamente recente. Eram antes com as suas tribos, com a religião, com os impérios, com uma cidade, com uma pequena região de origem. Nas hierarquias das lealdades, a prevalência da nação como algo preponderante é uma construção social de pouco mais de duzentos anos, mas temos a impressão de que sempre foi dessa maneira – não é o caso. Nação é uma concepção que poderia, se tivéssemos ido por outros lados dos caminhos históricos, nunca ter existido.

Há nações com mitos fundadores fortes, heróis, guerras, perseguições – e é preciso deixar claro que nenhum desses mitos costuma resistir a uma revisão histórica escrutinadora. No caso do Brasil é algo diferente. Não temos um mito de criação claro nem epopeias grandiloquentes para contar nas escolas ou servir de base para os discursos dos líderes políticos.

Com o relativo desinteresse pelas terras brasileiras, sem metais ou especiarias, os primeiros emigrantes que por aqui chegaram, em boa parte, foram os degradados. Criminosos portugueses que preferiram viver livres numa terra distante, fazendo filhos com índias, do que seguir presos onde nasceram.

A situação escandalosa desses pioneiros ocasionou reações extremas dos jesuítas, que chegaram a pedir ao rei de Portugal a vinda de órfãs e até mesmo de meretrizes para o Brasil. Em face à nossa história, se fizermos uma genealogia dos nossos antepassados, não deve ser nenhuma surpresa, portanto, encontrar alguns delinquentes ou prostitutas.

Com o passar dos anos, nossos colonizadores se comportaram com crueldade. Face a inoperância de Portugal, a "civilização" chegou ao nosso território por meio de bandeirantes paulistas que, seja em busca de escravos índios ou de ouro, foram também os pioneiros de nosso território. Hoje, em que o espírito do tempo indica que se pode derrubar as estátuas desses homens cruéis, bom lembrar que o Brasil, goste-se ou não, é em parte um projeto bandeirante. Seja pela miscigenação, seja pela ocupação de território, seja pelos nomes que colocaram em tantas cidades ou marcos naturais.

Do ponto de vista externo, nenhum invasor nos ameaçou de maneira tal que se criou um sentimento de nação a partir do combate a um povo beligerante, como é o caso da nação palestina e das perseguições históricas aos judeus (a passagem dos holandeses por Pernambuco deixou marcas fortes no estado, mas durou apenas cerca de duas décadas). Nossa mais conhecida insurreição contra o colonizador, a Inconfidência Mineira, partiu de ricos proprietários, poetas, estudantes, e o maior punido era o único que não tinha grandes conexões com o poder local: o alferes Joaquim José da Silva Xavier, o Tiradentes – nosso maior herói historiográfico do qual pouco se sabe por ausência de fontes (a mais recente biografia de Tiradentes, de Lucas Figueiredo, segue em vários momentos honestamente especulativa).

A nossa própria independência foi proclamada por um português contra um regime comandado pelo pai. Uma série de conflitos sangrentos no período em que o Brasil se consolidava como Estado autônomo deixou de fazer parte de nossa grande histografia popular. Para conhecê-los em uma única obra vale ler *As guerras da independência do Brasil,* de Leonencio Nossa. Portanto, falar que começamos nossa história com uma guerra de seres sem cabeça no Vale do Catimbau em Pernambuco não ajudaria muito a nos constituir como nação altiva, apesar de que talvez fosse explicativo e veraz.

Os portugueses chegaram no último ano do século 15 e por décadas não houve um interesse real sobre a terra além da extração de matérias-primas próximas ao litoral. Havia a retirada da madeira pau-brasil, havia o sonho de se encontrar minerais preciosos como se relatava na porção do continente próxima ao oceano Pacífico, no Peru, mas o nosso início foi marcado pela sonolência da metrópole. Poucas capitanias hereditárias, a maneira em que os portugueses encontraram para iniciar a colonização, prosperaram – localizadas em espaços onde hoje estão os litorais de Pernambuco e São Paulo.

Inclusive, até hoje, desde as capitanias, jamais superamos a sina de oferecer matéria-prima e produtos primários para o mundo. Pau-Brasil, cana de açúcar, cacau, borracha, café, algodão, tabaco, ouro, minério de ferro, carnes, e agora a soja. De acordo com um de nossos intérpretes, Paulo Prado, *"Caracterizava o europeu o desamor à terra, aquilo que o nosso historiador chamou de transoceanismo: o desejo de ganhar a fortuna o mais rápido possível para desfrutar no além-mar"* (Prado. 2023, p. 64).

Fabricamos jatos comerciais e automóveis, mas nossas vantagens competitivas estão ligadas à natureza e ao clima. Ainda temos dificuldade, do ponto de vista macro, em estabelecer nosso processo de industrialização ou demais setores considerados de ponta, necessitando ser protegidos em relação ao mundo, com apenas uma exceção ou outra para confirmar a regra. Certas facetas do Brasil do século 16 permanecem.

Se formos otimistas, podemos dizer que o que já conseguimos nos desenvolver se deve em grande parte aos nossos produtos exportáveis, que ajudam a pagar as nossas contas públicas e tirar a população da miséria. Se formos pessimistas, podemos concordar com Eduardo Galeano e sua sentença: *"Quanto mais cobiçado pelo mercado mundial, maior é a desgraça que o produto causa ao povo latinoamericano que com sacrifícios o cria"* (2010, p. 93).

No começo, os portugueses tentaram escravizar os indígenas para torná-los serviçais nas plantações, em serviços de casa, e extração de matéria-prima. Não conseguiram. Aliaram-se com algumas tribos para dizimar tribos rivais. Com a anuência da igreja, que não concordava com os nativos escravizados, patrocinou a busca de escravos negros na África. Tanto no Brasil como no continente africano, portugueses evitaram se expor em guerras ou rapto de pessoas. Aliaram-se a certas tribos para capturar escravos de tribos rivais. Essa nódoa da escravidão ainda não conseguimos superar.

Do ponto de vista político já fomos quase de tudo. Colônia, império, república, ditadura, democracia. Mas sempre de maneira imprecisa, a flertar com a anarquia ou o golpe. Por séculos, nossa colonização mal ultrapassou o litoral, pelo menos até a descoberta do ouro em Vila Rica. Até a construção da capital, Brasília, éramos um país de fato voltado para o mar. Nosso império era débil e o Estado costumava surgir para arrecadar impostos ou impor a violência em um território dominado por cangaceiros ou milícias.

A nossa primeira república pretendia-se democrática, mas além de ter se iniciada com um golpe de Estado, a ameaça da ditadura foi velada ou real através das primeiras décadas. Nossa última ditadura, por sua vez, no século 20, revezava violência, megalomania, censura e um certo grau de permissividade. Notável imaginar que um movimento cinematográfico denominado pornochanchada, com exuberantes mulheres nuas e forte teor erótico, foi um grande sucesso de público e renda em um Brasil de regime autoritário.

No Brasil, a classe política, artística ou intelectual cultivou ditaduras de várias ideologias. Está na biografia de Mariguella, de Mário Magalhães, que Stalin foi considerado *"o maior gênio da humanidade"*, pelo político Mário Alves. Que assim se pronunciou o escritor Jorge Amado no dia da morte do ditador soviético: *"Um instante de dor desesperada, de dor da criança que perdeu o pai amantíssimo e se sente órfã e abandonada"*. Já o regime de Getúlio Vargas, mesmo com seus porões de tortura e mesquinharias como censurar o filme *O grande ditador*, de Charles Chaplin, tinha notórios apoiadores da tese de que o Brasil deveria se aliar ao eixo nazista. Vargas, que optou por se juntar às forças aliadas contra a Alemanha, foi reabilitado, mais tarde, quando o presidente, eleito, nos anos 1950 do século 20, virou defensor dos "trabalhadores" brasileiros.

Nas vésperas do golpe de 1964, que instaurou uma ditadura de 20 anos, eram poucas as forças políticas e econômicas brasileiras que defendiam de fato a democracia. Estudantes e intelectuais sonhavam com o comunismo como o implantado em Cuba por Fidel Castro. Políticos desejavam mais poder. Aliados a empresários, próceres civis queriam o golpe executado pelos militares que, logo que puderam, exilaram os civis. Por um tempo nosso golpe foi batizado de uma revolução "redentora", algo que teria vindo para nos salvar.

Temos também casos de êxitos recentes a mostrar ao mundo. A inflação foi domada pelo plano Real; programas como o Bolsa Família não permitem que os mais indigentes morram de fome e ainda procura oferecer saídas por meio da educação; o sistema de transferência de recursos entre empresas e cidadãos se dá por meio de uma tecnologia inovadora como o Pix, que tende a aposentar o papel-moeda. São histórias bem-sucedidas que podem ficar ao lado de estradas inconclusas, ferrovias inexistentes, obras que nunca terminam e viram ruínas antes de serem inauguradas, mobilidade urbana falha, mendigos e drogados nos centros das cidades, desigualdade, hospitais superlotados, altos índices de violência urbana, e números de saneamento ainda vergonhosos.

O resultado de tantas contradições podemos considerar até interessante sob o ponto de vista de que o Brasil se tornou um dos países mais singulares do mundo. Indefinível por não ser europeu, não ser africano, não ser americano ou mesmo sul-americano. Temos uma trajetória para sempre única. Não é intelectualizado, não é indigente. Não é bem nem é malsucedido, não é o país do futuro, do passado ou do presente. O Brasil está num limbo.

Somos diferentes até mesmo da mitologia de nossos pais fundadores, os portugueses. Lá se cultiva a melancolia do fado ou da poesia de Fernando Pessoa. Aqui se expõe a felicidade no samba, no frevo, no axé, nas festas de sertanejo regadas a muita bebida, no boi do norte do país, no brega, na pisadinha eletrônica do Nordeste, nos funks cariocas com letras que celebram a devassidão. O prazer, inclusive, é uma das marcas do Brasil. O brasileiro, em geral, vive pelo júbilo que tenta ostentar sempre que possível, nas celebrações, nas redes sociais. A tristeza costuma ser algo a ser escondida, reclusa, ou tratada com grande ironia. Paulo Prado, há cerca de um século, causou controvérsia ao nos apontar como tristes.

> *"Numa terra radiosa vive um povo triste. Legaram-lhe essa melancolia os descobridores que a revelaram ao mundo e a povoaram. O esplêndido dinamismo dessa gente rude obedecia a dois grandes impulsos que dominam toda a psicologia da descoberta e nunca foram geradores de alegria: a ambição do ouro e a sensualidade livre e infrene que, como culto, a Renascença fizera questão de ressucitar"* (Prado. 2023, p. 35).

Entrando em certa contradição com o parágrafo anterior, é preciso dizer que comportamentos nacionais não são homogêneos, mas apenas uma chave para tentar explicar o país em termos mais amplos. No nosso caso, podemos ser entendidos não só pelo prazer, mas pela mistura, pela bagunça, pela dificuldade de seguir padrões. Não somos mais europeus, não somos indígenas, não somos pretos, não somos mais colonizados, não somos colonizadores, não somos humildes, não somos ambiciosos. Não há um termo único que nos caracterize.

Há algo de mal-ajambrado em cada coisa no Brasil. O que é organizado não soa em um primeiro momento como brasileiro. O Plano Piloto de Brasília é um exemplo. A mais opulenta avenida da mais rica das cidades pode ter buracos e rachaduras no asfalto a destruir as rodas dos automóveis e costuma haver uma comunidade pobre e perigosa por perto. Os que o povo considera santos têm histórias ambíguas, quiçá violentas – tome-se o caso de Padre Cícero, que foi líder político, proprietário abastado de terras, excomungado pela igreja, e ainda se envolveu com os cangaceiros. Somos violentos com capas de pessoas boas.

Celebramos o prazer, fingimos às vezes que não temos preguiça. Gostamos de dizer que não desistimos nunca, mas somos os grandes mestres na procrastinação. Não temos pressa, não vamos para o lado direito da escada rolante ou das estradas de rodagem. Paralisamos a fila da comida a quilo escolhendo o alimento mais adequado aos nossos gostos pessoais, ignorando os que estão atrás. Jogamos, sem nenhum resquício de dor de consciência, pedaços de papel, copos de plástico, maços vazio de cigarro e todo tipo de lixo nas vias públicas.

Repudiamos a pontualidade, a precisão, a acuidade. No Brasil, tome cuidado com os compromissos que fazem com você. Podem não ser para valer. A palavra dada não costuma ser a palavra empenhada e executada. O Brasil é o país em que se dedicar a um sábado inteiro ao estudo pode ter menos valor social do que utilizar esse tempo para ir a um churrasco ou a uma festa. No Brasil, inconscientemente, sabemos que se entreter é a maneira como combatemos o sofrimento existencial. Por isso, respeitamos a diversão – toleramos barulho e urina nas vias públicas e os que protestam contra o caos são os reprimidos porque não sabem "o que é a vida".

Por outro lado, quando não participamos da festa, podemos ser intolerantes e violentos com o barulho alheio. A contradição está em todo lugar. Segundo as sondagens de opinião, somos contra o aborto. Mas não queremos punição à mulher que cometeu o aborto.[1] O brasileiro também é majoritariamente contra "o beijo gay na TV aberta", mas tem mudado rapidamente de opinião com o fato de os homossexuais assumidos serem mais presentes na sociedade e fazerem parte da família e do grupo de amigos.

Discutimos reformas por décadas antes de aprová-las de maneira incompleta. Não conseguimos ser revolucionários, porque destruir, seja para avançar ou recuar, exige muita energia e mesmo os mais radicais precisam compor.

---

1 PORTO, Douglas. Quaest: 71% dos deputados são contra legalizar aborto; Câmara racha sobre armas e privatização dos Correios. **CNN**, São Paulo, 10 ago. 2023. Disponível em: <https://www.cnnbrasil.com.br/politica/quaest-71-dos-deputados-sao-contra-legalizacao-do-aborto-camara-racha-sobre-armas-e-privatizacao-dos-correios/>. Acesso em: 21 mai. 2024.

Sergio Buarque de Holanda fala que o português é marcado pela aventura do descobrimento em contraposição ao trabalho disciplinado nas oficinas. Aqui, no trabalho, pesado, sonhamos com feriados e feriadões para o desalento dos que querem fazer a economia andar mais rápido.

No dia a dia não valorizamos os apressados; são pessoas que não sabem aproveitar a vida. Os afoitos, inclusive, paradoxalmente, talvez por se diferenciarem, costumam se destacar entre os brasileiros, como é o caso de um presidente como Juscelino Kubitscheck, que construiu uma nova capital no meio do distante cerrado em três anos. Também, por décadas, fomos celeiro de grandes pilotos de Fórmula 1 que arriscaram a vida a 300 km/h. A frase de Kubitscheck presente na sua autobiografia: *"Nunca deixei para amanhã o que pudesse resolver na hora"* (2010, p. 47) é a antítese de boa parte dos brasileiros. Aqui há algo de não faça nunca o que você prometeu para amanhã.

Há um que de esculhambado em todo lugar. São as melhores universidades com péssimos banheiros ou portas que não se fecham. Grandes empresas marcadas por histórias de corrupção e balanços fraudados. Famílias que se apresentam como brancas, mas com índios e pretos como ascendentes próximos. Clubes de futebol bem-sucedidos, com milhões de torcedores, em eternas dificuldades financeiras e acusações de desvios de recursos. Decisões judiciais sobre um mesmo tema que vêm e vão a ponto de ser algo impossível decifrar o que foi certo ou o que foi errado.

As coisas mais brasileiras nunca são exatamente brasileiras e trazem um pouco de todo mundo para si. Tome-se como exemplo as harmonias norte-americanas da Bossa Nova, os batuques com reminiscência africanas do samba, os modos musicais gregos que reaparecem na música nordestina como o baião e o xaxado, o futebol importado da Inglaterra. Tudo aqui é amalgama.

Somos desiguais e ainda, como país, convivemos com altíssimas taxas de pobreza. Alternamos na mesma cidade bairros ricos com lugares miseráveis, regiões pujantes com outras que perderam ou nunca encontraram suas vocações econômicas. O Estado é ao mesmo tempo um distribuidor de recursos para pessoas carentes não padecerem pela fome e, também, protetor de uma classe privilegiada seja por meio de salários, aposentadorias, incentivos e subsídios. Nos últimos anos, setores médios, que não estão no domínio da máquina pública nem na base da pirâmide a receber auxílios, têm se revoltado contra a nossa concepção de Estado e buscam as soluções conflituosas da antipolítica.

Não somos coerentes. A complexidade do Brasil pode estar no fato de que fãs da classe-média alta vão a uma apresentação da banda de rock

Titãs e vociferam contra as forças de segurança ao cantar a seguinte letra: *"Dizem que ela existe para ajudar, dizem que ela existe para proteger, eu sei que ela pode te parar, eu sei que ela pode te prender"* – num evento protegido por policiais que vivem em comunidades carentes. E, poucos dias depois, também podem participar de uma manifestação de direita e aplaudir os policiais ali presentes.

Com suas praias, beleza natural, desigualdade evidente, produção cultural, e modo de ser de seus habitantes, o Rio de Janeiro é nosso maior símbolo internacional. Mas em algum sentido São Paulo é o Brasil, na confusão, na falta de planejamento do crescimento desorganizado, do caos de uma metrópole incompreensível. Em outra percepção, é o antiBrasil, no sentido estereotipado de uma certa rejeição ao Estado, da aposta na individualidade de quem quer enriquecer solitariamente, no valor da palavra de seus habitantes que de fato é mais firme.

De qualquer maneira, São Paulo representa, do ponto de vista dos prejulgamentos, a pressa e a ansiedade em contraposição a outras regiões do Brasil. Um local formado por pessoas que rejeitaram o Estado, que preferiram conduzir a ser conduzidos. Por isso, apesar de toda a desigualdade, de toda a confusão, são em média mais prósperos.

Como país, seguimos muito pessoais, pouco institucionais. Por mais que existam concursos públicos, por mais que façam as regras supostamente para as empresas obterem créditos e benefício do governo de maneira equânime, o que conta mais para a tomada de decisões e a ascensão social são as conversas, a troca pessoal, a pressão próxima à chantagem, a manipulação, o *lobby*.

"O amor por princípio e a ordem por base; o progresso por meta", frase do filósofo positivista francês Auguste Comte, ilustra nossa bandeira no resumo "Ordem e progresso". É curioso que um dos filósofos mais cultuados no Brasil, inclusive pelos nossos militares, acreditasse tanto na racionalidade que a transformou em uma religião com santos e apóstolos, inclusive com sua esposa canonizada. Prevaleceu o amor, que é tudo menos ordenado e racional.

A ironia do *slogan* da escola positivista de filosofia estar nas nossas flâmulas é notável. O mais apropriado é que em nossa bandeira houvesse apenas a passagem amorosa da nossa frase-símbolo e deixássemos de lado a expressão oficial. Que ficasse apenas "Brasil é amor", mais condizente com o homem cordial de Sergio Buarque de Holanda, que age com o coração, pela emoção, nem que para isso rompa regras, faça uso da violência, atropele quem venha pela frente.

Por aqui não é interessante procurarmos pela lógica, pela coerência. O Brasil é um país em que recentemente o governo gastou, para a Copa de 2014, bilhões de reais em estádios de futebol que só puderam ser frequentados por uma classe-média com alto poder aquisitivo que aproveitou a ocasião para vaiar os integrantes do mesmo governo. E, como reação, os políticos governistas de plantão passaram a atacar como elite privilegiada a própria classe para a qual construíram os bilionários estádios. Em transe, um ano antes da Copa, milhares de brasileiros saíram às ruas para protestar contra o Estado, contra o governo, contra a Copa, contra tudo. A seleção ter perdido na semifinal por 7×1 para a desenvolvida Alemanha terminou por simbolizar esse processo tumultuado.

Em meio a lixo jogado pelas janelas dos carros, tampas de bueiro quebradas, ruínas de obras públicas paralisadas, pixações nos prédios e viadutos, flanelinhas, pedintes, quando há algo limpo, organizado, previsível, não conseguimos ver como Brasil. Somos um país que gosta de começar obras que não costumam terminar e, quando concluídas, não costuma zelar por elas.

Pessoas que não andam com roupas amarrotadas não representam os brasileiros. O Brasil é a linha de baixo e a dança de Júnior Groovador, um músico do estado do Rio Grande do Norte, tocando "*Smell Like a Teen Spirit*", dos norte-americanos do Nirvana; é Nelson Ned entoando "Todo passará"; ou "Bole rebole", versão não creditada de *Das Model*, do conjunto eletrônico alemão Kraftwerk, interpretada pela banda de tecnobrega paraense Los Bregas.

O Brasil são as esculturas de Antônio Francisco Lisboa, o Aleijadinho, um mestiço filho de português com uma escrava, nascido também escravo e alforriado por um padrinho, em uma vida envolta em névoas e mistérios. São os cangaceiros de Guimarães Rosa, como Riobaldo, de *Grande sertão: veredas*: também um filho bastardo, reflexivo, corajoso, atormentado, apaixonado. Ou mesmo Brás Cubas, de Machado de Assis, ou Macunaíma, de Oswald de Andrade, anti-heróis que teimam até hoje em nos representar como aproveitadores, desajustados, talentosos, criativos, aventureiros e cafajestes. Somos vira-latas, misturados. Temos em nós quase tudo e todas as referências do mundo, mas as utilizamos da nossa maneira, e deveríamos nos orgulhar disso.

Mas o Brasil tem alguma coisa para apresentar ao mundo como exemplo a ser seguido. Em tempos de nacionalismos e estridências, não temos uma ligação perigosa ou mesmo doentia com a noção de pátria. Há convicções de povos que costumam ser bastante perigosos se tomadas radicalmente, como religião e raça. Nossa bagunça, nossa imprecisão, ajuda-nos.

Somos um país que pode ter sido fruto do acaso. Discutimos até hoje se as frotas de Pedro Álvares Cabral fundearam em nossas costas por acidente. Nesse sentido, desde a origem, temos algo de contingentes – poderíamos simplesmente não ter existido como país e nação se os fatos históricos fossem um pouco diferentes. Poderíamos ser colonizados por outro Estado, ter outra língua, viver outro rumo nos acontecimentos. Temos, portanto, uma consciência maior da transitoriedade, da aleatoriedade e da provisoriedade das coisas. Muito mais do que os demais países cujos habitantes ainda não conseguem prescindir das ilusórias verdades fixas para viver.

Identidade nacional é um conceito mais ideológico do que real. Como não temos identidades fortes a partir de conceitos restritos, não temos diferenças beligerantes com o que é externamente diferente. Somos menos propensos a guerras contra inimigos externos, o que precisa se conciliar com o fato de sermos um dos países mais violentos do mundo se o critério for a taxa de assassinatos entre a população (e dos quais apenas um terço são esclarecidos).[2]

Aqui, apesar dos esforços de alguns grupos de militantes, é difícil nos definir por meio de raças estanques ou convicções gerais. Do ponto de vista religioso, há sempre um contraponto, uma ponderação. Buscamos não ser tão rigorosos na aplicação das lições que vêm dos padres ou pastores.

Fracassos da seleção de futebol não são mais vistas como um problema da nação a ponto de afetar a autoestima – a derrota de 7×1 para a Alemanha na Copa de 2014 teve muito mais memes bem-humorados nas redes sociais do que lágrimas de torcedores – apesar de esse episódio ter ficado marcado como uma prova de que não conseguimos nos desenvolver de maneira digna.

Essa maleabilidade com relação a sermos de alguma maneira relaxados, confusos, pode ser uma vantagem em tempos em que, mundialmente, buscam-se regras e rótulos de maneira tão clara. O Brasil não tem mitos fundacionais, não é expansionista. É um país ainda a se firmar, o que é uma benesse.

O que constitui primordialmente os humanos segundo certos movimentos militantes atuais podem ser a raça e o gênero. Para outros ativistas, o que vale são a pátria, a religião, a família. Os socialistas ainda querem explicações de mundo a partir das noções de classe. Os iluministas e os liberais insistem na

---

2 Levantamento inédito: sete em cada dez homicídios no Brasil ficam sem solução. **Rede Globo**, Fantástico, Rio de Janeiro, 27 ago. 2020. Disponível em: <https://g1.globo.com/fantastico/noticia/2020/09/27/levantamento-inedito-sete-em-cada-dez-homicidios-no-brasil-ficam-sem-solucao.ghtml>. Acesso em: 21 mai. 2024.

racionalidade, na individualidade. Mas o brasileiro tem algo de existencial nisso tudo – não se constitui por categorias estanques; pode ser um pouco de cada coisa acima. Nada o define. Escapa de rótulos.

Até mesmo nossos candidatos a autocratas são atrapalhados, inábeis, ridículos. Não levamos as coisas a ferro e fogo. Nossos golpes de Estado não foram seguidos de guerras civis e logo os donos de poder se recompuseram – os poucos rebeldes foram calados, aposentados, exilados e, no limite, assassinados. Por nossa sorte, outras tentativas de instalarem uma ditadura por aqui falharam por incompetência e estilo esculhambado de seus líderes.

Quando morrem nossos ídolos, logo viram objeto de anedotas, assim como a derrota da seleção. Apesar dos esforços dos radicais para deixar tudo muito rígido, para transformar os discordantes em inimigos, os valores dos brasileiros costumam ser permeados pela ironia, pela leveza, pelo acordo, o que pode ser considerado uma virtude se a comparação for a deflagração belicosa.

Um problema mundial hoje nem são exatamente as sociedades divididas, o que é inevitável, mas as certezas intransigentes de todos os lados envolvidos. O Brasil tem ficado menos respirável a partir do momento em que resolvemos ter convicções inabaláveis sobre tantas coisas. Num processo crescente, que teve como momento de virada os protestos de 2013, grupos começaram a se posicionar de maneira tão sectária que até mesmo forças políticas que defendiam o diálogo tanto com a esquerda quanto com a direita foram condenadas a certo ostracismo. Hoje, para muita gente, é preciso estar de um lado ou de outro para não ser considerado um traidor.

O Brasil também entrou na onda planetária antissistema. O mundo das redes sociais – horizontal, anárquico, sem as antigas hierarquias – passou a exigir respostas imediatas para problemas de difícil solução e alta demanda por recursos, como o de mobilidade urbana. Soma-se a um período de recessão, de desemprego, e escândalos de corrupção para que fossem criadas as condições de possibilidade de nosso candidato *outsider* se tornar um vencedor. Na verdade, um personagem da política tradicional, há décadas no parlamento, com instintos afiados, que sentiu que o país não queria construir, mas destruir o que havia feito para colocar outros valores no mesmo lugar (ele se tornou o personagem perfeito para a missão). Hoje temos dois grupos políticos bastante hábeis em táticas agressivas contra os adversários que levam quase a totalidade dos votos presidenciais no Brasil.

Mas talvez essa busca pela destruição sistêmica não seja a nossa índole – por causa de nossa história, de nossa formação, e de ações pregressas. Nosso temperamento em geral se alterna, de um lado, por desejo de mudanças, de outro, por uma tendência à recomposição e mesmo à ambiguidade – por razões até mesmo fisiológicas que guiam a prática dos atores políticos. Temos, entre os donos do poder, os que aceitam as mudanças para que nada mude para eles.

Em tempos em que as coisas estão um pouco mais atritadas, em que há Brasis que não se dialogam, o que precisamos recuperar são as dúvidas. A irônica pergunta "será?", em resposta a algo muito assertivo dito sobre o nosso país, deve ser sempre usada. Será?

Como afirmou um ministro de um governo bem anterior, das nossas dezenas de autoridades que enfrentavam problemas insolúveis, no Brasil até o passado é incerto – o que é ótimo se não se referir ao aparecimento de novas dívidas, assunto a que se debruçava a autoridade. Mas o passado incerto no sentido de que não sabemos exatamente quem somos e como chegamos até aqui. E precisamos transformar isso numa vantagem orgulhosa de um povo que não se prende a dogmas e nunca precisará se sentir aprisionado.

3. PREENCHA SEU VAZIO COM PETISMO OU COM BOLSONARISMO

A história da humanidade, das tribos, dos impérios, das etnias, das sociedade modernas, pode ser contada por meio de confrontos com seus inimigos – internos ou externos. Por exemplo, podemos relatar a odisseia dos primeiros judeus por meio das escaramuças com os egípcios, romanos, ou contra os filisteus. Contar a história dos incas por meio das disputas internas que tiveram como ápice as invasões comandadas pelo espanhol Francisco Pizarro. Contar a história dos *luzias*, grupo político do segundo império brasileiro, pela rivalidade com os *saquaremas*.

Podemos falar do antagonismo recente entre o Partido dos Trabalhadores (PT) e do Partido da Social Democracia Brasileira (PSDB), que disputaram o segundo turno das eleições presidenciais brasileiras de 1994 a 2014. Podemos nos lembrar da rivalidade entre o MDB, chamado de oposição consentida, e da Arena, o partido que sustentava o regime autoritário de 1964. Contar a história dos movimentos de guerrilha brasileiros pelos aparelhos repressores da ditadura.

Podemos, ao longo da história, lembrar como os presidentes João Goulart e o ex-ditador Getúlio Vargas, quando eleito democraticamente, foram acuados pelo ex-governador da Guanabara, Carlos Lacerda e seu partido, a UDN. Das rivalidades entre Rio Grande do Sul e Minas contra São Paulo que permitiram ao próprio Getúlio perpetrar um golpe de estado em 1930 e ficar no poder por 15 anos, até ser derrubado por outro golpe.

Algumas décadas antes, de como os militares romperam com o imperador Pedro II e articularam outro golpe, que instaurou nossa República, em 1889. Ou de como o português Pedro I, filho do imperador D. João VI, passou a ter relações conflituosas com os portugueses que acabaram por forçar um integrante do império proclamar a independência formal do Brasil – contra o pai que havia se tornado rei de Portugal.

As rivalidades estão em todos os lugares. Budistas perseguem muçulmanos na Indonésia. Já muçulmanos sunitas do Estado Islâmico perseguem todas as outras religiões, inclusive islâmicos xiitas. No Sudão, cristãos são perseguidos pelos mulçumanos. Na Sérvia é o contrário: os cristãos perseguiram os muçulmanos. Na antiga União Soviética, ateus perseguiam religiosos de qualquer tipo. Na China ateia, perseguem budistas. Judeus, que foram perseguidos por todos, hoje perseguem militantes muçulmanos palestinos. Nos Andes pré-colonização espanhola, incas perseguiam as etnias rivais até que vieram os cristãos e passaram a perseguir os incas em aliança com os antes perseguidos.

É autoevidente que, se observamos com atenção algum grupo da humanidade, desde os tempos imemoriais, conhecemos também sobre seus inimigos. Após a segunda guerra mundial até 1989 pairou sobre o planeta a guerra fria atômica que rivalizava os Estados Unidos e a União Soviética. Essa disputa se reproduzia em escala menor por meio de revoluções bem ou malsucedidas na Ásia e na América Latina, como no Vietnã e em Cuba.

Os exemplos são inúmeros. Onde há humanos, há disputa – relação que pode ser extrapolada para todos os seres vivos. Em 2024 temos a rivalidade dos EUA contra a China, o conflito sempre revivido dos palestinos contra os israelenses, a guerra da Rússia contra a Ucrânia.

Pelo menos, nem sempre as rivalidades são literalmente bélicas. No Brasil, a partir de 2018 temos uma nova hostilidade: o petismo contra o bolsonarismo. Cada um a seu modo, a seu estilo, para seu público particular, ambos são insuperáveis no manejo dos símbolos brasileiros. Não buscam uma adesão exatamente racional e calculada das massas às suas causas, porém algo mais visceral, atávico. Dialogam não com o suposto ser ponderado, bem pensante e civilizado do terceiro milênio, mas com um humano mais profundo, que vem da pré-história, que vive em um mundo perigoso, cercado de inimigos, e precisa ser protegido pelos seus.

É por essa lógica de acolhimento que é imprescindível tanto ao petismo como ao bolsonarismo a figura de um grande líder. De um lado, Lula, quase um arquétipo do condutor sonhado pelos intelectuais marxistas, que após uma infância de privações em uma região camponesa, no caso, o agreste nordestino, migra-se com a mãe e irmãos em um caminhão "pau-de-arara" para viver também em grandes dificuldades nas cercanias de nosso maior polo industrial, São Paulo. Numa trajetória de esforços, construiu sua liderança dentro de uma estrutura fabril e sindical. Do outro lado, Jair Bolsonaro, um militar voluntarioso que se rebela contra o que considera um grande sistema que conspira contra a família, contra o país, e contra os valores cristãos.

A posse de Lula em 2023 é um exemplo perfeito dessa imagem alegórica do que ele representaria. Um presidente que para tantos foi preso injustamente subiu a rampa do Palácio do Planalto, para a posse, ladeado de uma criança pobre, uma mulher negra, uma pessoa com deficiência e um velho cacique de uma tribo oprimida. A imagem é de uma carga emocional para muitos avassaladora, ainda mais em tempos de identidades marcadas. Não é para conquistar a razão, mas o afeto, no sentido original do termo, de afetar, de comover. Ou seja, utiliza-se a razão para buscar sentimentos que vão muito além dela.

Bolsonaro não faz diferente, mas atua em outra dimensão metafórica. Seus símbolos estão no verde-amarelo da pátria, em descer um dia na rampa do Palácio do Planalto a segurar, com os braços levantados, uma imagem de Jesus Cristo; ao se deixar fotografar numa mesa de café da manhã com garrafas plásticas de refrigerante e latas de leite condensado; de conversar com os "representantes do povo" quando saía do Palácio da Alvorada, a residência oficial do presidente da República, de frequentar correntes de oração. O verdadeiro sujeito comum, ao mesmo tempo herói e defensor das famílias de bem.

É quase uma batalha de titãs em jogo a dividir o Brasil. De um lado a religião, a família e a pátria como espaços a serem protegidos. Do outro, mulheres, pobres, vítimas da desigualdade. Trabalha-se com sentimentos enraizados em cada um. No bolsonarismo profundo fala-se de guerra pelos valores e civilização ameaçados. No lulismo a retórica de defesa dos mais carentes contra a elite opressora.

O fato de Lula ter sido preso (acusado de corrupção) e Bolsonaro sofrer ameaça de prisão (acusado de tramar um golpe de Estado) é um fator que ajuda na mitologia de ambos, no sentido de contarem uma história de enfrentamentos e perseguições que são reproduzidas e reverenciadas por seus séquitos. Mas é possível dizer que petismo e bolsonarismo são grupos algo dogmáticos, avessos a questionamentos que não sejam internos, e atuam na lógica da batalha. Costumam tratar os adversários como uma caricatura.

Um dos maiores filósofos dos tempos recentes, o americano Edward O. Wilson, com sua formação em biologia e não em ciências humanas, passou a vida observando as formigas. Em um dos seus últimos livros antes de morrer, *O sentido da existência humana*, lembrou que temos apenas uns 3 mil anos de história e centenas de milhares de anos de pré-história em seguidas sagas de dificuldades, disputa por comida com outros animais, território com outras etnias, mortes, guerras tribais e provação. Conclui que para que possamos compreender de fato quem somos precisamos ir muito longe no passado.

> *"Não quero ser mal interpretado. Não estou insinuando que somos impulsionados pelo instinto, como os animais. Porém, para entender a condição humana, é preciso aceitar que temos instintos e que seria prudente levar em consideração nossos ancestrais mais distantes – o mais distante possível e com o máximo de detalhamento possível. A história, por si só, não pode alcançar esse nível de entendimento. Ela se detém na alvorada do letramento, quando entrega o restante da narrativa à investigação detetivesca da arqueologia".* (Wilson. 2014, p. 22)

Dessa longa trajetória desde os tempos imemoriais dos humanos que se explicaria a necessidade de guias, de chefes a manipular o medo para aumentar a força sobre um grupo, de certa obsessão em procurar inimigos onde muitas vezes eles não estão, da pré-disposição à violência física ou verbal, ao egoísmo grupal, e outras características que intrinsecamente nos constituem – e que costumamos atribuir a quem está do outro lado.

Num exagero reducionista, podemos dizer que Lula e Bolsonaro dialogam também com o ser das cavernas que há entre nós. Aliás, de um ponto de vista pragmático estão certos, basta ver a multidão de seguidores que conquistaram ao longo de suas carreiras políticas. Como prova, basta observar o gramado da Esplanada no dia 1º de janeiro de 2023 ou o portão dos quartéis de algumas capitais brasileiras após o resultado das eleições de 2022, incluindo a verdadeira rebelião do dia 8 de janeiro, também de 2023, em que bolsonaristas resolveram depredar a sede dos Três Poderes, exasperados por terem um político considerado inimigo visceral como presidente de um país. Havia algo de seitas em ação no ar.

Mas podemos também ir até mesmo além da história para pensar em inimizades, ódios e disputas em geral. Por que, em pleno 2024, pessoas com vidas materiais resolvidas, sem problemas familiares gravíssimos, talvez sem dificuldades econômicas, engajem-se de maneira tão visceral em questões políticas?

No livro, *Biografia do abismo*, Thomas Traumann e Felipe Nunes mostram que hoje a intenção de voto no Brasil é bastante sugestionada pela região ou mesmo cidade em que determinada pessoa vive. Fatores como condição social, portanto, seriam essenciais para posicionamentos políticos. O mesmo pode ser dito sobre a família. Contam também como relevante o tipo de informação política que a pessoa recebe e de quem.

Pesquisadores como o canadense Steve Pinker, por outro lado, em obras como *Tábula rasa*, consideram a genética como fator determinante para o posicionamento político – o que poderia ser comprovado por meio de gêmeos criados separadamente, em famílias com ideologias diversas, e mesmo assim apresentariam visões semelhantes sobre o mundo.

Disso tudo poderíamos concluir que fatores aleatórios e fora de nosso controle podem ser determinantes para a maneira como vemos as coisas e nos posicionamos. Bastava nascer em outra cidade, ter outro tipo de genes, que uma bolsonarista fanática hoje poderia ser uma petista intransigente? Então, de alguma maneira, mais do que tentar descobrir as razões de alguém ser "petista" ou "bolsonarista", para buscar esclarecer a questão, teríamos que investigar por que razão, muitos de nós, e num movimento crescente na atualidade, temos crenças políticas profundas. E, mais do que isso, por que consideramos nossas próprias crenças como dogmas. E são dogmas carregados de afeto dos quais não percebemos a alta carga de discricionariedade.

Podemos apresentar aqui uma visão complementar da apresentada por O. Wilson. Talvez a chave para buscarmos entender esse tipo de fenômeno seja a dificuldade ou mesmo a impossibilidade de convivermos com o vazio da vida, com a terminalidade do ser que está no mundo – sua incontornável ida para a morte e o desconforto que isso acarreta. A política vem depois, para buscar preencher esse vazio e mal-estar da terminalidade, oferecendo muitas vezes a ilusão de que poderá preencher nossas vidas e combater o incômodo profundo.

Vamos dar uns passos para trás em nossa vida para esclarecer esse ponto não usual para esse tipo de questão em debate sobre posicionamentos políticos. Pensemos em nossa origem: não escolhemos nascer, somos jogados em um mundo que é intrinsecamente penoso. Viver é de alguma maneira uma escolha sem fim, no sentido de que nunca podemos parar de decidir o que fazer até sermos tomados pela morte ou por uma doença incapacitante. E, ainda, somos obrigados a escolher em situações e circunstâncias que não estão sob nosso controle.

Viver também é uma luta entre ter desejos e se angustiar por esses desejos quando não realizados. Por outro lado, se conseguirmos o que queremos logo temos outro desejo em mente numa sucessão sem fim. Na vida, quando conseguimos o que realmente queremos, somos tomados por um tédio profundo que só passará quando tivermos outro desejo em mente. Outra opção é seguirmos a viver sobre certa angústia de perder o que conquistamos.

É uma estrutura humana que foi de apresentada por Arthur Schopenhauer[1] no hoje clássico O *mundo como vontade e representação*. Schopenhauer, no caso, propôs, no século 19, um modelo que serviria para qualquer pessoa, qualquer época, qualquer lugar. Mais tarde, filósofos da existência como Heidegger e Sartre incluíram as ideias sobre como lidamos com o vazio da nossa vida. Na transição entre os séculos 20 e 21, Julio Cabrera, em caminho próprio, destaca o mal-estar intrínseco a esse vazio.

Nesse ambiente permeado por lacunas e angústias, tudo o que fazemos na vida pode ser considerado uma decisão. Por exemplo, em hipótese, um motorista de ônibus, pode, a qualquer momento, desistir de sua vida profissional e se tornar um mendigo. Ele é livre para isso. Ou seja, ao mesmo tempo que teme ser demitido, perder sua renda, e ser jogado em uma situação de vulnerabilidade social, por outro lado essa decisão está à frente dele, e pode ser tomada imediatamente. Qualquer um de nós pode agir de maneira análoga.

Nós, não importa a profissão, se realmente quisermos, podemos abandonar nossas atividades a qualquer momento e sofrer as consequências disso. Nada nos impede de tomar as mais trágicas decisões, se quisermos. Um banqueiro hoje pode, se assim o desejar, de imediato, viver ao relento num terreno baldio onde habitam os viciados em drogas pesadas (apesar de não se conhecerem tantos riquíssimos que renunciaram a tudo). Mas, para usarmos uma expressão de autoajuda para sintetizar esse pensamento, nesse caso, “querer é poder”, mesmo que seja para jogar tudo fora.

Podemos não ter a consciência de que decidimos completamente sobre um vazio. Que todas as regras sociais, familiares, leis, convenções, tradições,

---

1 Schopenhauer escreveu que a vida é um pêndulo eterno entre o desejo e o tédio. Mas é preciso fazer adaptações no pêndulo para as diversas personalidades. Para os depressivos o pêndulo é: angústia – depressão. Para quem é muito superficial: ansiedade – necessidade de se expor. Inseguros: contar vantagem – agredir os outros. Artistas: ser amado pelo público – amar a própria arte. Filósofos: tentar colocar ordem – ser tragado pela desordem.

não são realmente obrigatórias. Somos livres, no sentido ordinário da expressão, para romper com elas quando quisermos, mesmo que paguemos pelas consequências.

Essa nossa relação com o vazio é intrínseca com o nosso vínculo com o tempo. Viver, de alguma maneira, é priorizar nossas atividades no espaço de tempo que temos. Hierarquizar nossos interesses dentro desse transcurso. Percebam que mesmo pessoas absolutamente ocupadas conseguem ter tempo livre o suficiente para fazer o que querem, mesmo que seja fora das atividades do trabalho e da família. Em geral, dizer que não fez algo na vida por falta de tempo é estar em um processo de má-fé, autoconsciente ou não, pois somos tempo. Em um raciocínio correlato, podemos afirmar que quando alguém diz "eu não posso fazer por falta de tempo", quer dizer, "eu não quero fazer".

Esse nada da vida, esse vazio nem sempre percebido, oprime-nos e tentamos preenchê-lo de alguma maneira. No sentido de nosso amplo espaço de decisões que podemos tomar a qualquer momento, mas preferimos nos enganar achando que temos poucas opções. Nesse sentido, sendo absolutamente breve em algo que já foi tão discutido, muitas vezes precisamos ter um inimigo para preencher este vazio existencial.

Ter um inimigo, uma causa, é uma maneira bastante poderosa para lidar com nosso vazio e terminalidade. É uma situação que preenche as nossas existências, oferece um sentido claro, organiza os nossos propósitos. Daí que, pessoas cuja vida não irá mudar radicalmente caso Lula ou Bolsonaro estejam no poder, sofrem tanto com isso. Porque esse ponto de ter um inimigo, mesmo que imaginário, e combatê-lo, tornou-se a razão de sua vida. Sem esses problemas teriam um encontro desagradável com o próprio vazio que o constituem:

> *"Ao mesmo tempo que eles parecem profundamente preocupados por esses problemas, eles não poderiam realmente viver sem eles – esses 'problemas sócio-históricos' são indispensáveis para poder viver a morte, são o confronto fundamental, o inimigo sem o qual não poderíamos sobreviver. Sem esses problemas, ver-nos-íamos brutalmente jogados num não-ser fundamental e incontrolável, cuja 'origem' não somos"* (Cabrera. 1989, p.71).

O humano é programado para superar a insatisfação. Seja a alimentar, a sexual, a de vingança, a da falta de sentido externo da vida. Mas para isso acontecer é preciso ter insatisfações. Superar uma insatisfação é abrir espaço para que outra apareça. Estar insatisfeito e buscar algo para preencher esse espaço nos constitui. Sem uma insatisfação interna para nos motivar não chegaríamos aonde estamos como seres humanos. A questão é que estar insatisfeito é algo tão visceral que pode prescindir de objetos. Estamos insatisfeitos com algo sempre que nem nos damos conta de que conquistados os objetivos a sensação de vazio continuará. No final, o único tipo de satisfação possível é a morte.

Podemos estar com uma insatisfação básica, como a da fome. Resolvida a fome pode aparecer a do sexo. Superado o sexo pode ocorrer a insatisfação por não estar em um ambiente seguro, por não ser líder de um território, por questões de trabalho, de família, com o desempenho de um time de futebol, com a atuação dos políticos, com o corpo, numa escala sem fim. Pessoas que têm tudo (do ponto de vista do outro, claro) podem ser as mais próximas do sem sentido e insatisfação infinita da vida. Um autoengano humano, o que inclui certa mitologia sobre o Brasil, é imaginar que seja possível uma vida plena. Na vida a gente tem de se constituir a cada dia em escolhas num ambiente interno de imprevisibilidades e disputas e num interno de insatisfações.

É claro que existem, sim, as preocupações sociais, com os rumos do país. Sem dúvida. Uma opção política ou outra pode significar mais pobreza, menos crescimento econômico, mais corrupção ou atraso. Porém, essas inquietações são apenas uma primeira camada de nossas posições. Por trás delas, nossas convicções políticas são a maneira que encontramos para lidar com o sem-sentido terminal intrínseco da existência. Militar numa causa é buscar uma direção para a vida. É tentar se livrar de uma angústia inerente à nossa condição humana. Muitas vezes de maneira desesperada, como mostram os ataques às sedes dos poderes do dia 8 de janeiro de 2023.

A vida sempre é um processo de desgaste em direção à morte. As circunstâncias pessoais e as condições materiais de cada um atenuam ou aliviam esse processo que não deixa nunca de se desenrolar. O pano de fundo é o desemparo permanente do qual a gente tenta fugir: pelo trabalho, na religião, no futebol, na luta política, em tantas outras opções ao redor.

Quando se tem um ídolo político, um inimigo, uma religião, um time de futebol, uma causa, tentamos preencher a nossa vida. Mas são escolhas no vazio, nada mais. Tentamos dar a nós mesmos um sentido que não está no mundo e nem mesmo fora do mundo. É uma escolha. Um paradoxo precisa ser apontado aqui: quanto mais alguém precisa lutar pela vida, seja pelas más condições sociais, para alimentar a família diariamente, menos perceberá o vazio que o circunda. Cineastas como o brasileiro Walter Hugo Khouri ou o sueco Ingmar Bergman foram mestres ao mostrar o lado melancólico da riqueza e da vida de personagens que tinham as questões sociais equacionadas. Ricos, bonitos, acompanhados até amorosamente por parceiras desejadas e interessantes, ociosos, lidam diretamente com o nada e sofrem com a vida que possuem, às vezes profundamente a ponto de preferir a morte. Mas, óbvio, é mais vantajoso morrer de tédio do que morrer de fome.

Ter ódio ao Lula ou ao Bolsonaro, no caso do Brasil atual, é conveniente em dois sentidos quando levamos em conta a estrutura do ser humano aqui mostrada seja por O. Wilson ou pensadores como Schopenhauer, Sartre ou Julio Cabrera. De um lado, preenchemos nossos chamados da tribo ao fazermos parte de um mesmo grupo com valores e objetivos iguais. Ter um "grande chefe" como Lula ou Bolsonaro, para muita gente uma espécie de semideuses, traz conforto para uma existência que tem muito ainda de pré-histórica.

Além disso, o inimigo ou o líder também nos ampara para lidar com vazio. Alguém passa a escolher valores para nós. Temos algo a defender, a atacar, a dar um significado para o que fazemos no nosso dia a dia. Vejam como muitas vezes, nas batalhas políticas, nos debates nas redes, os seguidores simplesmente repetem o que um desses líderes falou ou apontou. Se o guia mudar de ideia, centenas de milhares fazem o mesmo. Há algo de mentalidade de rebanho, do ponto de vista de Nietzsche, quando se abraçam causas políticas.

Tanto bolsonaristas como lulistas são pessoas que seguem um líder messiânico. Petistas e admiradores de Bolsonaro possuem algo tribal de ter um chefe, alguém que os lidere durante a vida. Ambos os próceres são anti-iluministas no sentido de o iluminismo ser uma doutrina que prega a autonomia humana, guiados por meio de racionalidade, e não por pessoas a apontar uma direção.

Inclusive, tanto bolsonaristas como petistas não convivem bem com "adversários políticos". São considerados por eles inimigos, não só deles, mas do país. Um bolsonarista considera um petista não só alguém que pensa de maneira diferente e tem pontos de vista diversos. Mas como alguém cujas ideias, se implantadas, causarão uma tragédia que poderá levar o país à ruína. É o inimigo cuja simples existência o impede de gozar.

Ambos os grupos são dogmáticos no sentido de não se autoquestionarem muito e terem a certeza de que estão do lado certo da história e que quem diverge deles está do lado errado. Curioso que ambos também rejeitam as alternativas de centro por julgarem, do ponto de vista da direita, que o centro é leniente com a esquerda; e do ponto de vista da esquerda, que o centro é leniente com a direita. Na verdade, para ambos os polos, o centro é um inimigo que representa o outro lado do espectro político.

Tanto pessoas de esquerda como de direita, neste momento histórico do Brasil, admiram líderes histriônicos, que preferem ofender o antípoda político a buscar algum tipo de diálogo ou argumentação. Até porque não querem diálogo, querem confronto. Ambos também não conseguem mais abstrair e pensar em pontos de vista diferentes. Militam para maximizar tudo que vai a favor de suas teses e minimizar o que as contradiz.

São militantes no sentido original da palavra: militam, militares. Não são pessoas reflexivas ou holísticas. Buscam apenas reforçar seu próprio lado em detrimento de quem pensa diferente. Não querem, de maneira alguma, tentar entender o ponto de vista do outro, de quem diverge no momento. Vê o discordante apenas como inimigo político e não como alguém com quem se possa dialogar em busca de algum consenso possível.

Trata-se de um engajamento marcado pelo tribalismo, pela necessidade de pertencer a um grupo e vencer uma disputa, no caso, política, não a uma busca, em teoria racional, na direção de alguma verdade.

A militância política é um fruto tardio do sentimento atávico de pertencer a um grupo. Não significa que a pessoa realmente saiba de maneira reflexiva e holística que sua causa é a melhor para o mundo. Ele nem tem muita certeza disso de maneira profunda, mas age como se assim fosse – em busca da admiração de seus pares e proteção (mesmo que virtual). O engajamento é tribal, não racional.

Foi bastante interessante, do ponto de vista antropológico, ter ido, como testemunha jornalística, a cercadinhos onde falava o ex-presidente Bolsonaro com seus eleitores, também a comícios e eventos com o presidente Lula, ou a um pronunciamento do ex-presidente Fernando Henrique Cardoso, do Brasil, ou do presidente Bill Clinton, dos Estados Unidos. Todos são sedutores, mas uns buscam conexões viscerais com o grupo em volta, os outros, convencimentos racionais. O figadal está mais em voga no nosso atual momento histórico. Há uma frase de FHC dita para este autor, para coleta de reflexões sobre o Brasil, no início de 2019, poucos meses após a vitória de Bolsonaro: *"Ele tem instinto e percebeu primeiro que o movimento no Brasil era de destruição, e não de construção"*.

No caso de Lula e de Bolsonaro há algo de religioso no ar. Eles são líderes tribais a quem as pessoas investiram seus emocionais. Não são apenas eleitos para administrar nosso dinheiro arrecadado dos impostos em uma estrutura burocrática e impessoal de Estado. São guias que, talvez de maneira inconsciente, conseguiram se sobressair nesse mundo selvagem sob o arcabouço civilizatório. Os mais capazes lideram e costumam só adorar a si mesmos; os menos adoram seus líderes.

É compreensível que um brasileiro tenha passado do lulismo ao bolsonarismo. Porque não se trata de uma mudança de *hardware*. A estrutura dessa pessoa é seguir líderes messiânicos. A alteração foi apenas no *software*: trocou-se um líder protetor por outro. A estrutura dessa pessoa que mudou de lado continua a mesma. No sentido de que humanos de alguma maneira fazem uma aliança emocional imaginando que esse comandante o salvará de uma situação de queda, de terminalidade, e saberá enfrentar seus inimigos.

Nesse sentido do messianismo tribal, de comandar seitas, da devoção, de saberem preencher ilusoriamente o vazio intrínseco das pessoas, bolsonarismo e lulismo se espelham muito mais do que querem aceitar seus seguidores, detratores, e mesmo doutrinadores.

4. DUAS SENTENÇAS CONTRADITÓRIAS PODEM ESTAR CERTAS AO MESMO TEMPO

Quem teria razão neste Brasil incompatível dos petistas e bolsonaristas em que não se pode mais conversar sobre política em ambientes sociais sem o risco de o diálogo terminar em bate-boca, confusão, silêncios ressentidos e, na melhor das hipóteses, muxoxos? Cada um dos grupos tem certeza de estar do lado certo, não só dos fatos, mas também da história. Afirmam que os adversários políticos apresentam quadros de dissonância cognitiva, problema de caráter ou algo pior.

Pesquisadores falam de viés de confirmação dos militantes. Só se aceitam fatos que corroboram convicções e negam-se mesmo as evidências quando alguma crença é contraditada. O ambiente político iria além do que usualmente passou a se chamar de "polarização", mas podemos falar agora de "calcificação", ou seja, algo tão profundo que ninguém mais quer voltar atrás em suas posições não importa que fatos venham à tona. (Trauman, Nunes. 2023, p. 15). De um lado, parte da sociedade tem todas as convicções de que o ex-presidente Jair Bolsonaro tinha a intenção de instalar uma ditadura (ponto de vista deste autor). De outro, a certeza de que já viveríamos um regime autoritário, a tal "ditadura de toga", que uniria petismo, governistas, parte da imprensa e, principalmente, as decisões tidas como arbitrárias do Supremo Tribunal Federal.

Mas as coisas podem ser ainda mais complicadas, sutis. A depender de onde se parte, é possível dizer que mesmo não concordando em quase nada ambos podem estar certos ao mesmo tempo – do ângulo de suas perspectivas. Esse ponto será defendido aqui.

Para ir além nessa tese, precisaremos introduzir outras concepções, além da sociobiologia de O. Wilson, ou dos filósofos da vida e da existência, explorados no capítulo anterior. Teremos que apelar um pouco para o que podemos chamar de Gestalt, algo presente na filosofia de Julio Cabrera, no sentido de que a mente humana tende a preencher instintivamente os espaços vazios para que as lacunas sejam compreendidas. A tese aqui é que os instintos humanos se complementam com a ideologia. Tome-se a figura a seguir:

É um pato ou é um coelho? Se não conhece a figura e decidiu por apenas uma das opções, veja com mais atenção.

Ora a figura pode ser as duas coisas a depender de sua perspectiva. O bico do pato pode ser as orelhas do coelho. A boca do coelho pode ser a parte posterior do crânio do pato. No mundo, e mesmo no Brasil as questões controversas se dão dessa maneira. Escolhe-se por pato ou coelho e pouca gente vê ambos ou nenhuma possibilidade.

No caso do bolsonarismo ou do petismo, principalmente nos seus extremos, não quer dizer que eles estejam profundamente equivocados em suas visões de mundo, ou absolutamente corretos. Eles apenas conseguem dar um determinado enfoque sobre as coisas de maneira que os chamados fatos podem corroborar o que pretendem ver. São, de certa forma, prisioneiros de um certo viés de se ver o mundo.

> *"Essas configurações remetem a uma específica rede holística de pressupostos e crenças que nunca coincide totalmente com a dos outros, mas que permite certa interação dinâmica entre Gestalten, baseada em superposições parciais. Durante uma discussão, termos, premissas, pressupostos etc., que*

um dos argumentadores vincula a certos elementos, a outra parte vincula a outros e vice-versa". (Cabrera. 2017, p. 14).

Vamos imaginar um experimento científico de pensamento. Entrar na mente de um bolsonarista fervoroso. Imaginariamente, por meio de um duto ligado a um microscópio eletrônico de alta tecnologia, espionar suas conexões cerebrais peculiares para tentar entender sua visão dos últimos acontecimentos no Brasil. Sem julgar a adequação do que ele pensa com o que chamamos de fatos, já é possível adiantar que é provável perceber indignação, ódio, revolta contida, e, sobretudo, rancor. A saída de Bolsonaro do poder após as eleições presidenciais de 2022 foi um duro baque para ele. Nada traz maior consciência sofrida de algo do que a sua perda.

Por anos, a cobaia desse experimento proposto, vamos chamá-lo de Joaquim, recebeu enxurradas de informações sobre a corrupção da classe política brasileira. A operação Lava Jato foi o auge desse processo com bilhões de reais sendo desviados dos cofres públicos, com transmissão massiva das operações pelas redes de comunicação e reprodução exponencial por todos os meios das redes sociais (virou rotina acordar com uma operação da Polícia Federal aprisionando algum figurão). Políticos de todos os matizes ideológicos sofreram acusações diárias de puro e simples roubo do erário. Suas casas foram vasculhadas, suas imagens com algemas em direção à uma delegacia tornaram-se um clichê das capas de portais e jornais. Por um momento não tínhamos segurança em dizer quem estava preso ou quem estava solto.

Nesse cenário de terra arrasada, a esperança de Joaquim acabou por surgir num ex-capitão de maus modos, porém "incorruptível". Um cristão nostálgico dos tempos da ditadura, um período de mais ordem e menos tumulto na visão de nosso conhecido. Alguém que estava há quase três décadas no Parlamento, mas nunca se contaminou com os colegas, era repelido por eles – assim pensava o nosso personagem.

Um interlocutor poderia alegar a Joaquim que o tal ex-capitão sempre mudava de partidos e mal conseguia aprovar projetos no Congresso. Ouvia de volta que era boicotado por sua autenticidade. Citava até uma frase do ex-ministro do STF, o xará Joaquim Barbosa, defendendo o sujeito (eram *fake news* em que o Joaquim fictício acreditava, mas a ideia prosperou).

Num cenário de caos econômico gestado pela administração do Partido dos Trabalhadores, as gigantescas engrenagens da corrupção finalmente estavam sendo minadas pela operação Lava Jato. Milhares nas ruas pediram a queda de um governo corrupto. A saída da presidente Dilma Rousseff por um *impeachment*, entretanto, deu lugar a outra gestão venal e fisiológica representada, segundo o nosso Joaquim, pela turma de Michel Temer. A elite política se desfazia como um castelo de areia na subida da maré. O líder da oposição caía numa história envolvendo dinheiro vivo também reprisada todos os dias na TV. O presidente Michel Temer, substituto de Dilma, dava aval para um empresário comprar o silêncio de Eduardo Cunha, o também corrupto ex-presidente da Câmara (de acordo com o ministério Público), preso. O ex-presidente Lula era encarcerado, condenado por receber um apartamento triplex em um balneário como propina de uma grande empreiteira beneficiária de obras estatais.

Estava cada vez mais escancarado que PT, PSDB e demais partidos eram a mesma coisa. *"Se gritar pega centrão, não fica um, meu irmão"*, cantava o general da reserva que apoiava Bolsonaro, sobre os parlamentares que costumam consentir com qualquer governo sob a condição de receberem cargos e verbas públicas para destinarem às suas bases eleitorais, e Joaquim concordava animado. O sistema que governou o Brasil por décadas finalmente podia implodir. Joaquim antes votava no PSDB nas eleições presidenciais, mas com a mão tapando o nariz para aqueles intelectuais almofadinhas. Bolsonaro é eleito presidente e o PT é derrotado após três eleições vitoriosas, para a alegria de nosso personagem exemplificativo.

Mesmo com a vitória de um presidente que espelha o pensamento de tanta gente cristã, o guru Olavo de Carvalho não deixava de alertar em seus vídeos no Youtube assistidos por Joaquim que quase nada havia sido conquistado com a vitória do ex-capitão, que muito precisava ser feito. Que a mídia, as universidades, a classe artística, parte da classe média, os usuários de drogas seriam foco da resistência ao novo estado de coisas.

Olavo também alertava que o politicamente correto, e o que passou a se chamar de movimentos identitários, eram uma nova maneira de o marxismo (cultural) avançar sobre a sociedade, após a derrota do socialismo real em 1989. Esse neossocialismo pós-queda do muro de Berlim se insinua pouco a pouco, introduzindo valores e regras de comportamentos nos professores do ensino básico e médio, nas emissoras de tevê, nos valores das grandes corporações.[1]

---

1 Já o badalado autodenominado filósofo marxista Slavoj Žižek vê o politicamente correto como mais uma das inúmeras estratégias do capitalismo de sobreviver, sob hipócritas máscaras de humanismo. Uma maneira de adiar a inevitável revolução que um dia qualquer virá, conforme alguns vídeos que costuma colocar no Youtube ou mesmo palestras que concede ao redor do mundo, com na Universidade de Brasília, no dia 14 de março de 2013.

O Supremo Tribunal Federal, também um bastião de resistência contra aquele Brasil que surgia, precisava ser controlado. *"Se quiser fechar o STF, sabe o que você faz? Não manda nem um jipe. Manda um soldado e um cabo"*, ensinava o filho do presidente, deputado eleito Eduardo Bolsonaro.

Jair Bolsonaro tentou governar seguindo seu programa: revigorar a família, Deus, a pátria, os valores reais dos brasileiros que sempre foram desprezados pela falsa disjunção tucano-petista. Mas é constantemente boicotado pelo sistema. Contra o "mito" estavam a imprensa, os artistas, os parasitas do Estado. Com a Rede Globo inimiga, com o Estadão se tornando um "comunistão", por criticar o governo, e assim por diante, melhor se informar pelo "Zap", pela página do Terça-Livre no Youtube, pelos tuiteiros patriotas e ouvir a Jovem Pan, refletia o personagem.

Surge a pandemia da Covid e um presidente preocupado com os pobres sem ter como se sustentar por estarem encarcerados em casa é também sabotado pelos governadores, atacado diariamente pela Rede Globo, e cerceado pelo Supremo. Sua solução brilhante para acabar com a doença, a cloroquina, é ridicularizada. Suas sinceras preocupações contra os perigosos efeitos colaterais da vacina são criminalizadas. Não usar máscara se torna um ato de resistência. O mito é xingado de genocida.

Surgem as denúncias "falsas" contra Bolsonaro e sua família. Rachadinhas, compras de apartamentos suspeitos, desvio de recursos públicos, envolvimento com milícias. Tudo mentira na cabeça de Joaquim. Tão perseguido, só restava ao presidente fazer uma aliança como o até então defenestrado centrão para sobreviver.

Mas o pior ainda estava para acontecer: as urnas eletrônicas poderiam ser fraudadas para tirar reeleição do presidente. O sistema se movia para se defender da purificação liderada pelo mito.

Ainda tem mais. O mesmo Supremo Tribunal Federal "descondena" Lula, que está livre para concorrer à presidência – e, na mente de Joaquim, não resta nenhuma dúvida de que o petista recebeu um apartamento ilegalmente como contrapartida pela anuência a um grande esquema de corrupção.

É hora de esbravejar contra as injustiças nas redes e nas ruas. Mas o ministro do STF Alexandre de Moraes, o Xandão, abre um inquérito para perseguir todos que estão do lado de Bolsonaro pela "liberdade" e pela "família". Ações ilegais de *hackers* tentam desmoralizar a Lava Jato divulgando conversas nunca periciadas. Sergio Moro, o juiz que liderava a operação e se tornou ministro da Justiça, tal qual um judas, trai o presidente, porém, como filho pródigo, volta ao seio dos patriotas na véspera do pleito eleitoral de 2022, no segundo-turno, agora como senador eleito.

No resultado da eleição presidencial, vitória de Lula, o "descondenado", por uma margem mínima, 51% x 49%. "Eleição fraudada", segundo Joaquim. Patriotas vão para as portas dos quartéis pedindo uma intervenção militar que não vem. *"O mito teria sido traído pela cúpula do Exército que nada fez?"*, Joaquim assim pensa.

Dia 8 de janeiro de 2023, em pânico com a falta de perspectivas de justiça, os patriotas que acampavam na frente do quartel em Brasília descem até a Esplanada e sofrem o golpe final. Ardilosamente infiltrados, esquerdistas fingem aderir ao movimento e começam a quebrar tudo. Depredam o Congresso, o Palácio do Planalto, o STF. Surpreendidos pelo maquiavelismo dos simpatizantes petistas, dezenas de bolsonaristas são presos injustamente no presídio da Papuda.

Mas o sistema não se cansa de sua fúria pela vingativa. Cassam os direitos políticos de Bolsonaro de maneira infame, pelas verdades que falou sobre as urnas eletrônicas. O STF decide também que a Lava Jato tinha sido uma farsa depois de anos apoiando-a. E, após uma prisão desumana, os pacíficos manifestantes do dia 8/1 (fora um abuso escatológico ou outro) começam a ser condenados. Sofrem julgamentos indiferenciados, recebem penas injustas, muito mais altas do que quem comete roubos, assassinatos e esquartejamentos.

Em conluio com o presidente Lula, o ministro que teria agido para que os patriotas caíssem na armadilha do dia 8/1 ganha, como recompensa, uma cadeira no Supremo Tribunal Federal. E, como desenlace final, Bolsonaro pode ser preso por um crime comum, que podem bem ser joias roubadas, em mais uma acusação forjada contra o mito – o ajudante de ordens do presidente foi obrigado a confessar crimes que nunca existiram.

Mais tarde, em fevereiro de 2024, outra conspiração para destruir de vez os patriotas. O país é apresentado a uma série de vídeos e documentos em que indicam que de fato havia um golpe de Estado em preparação conduzido por Bolsonaro. Segundo uma gravação divulgada a todos, em reunião dentro do Palácio do Planalto, o presidente exige de seus ministros que questionem o próprio sistema eleitoral brasileiro. Alguns auxiliares falam em "virar a mesa" antes das eleições de 2022. Começam a circular "minutas do golpe" que seriam a formalização de um estado de sítio. Os bolsonaristas se abalam com as revelações? Apenas no sentido de que consideram que o ex-presidente sofre uma perseguição sem precedentes. Bolsonaro, na visão de seus seguidores, como Joaquim, apenas se preocupava com uma eleição presidencial sob risco eminente de fraude e exigia providências de seus auxiliares. No caso, teria agido para defender o Brasil.

O que temos acima é um resumo bastante apressado de como os bolsonaristas mais radicais assistiram aos episódios recentes no Brasil. Teoria da conspiração, delírio, alucinação? Talvez tudo isso, mas a partir dos dados que escolheram para ser verdadeiros, com convicção. A questão é que essa tem sido uma história compartilhada por milhões de brasileiros. O sentimento de pertencimento de tantos Joaquins é estar unidos nessa fábula que, para a outra parcela da população é apenas um desvario absurdo. No final de 2023, um terço dos brasileiros acreditavam que as eleições presidenciais do ano anterior foram fraudadas.[2] Em fevereiro de 2024, três dias após a divulgação dos vídeos comprometedores contra Bolsonaro, 46% achavam que o presidente planejou o golpe e 42% viam "perseguição".[3] Já 47% consideravam que o Brasil vivia uma "ditadura do judiciário".[4] Some-se a isso o fato de que, segundo as pesquisas, Bolsonaro foi vencedor em todas as classes sociais nas eleições de 2022 a partir da renda acima de dois salários mínimos. Conquistou, com suas falas conspiratórias e raivosas, mentes e corações das classes médias-baixas, classes médias-médias e classes médias-altas brasileiras.[5]

---

2 AMADO, GUILHERME. Pesquisa: um terço dos brasileiros crê em fraude na eleição de 2022. **Metrópoles**, Brasília, 21 dez. 2023. Disponível em: <https://www.metropoles.com/colunas/guilherme-amado/pesquisa-um-terco-dos-brasileiros-cre-em-fraude-na-eleicao-de-2022>. Acesso em: 21 mai. 2024.

3 JUNQUEIRA, Caio. Para 46%, Bolsonaro planejou golpe; 42% veem perseguição, diz pesquisa AtlasIntel. **CNN**, São Paulo, 9 fev. 2024. Disponível em: <https://www.cnnbrasil.com.br/politica/para-46-bolsonaro-planejou-golpe-42-veem-perseguicao-diz-pesquisa-atlasintel/>. Acesso em: 21 mai. 2024.

4 47% acham que o Brasil vive uma "ditadura do Judiciário", diz AtlasIntel. **Poder 360**, Brasília, 9 fev. 2024. <https://www.poder360.com.br/pesquisas/47-acham-que-o-brasil-vive-uma-ditadura-do-judiciario-diz-atlasintel/>. Acesso em: 21 de mai. de 2024.

5 BARBON, Júlia. Datafolha: Lula lidera entre mais pobres, mas Bolsonaro ganha na faixa de renda acima no 2º turno. **Folha de S.Paulo**, São Paulo, 8 out. 2022. Disponível em: <https://www1.folha.uol.com.br/poder/2022/10/datafolha-lula-lidera-entre-mais-pobres-mas-bolsonaro-ganha-na-faixa-de-renda-acima-no-2o-turno.shtml>. Acesso em: 21 mai. 2024.

A civilização precisa de um grau de repressão para subsistir. É inevitável. Não convém matar alguém porque te buzinaram injustamente no trânsito. Você será punido. Não convém ofender a velhinha que está por meia hora no caixa eletrônico atravancando a fila. Não é mais de bom tom dar palmadas violentas em crianças por motivos fúteis. O que era normal em matéria de agressividade deixou de ser. Não se pode hoje matar a própria esposa por traição, nada de piadas racistas, e por aí vai.

É possível até ver a evolução da humanidade no sentido de as regras serem cada vez mais rígidas e as condutas humanas violentas cada vez mais reguladas. Em algum sentido, o bolsonarismo é uma revolta contra algumas dessas chamadas restrições civilizacionais. Vejam: o que eles querem é a libertação dos impulsos básicos. Querem ter armas, mais velocidade para seus automóveis sem serem detectados por radares, contar piadas não importa se ofendam, defender suas visões autoritárias de mundo. Parecem ter horror às limitações do judiciário, poder essencialmente castrador e por aí vai.

Querem espaço para defender suas posições e agir. É o que chamam de "liberdade". Um de seus fantasmas, inclusive, é o politicamente correto, um movimento de certa forma castrador que de fato prescreve limites rígidos às falas e opiniões das pessoas. Paradoxalmente, o bolsonarismo quer liberdade para proibir drogas e prática do aborto, por exemplo. Trata-se de uma liberdade bem situada dentro de certos valores.

Por isso, ter sido contra a recomendação máscaras durante a epidemia de Covid é da essência do bolsonarismo. É o impulso contra as regras, o que vai além de certas imposições serem exageros. Em certos momentos, no Brasil, usar ou não usar máscaras parece ter se tornado mais uma questão ideológica do que de prevenção médica, mas, no fundo, o bolsonarismo se opõe ao duro processo civilizacional que conduz a trajetória da humanidade até hoje.

Durante a história, grupos que resolveram enfrentar poderes institucionalizados e não venceram, em qualquer lugar do mundo, foram exemplarmente punidos. E os que não foram, muitas vezes, se reorganizaram e tentaram tomar o poder novamente à força, algumas vezes bem-sucedidos, outras não – daí talvez o Estado-Leviatã castigar com tanto rigor tais iniciativas insurgentes. O livro *Guerras da independência do Brasil* mostra que as penas para os revolucionários costumavam ser enforcamento, fuzilamento, degredo ou uma prisão fétida com a companhia de ratos e de baratas. Entre os fuzilados, pessoas pobres, mestiças, que se engajaram como meros peões de lutas políticas violentas.

Pode ser que a história dê reviravoltas e os vilões se tornem heróis. Mas a punição fortíssima em geral é apenas o que costuma acontecer desde sempre, desde o início das civilizações, quando se enfrenta um poder constituído com a intenção, mesmo que absolutamente ilusória, de derrubá-lo. Em toda a sua formidável alienação exemplificada aqui pelo fictício Joaquim, os vândalos de 8/1 e os companheiros do suposto movimento golpista de Bolsonaro sentem o peso da história.

O mesmo procedimento gestáltico poderíamos fazer com a mente de um petista, ao qual daremos o nome de Alfredo, um defensor veemente do presidente Lula. Na cabeça dele, para começar uma análise perfunctória, não faz sentido dizer que os êxitos econômicos do final do segundo mandato do atual presidente (2007-2010) sejam da alta do valor das *commodities* exportadas pelo Brasil por setores como mineração e agronegócio. Devem-se às próprias ações de alguma maneira geniais tomadas pelo presidente e sua equipe. Todas as críticas ao presidente no período de alta de crescimento econômico se baseavam em inveja ou "pobrefobia", de gente que não suportava que pessoas mais carentes voassem de avião ou entrassem em uma universidade.

Ao mesmo tempo, para Alfredo, o colapso econômico que o país enfrentou a partir de 2015 não se deve a erros da ex-presidente Dilma Rousseff, mas aos boicotes da oposição e ao fato de a operação Lava Jato ter paralisado as obras conduzidas pelo Estado. O caso Dilma merece uma análise pormenorizada de como os mecanismos de defesa de um grupo político têm a ver com Gestalt escolhida.

Na época do período Dilma houve uma queda do Produto Interno Bruto superior a 7% no segundo mandato. Apenas no ano de 2015 foram mais de 300 mil empresas fechadas, volta da inflação de dois dígitos, milhares nas ruas em protesto e desalento sem fim. Nesse mesmo ano o Brasil foi o país que mais desempregou no mundo. Somam-se se a isso os escândalos diários revelados pela operação Lava Jato que, na cabeça de milhões de brasileiros, colocaram por um tempo a corrupção como a causa de todos os males de sua vida.

Todo partido tem divisões internas, mas o PT escondeu as mágoas e agiu publicamente unido na defesa de Dilma. Alfredo foi para as redes sociais, rompeu com amigos, não se intimidou com ridicularizações para estar do lado do que considerava correto. Naquele momento, os alfredos não defendiam políticas como os R$ 450 bilhões injetados pelo banco de fomento, 10% do PIB, que não tiveram efeito desejado na economia e outras heterodoxias que fracassaram tragicamente – salvaguardavam mais a figura da "presidenta". A culpa dos males econômicos era do presidente da Câmara, Eduardo Cunha, e suas pautas-bomba. A culpa dos males políticos, do então líder da oposição e da imprensa.

De acordo com Alfredo, a culpa pelos fracassos econômicos, mais recentemente, tornou-se também do ministro da Fazenda liberal que tomou posse em 2015, no segundo mandato de Dilma (como se esse ministro não tivesse sido chamado para dar um jeito nos problemas causados, nos anos anteriores, por quem via a economia, em certos aspectos, de maneira quase contrária à dele). Dilma, com 69% de desaprovação às vésperas de sua destituição, era vítima de um golpe e por aí vai. A história continua sendo contada como se a eleição do "genocida" Jair Bolsonaro fosse consequência direta do erro da classe política em promover o *impeachment* de Dilma.

Mas a verdade é que assim como defendeu Lula mais tarde, no período em que seu maior líder estava encarcerado, o PT defendeu Dilma nos períodos de intempéries, não importavam quais fossem os fatos, não importavam as circunstâncias. Souberam atravessar o deserto unidos até conseguirem o poder de volta no ano de 2022, por curtíssima margem de vantagem. Por um longo período deram o Norte para os eleitores e militância: defender sempre quem consideravam injustiçados, e a tribo seguiu unida.

Lula, segundo seus admiradores, o criador de "Dilma presidenta", sempre foi perseguido por certa elite brasileira (note que ambos os grupos, bolsonaristas e petistas, têm as "elites" como inimigas), que nunca suportou alguém que desse autonomia ao povo.

Quase todo mundo que foi contra o PT, desde a época da criação do partido, recebeu o epíteto de fascista. Por muito tempo, o maior inimigo do Brasil, para os petistas, foi o ex-presidente Fernando Henrique Cardoso. Nunca mereceu perdão, em tese, por ter vendido estatais *"a preço de banana", "ter quebrado o Brasil três vezes", por ter se aliado com a 'direita'"* – a mesma direita com a qual o PT se aliou mais tarde ao chegar ao poder. Na verdade, o ódio a FHC era por ter derrotado Lula por duas vezes no primeiro turno das eleições presidenciais, adiando a chegada da sigla ao poder.

Alguns políticos que seguiram com o PT, mas depois resolveram traçar seus próprios caminhos, foram taxados imediatamente de traidores, como ocorreu com a candidata e ativista pró-meio ambiente Marina Silva, em 2010 e 2014. Em 2022, por ironia do destino, quando o PSDB já estava sem força eleitoral, devastado internamente, próceres petistas passaram a elogiar a relação civilizada que tinham com o partido antes da chegada do bolsonarismo. Alfredo, obviamente, passou a lamentar a decadência do então partido rival.

Qualquer crítica ao PT sempre recebia visões conspiratórias. Eram originárias de interesses escusos do capital americano, do capital financeiro brasileiro, do pessoal da avenida Faria Lima, via situada na região da sede de alguns bancos brasileiros, no município de São Paulo. Atualmente, a nova teoria é que a operação Lava Jato foi tramada pelo Departamento de Estado dos Estados Unidos, com interesses nas nossas reservas de petróleo em áreas profundas, o pré-sal. *"Ser contra Lula ou o Partido dos Trabalhadores é ser contra o Brasil"*, assim talvez ainda pense Alfredo. A repulsa de parte da classe média contra o presidente se deve a fatos corriqueiros que revelam apenas preconceitos, talvez até racismo, e mesquinharias dos adversários como *"o pobre ter passado a andar de avião ou o negro ter entrado nas universidades"*. Por isso, segundo o petismo, Lula foi acusado e condenado injustamente pela apropriação de um apartamento. Ódio de classes.

Com o tempo, Alfredo percebeu que outros inimigos políticos vestiam melhor o traje de "fascista" do que o PSDB, como o juiz Sergio Moro, responsável pela Lava Jato, que levou Lula à prisão. Mas o maior fascista, por óbvio, seria o próprio presidente Bolsonaro – que em muitos aspectos se adapta ao figurino, não todos (trataremos dessa questão em outro capítulo). Alfredo também odiava a Rede Globo quando esta criticava o presidente Lula. Passou a tolerá-la quando o alvo era Bolsonaro. Considerava a imprensa "golpista" se o Partido dos Trabalhadores era alvejado pelos jornais. Mas utilizava a imprensa como fonte quando as denúncias eram contra o então presidente Bolsonaro.

Da mesma maneira que Joaquim justifica cada frase controversa de Bolsonaro, ou defendendo o que para muitos é indefensável, ou partindo para relativizações, Alfredo faz o mesmo com Lula. Para as seitas, frases dos líderes têm quase *status* de versículos da Bíblia para os religiosos ortodoxos: se não cabem na realidade, que torçam a realidade. Soma-se a isso o fenômeno dos meios de comunicação. Bolsonaristas e petistas passaram a receber notícias pelas fontes que reforçam suas próprias crenças, conforme apontaram Nunes e Traumann no livro *A biografia do abismo*. (p. 53).

O mais curioso é que nessa guerra política entre direita e esquerda, o centro brasileiro sucumbiu. Não soube entrar na mente e no coração dos brasileiros de maneira tão profunda quanto o petismo ou o bolsonarismo. Apostou numa racionalidade que é insuficiente para conseguir adeptos nos dias de hoje: não falou para o ser pré-histórico, não soube dialogar com quem, existencialmente, precisa de um inimigo, não soube defender os seus quando estavam em apuros. Extremistas em geral não apreciam o centro porque não o consideram competente para destruir o extremo inimigo. Em tempos de grande velocidade das redes as respostas precisam ser simples, assertivas, maniqueístas. Por sua própria natureza de estar entre a esquerda e a direita, de buscar articulações com campos divergentes, o centro perdeu ainda mais seu poder de atração.

Já dissemos aqui que, muito além de qualquer identidade, o que constitui todo humano, inclusive o brasileiro, é o nada, o vazio. Também podemos incluir como atributo intrínseco ao ser a terminalidade, no sentido das três características da vida humana apontadas por Júlio Cabrera:

1. A partir do nascimento, o ser humano passa a ser um ser decrescente no sentido de que começa a se acabar e cujo total acabamento pode consumar-se a qualquer momento. Ou seja, já nascemos em direção à morte e isso paira sobre nós desde os primeiros instantes de nossa vida.
2. O ser humano, desde o seu nascimento, é afetado por três tipos de atritos: dores físicas, desânimo, e ação agressiva de outros humanos.
3. O ser humano cria valores positivos para se livrar das características "1" e "2". A vida se consistiria em amenizar, enfeitar, e esquecer as nossas propriedades inerentes que surgem a partir do nascimento.

"Em primeiro lugar nascemos, ou somos nascidos. Ao nascer, somos lançados num processo temporal de desgaste gradativo caracterizado pela dor (já expressa no choro do bebê recém-nascido diante da agressão da luz, dos sons, do desconhecido), o desânimo (o não saber o que fazer consigo mesmo, com o próprio corpo, com os próprios desejos, algo que o bebê começa a sofrer pouco depois de nascer); e finalmente, o que chamarei de inabilitação moral, o estar submetido à premente e exclusiva preocupação consigo mesmo diante da ameaça do outro, e à necessidade de usar os outros para o próprio

benefício (e ser usado por eles), numa espécie de autocentração nos próprios interesses e uso dos outros em próprio benefício (e de transformar-se em objeto de manuseio de outros)." (Cabrera. 2018, p. 79).

E daí, a partir dessas propriedades inevitáveis apontadas, qualquer pessoa escolhe como preencherá esse vazio intrínseco à vida. Uma decisão bastante comum tem sido abraçar uma ideologia. Porém, muito além de algo que possa organizar as nossas visões de mundo e ideologias, seus líderes, principalmente, têm sido responsáveis por apresentar pontos de vistas rasos sobre questões complexas. Muitas vezes só prejudicam diálogos, acordos, e uma compreensão mais profunda do que realmente possa ser o Brasil e seus problemas. Aposta-se no que temos de mais primitivo e beligerante. Eleitoralmente são os bem-sucedidos.

O Brasil não é uma nação iluminista.

5. QUADROS DO DIA A DIA DO BRASILEIRO

1.

Os nomes[1] de brasileiros mais comuns batizados em 2022 foram Miguel, Gael, Maria Alice, Arthur e Helena. Mas, como um todo, os brasileiros são mais chamados de Maria, Ana, José, João, Antônio, Carlos, Paulo, Pedro, Francisco e Adriana. Ou pelos apelidos Zé, Toninho, Naná, Chico ou Dri. Anglicismos como os nomes terminados em "on" se abrasileiraram e se tornaram comuns por aqui também, como Gerson, Jeferson, Robson e até Whindersson.

2.

Ser brasileira ou brasileiro pode significar pegar duas conduções lotadas e andar quase meia hora a pé para um trabalho informal como faxineira, em um apartamento de quatro quartos, que renderá cerca de R$ 150,00 ao dia mais as passagens. Em geral, as trajetórias diárias para essas ocupações são de locais pobres, cidades-dormitórios em uma região metropolitana violenta e conurbada, até uma localidade mais próspera. Seja de Camaragibe até Boa Viagem, no Recife; do Itapoã (não a Itapuã da música paradisíaca, mas uma cidade-satélite) até o Plano Piloto de Brasília; seja do município de Ribeirão das Neves até o bairro Belvedere, em Belo Horizonte.

3.

O dinheiro curto é sempre o exato para as contas da semana. Muitas vezes, por causa de dívidas de débito automático, nem mesmo o trabalhador quer

---

1 NAOME, LETÍCIA. Maria Alice e Miguel são nomes mais registrados no país em 2022, mostra ranking. **CNN**, São Paulo, 20 dez. 2022. Disponível em: <https://www.cnnbrasil.com.br/nacional/maria-alice-e-miguel-sao-nomes-mais-registrados-no-pais-em-2022-mostra-ranking/>. Acesso em: 21 mai. 2024.

receber em Pix. Prefere que se transfira para a conta de uma vizinha, de uma amiga, de uma irmã. Na periferia das grandes cidades as casas têm grades e os muros são altos, para evitar assaltos. Muitas vezes, na garagem, há um carro estacionado. Um Pálio 1996 com ferrugem na pintura, por exemplo. Que fica ao lado da moto de baixa cilindrada recém-adquirida, para ser utilizada como meio de transporte de aplicativos de entrega.

4.

Uma faxineira pode morar com um filho mal saído da adolescência que já tem um outro filho criança. Vivem na mesma casa, com uma namorada do rapaz que se tornou, mesmo muito jovem, madrasta de seu menino. Dormem na sala da casa de dois cômodos, de tijolos sem reboco e com paredes de compensado, inclusive as portas. O quintal é pequeno e de chão batido, onde convivem um cão da raça Pitbull e uma vira-lata encontrada vagando na rua. Os poucos eletrodomésticos são doação dos patrões, que compraram outros novos. O rapaz joga futebol em um campo de terra batida próximo, a moça frequenta a igreja evangélica instalada em uma garagem vizinha.

5.

As profissões mais comuns[2] no Brasil são a de alimentador de linha de produção (salário médio de R$ 1.627,00 em 2023); profissionais de comércio varejista; faxina; assistência administrativa; auxiliar de escritório; servente de obras; atendente de obras; operador de caixa; motorista de caminhão e técnico de enfermagem.

6.

As preocupações marcam o dia a dia. Com as doenças, com as contas a pagar. A demora da marcação de exame e as filas do SUS, nosso sistema público de saúde, são exaustivas. Aprova-se o serviço público, a simpatia dos profissionais de saúde, apesar da pressa dos atendentes. Conseguir procedimentos mais complexos como cirurgias é algo mais penoso e os hospitais podem estar superlotados com gente deitada em macas nos corredores. No bairro periférico, é

---

2 As 15 profissões mais comuns do Brasil. **Indeed**, São Paulo, 25 ago. 2023. Disponível em: <https://br.indeed.com/conselho-de-carreira/encontrando-emprego/profissoes-mais-comuns>. Acesso em: 21 mai. 2024.

possível ter amizade, ao mesmo tempo, com o jovem traficante e o policial que faz a ronda lá pelo centro.

7.

As casas nas favelas podem crescer para todos os lados, com novos andares, um novo quarto, até mesmo um novo banheiro. O proprietário adquire o material e amigos são chamados no fim de semana para a mão de obra, para bater a laje. Em seguida haverá um churrasco para todos, com o grupo de samba. Do lado de dentro, uma televisão nova comprada a prestações. Do lado de fora, paredes não serão pintadas. No caso de grandes conjuntos habitacionais, a tinta se desbota poucos meses após a sua inauguração por alguma autoridade pública. Na rua, postes com uma barafunda de fios que parecem um enxame de insetos.

8.

Nos condomínios de classe-média, alguma diferença de estilo. Conta-se com a proteção de muros, grades, cercas elétricas e porteiros uniformizados. Na recepção, despreocupadas, meninas maquiadas esperam o pai de alguma delas para levá-las a uma festa em algum playground nas vizinhanças. Escutam trechos de música de cantoras norte-americanas como Lana Del Rey ou Taylor Swift. Se não existe nada no além, nada faz sentido, a vida com mais sabedoria não seria a mais fútil e banal? As outras vidas, reflexivas, seriam apenas gasto de tempo e energia inútil?

9.

Acompanhamos cada vez mais as trajetórias dos grandes times europeus e não é mais uma bizarrice ver alguém gritando pelo gol do Manchester City ou do Barcelona, em jogos acompanhados por algum aplicativo de uma *smart TV*. Brasileiros podem ter participado da jogada. Meninos de classe média andam pelos condomínios com camisas originais de ídolos como Halland, Mbapé, Vini Jr., ou Bellingham, cujo valor pode ultrapassar R$ 400,00.

10.

No seu livro *O Ser e o nada*, Jean-Paul Sartre afirma que evidência de má-fé é quando você coloca a culpa de seus problemas nos outros ou em causas externas. Ele radicaliza: dentro de nossa liberdade situada, nós seríamos responsáveis por tudo em nossa vida, somos os culpados. A gente sempre escolheria ser o que se tornar em cada dia de nossa vida.

11.

Nada mais distante de um filósofo existencial francês do que o brasileiro médio. A culpa em geral para as frustações é das circunstâncias, da falta de tempo para não se fazer o que se diz que se quer. Mas concordariam com a frase de Sartre, de que *"o inferno são os outros"*, contida na peça *Entre quatro paredes*. É um hábito nacional dizer que está em uma situação qualquer por circunstâncias que não desejava e culpar outras pessoas pelos próprios fracassos e decepções. Por exemplo, há sempre alguém no trabalho que faz intriga, que joga contra, que o prejudica.

12.

Conversar, bater papos descompromissados, é um hábito nacional. E nesse sentido talvez exista a ilusão de que somos uma democracia racial e social. No meio da rua podemos ver conversas amistosas de motoristas de carros importados com lavadores e flanelinhas. Nas casas, patroas e empregadas falam por horas sobre as coisas da vida. Parentes dialogam muito entre si e falam mal do parente que não está por perto. Desconhecidos conversam em aviões ou consultórios médicos.

13.

Se há uma oportunidade para se conversar, conversa-se, inclusive nos funerais, um momento de se reencontrar gente que não se via havia tantos anos. Ricos ou pobres, costumam ter animais de estimação, com quem também conversam bastante. Quem é calado no Brasil é visto como antropófobo.

14.

Nos bares, a conversa dos homens, que ainda preferem beber cerveja, segue na linha mulheres, automóveis, casos autoglorificantes ou falsamente desonrosos, fofoca e, como cereja do bolo, falar mal dos outros. A chegada da política deixou os debates mais crispados e menos cooperativos.

15.

Os grupos formados por aplicativos transformam as conversas brasileiras em um movimento eterno, seja por textos, áudios, vídeos, links, debates intermináveis sobre política, ou dezenas de assuntos em que não se domina, e mesmo frases edificantes. Permitem união e desavenças entre pessoas que estão fisicamente distantes e não se encontram há tempos – ou mesmo que nunca se viram. É incrível imaginar que há pouco anos não tínhamos essas ferramentas para exercer nossa vocação como conversadores. Em aplicativos, até quem costuma ser calado pode falar muito.

16.

Roupas são cada vez mais comprada pela internet. De onde for mais barato. Por sites de empresa chinesas, por exemplo, que hoje até ameaçam os polos de confecção populares do Nordeste. Em feiras, é possível adquirir a preços módicos vestuários piratas de qualquer marca mais sofisticada. Somos muito bons em pirataria industrial nesse setor. O figurino mais comum do homem brasileiro – chinelo, bermuda e camisetas – é adequado ao nosso clima tropical e ao aquecimento global. Mulheres variam mais o figurino.

17.

Valoriza-se quem é próspero. Fulano ter "ficado rico" acaba se tornando um fator de admiração. Mas quem não enriqueceu também tem o seu lugar. Se são parentes, o fulano rico pode empregar o beltrano pobre em sua firma. Existe a solidariedade das doações de roupas usadas, bicicletas, móveis. Tecnologia é uma paixão nacional: todos querem baixar os novos aplicativos. Andamos de Uber, fazemos transações bancárias pelo celular, conversamos até sobre drones.

18.

De noveleiros passamos a ser admiradores de séries de *streaming*. Podemos passar madrugadas assistindo capítulo após capítulo, "maratonando". Leitura de livros em transporte público segue um hábito para uma minoria exótica. Nos ônibus, metrôs, praças públicas, mesmo em dias em que não há calor, são poucos os que seguram um livro, ou mesmo um tablet – o celular é onipresente.

19.

O YouTube tem substituído os livros como instrumentos da formação cultural. Instrumentalizados por algoritmos, esquerdistas assistem vídeos de esquerda para fortalecer suas próprias convicções, direitistas fazem o mesmo, assim como os "isentões", que não estão nem de um lado nem do outro e são rejeitados (apenas politicamente, espera-se), pelos dois.

20.

Não importa a sua ideologia, se andar pelas ruas brasileiras pode ter seu celular roubado. Em São Paulo, de uma maneira profissional, na qual um ciclista tomará o aparelho do incauto num gesto hábil, em poucos minutos entregará o dispositivo a uma *hacker* que saberá entrar, via aplicativo de banco, na conta da vítima, e levar algum dinheiro. No Rio de Janeiro, o celular pode ser furtado por meio de uma conversa bastante simpática onde a vítima, sentada numa cadeira de praia, não perceberá que seu aparelho foi levado – será o turista mané de Ipanema. Em Recife, mais rude, com um revólver no rosto do alvo, mão no gatilho por um menino mal saído da adolescência, com uma penugem como bigode, em uma bicicleta, trajando chinelos, bermuda, camiseta e um boné para se disfarçar das câmaras dos condomínios ricos do bairro de Boa Viagem. A vítima paga uma dívida social? Temos um país que estimula a transgressão em todos os níveis, do miserável ao um dono de meios de produção? Valorizamos as ações fora das leis e das instituições?

21.

No Brasil, mais exótico do que ler um livro num praça pública e considerar que não se deve punir pequenos ou grandes crimes, é ser pontual. Pessoas que cumprem rigorosamente os horários podem ser vistas não só como excêntricas, mas talvez até como neuróticas. Frases como "vou te ligar", "vamos marcar", como já perceberam os estrangeiros que nos costumam visitar, não significam nada, mesmo que sejam escritas num aplicativo. O Brasil é um país em que o compromisso é visto como uma obrigação apenas se for algo favorável a quem firmou o acordo, nas pequenas ou grandes coisas.

22.

"Aproveitar a vida" é tido como um valor absoluto, mesmo que isso signifique, muitas vezes inconscientemente, mentiras, machucar os outros, não ser correto nos compromissos firmados, não honrar a palavra. Mas talvez não seja culpa das pessoas, mas da própria terminalidade de seres destinados à morte e, consciente ou inconscientemente desesperados, precisam fazer algo para compensar uma condição inescapável de perecimento. Tentar de se divertir, ou mesmo se divertir, é uma opção válida.

23.

O sorriso é comum no Brasil. Ri-se muito. Para desconhecidos, para os amigos. Há algo de leveza entre as pessoas. Até mesmo para mostrar uma casa muito pobre. Há sorrisos até para se comentar sobre alguma dificuldade da vida. Os sorrisos nos aproximam.

24.

Sim, existe a angústia de não haver dinheiro para comprar comida. Mas existe também a solidariedade entre vizinhos, entre amigos e mesmo entre desconhecidos na hora de socorrer em momentos dramáticos. Pode ser por dor de consciência, mas até mesmo patrões podem ajudar seus empregados de serviços domésticos quando eles precisam. Mesmo as nossas relações de "exploração", se formos pensar em um viés marxista, possuem uma certa cor tropical da conversa, da ajuda, de troca de conselhos.

25.

Assim vivem esses Miguéis, Marias Alices, Jeffersons e Antônios. Na esperança de dias melhores que, quando se olha para trás, de fato, na concepção deles, vieram. Por mais que sejam castigados, os brasileiros gostam da vida. Insistem em perseguir a angústia efêmera da felicidade.

6. DOS 70 AFORISMAS SOBRE BATALHAS E CIRCUNSTÂNCIAS POLÍTICAS

1.

Política é a arte de transformar sua versão em realidade para todos.

2.

Política inclui atribuir ao adversário algo que ele nunca pensou em fazer. E repetir a estratégia de maneira massiva para colocar o oponente na defensiva. A melhor situação é conseguir fazer seu adversário precisar se justificar por algo condenável socialmente que não pretendia realizar.

3.

Política possui algo de teatro. Por isso, se possível tente não ter ódio dos participantes. Às vezes (às vezes), é a mesma coisa daquelas pessoas que já vaiariam atores na rua por causa dos personagens da novela, confundindo ficção e realidade. Há papéis a serem cumpridos e falas a serem pronunciadas. Mas são humanos exercendo os *scripts* - com maior ou menor convencimento e talento no que fazem. A política é a continuidade da guerra por meio cênico. O cenário não se dá sobre um palco, mas frente ao poder real.

4.

Na administração, a política tem algo de vazio, de solidão, de decisões sem certezas em que se conta com a sorte em meio a uma visão parcial das circunstâncias. Estar ao lado de um político é muitas vezes o pior lugar para ser ver o todo. Poderosos podem ser os mais inseguros. O vazio à frente deles é gigantesco pela dimensão e consequências de suas decisões.

5.

A política cumpre um papel civilizador. No sentido nobre de buscar as convergências e aprender a deixar de lado certas reivindicações em busca de um acordo possível. Convergir no sentido de que se sentir com razão em determinado assunto não é necessariamente o nosso ponto zero, primordial, inarredável, mas algo em potencial que precisa lutar pelo seu espaço para prevalecer em exaustivas negociações.

6.

Uma novidade recente foi a apresentação dos novos candidatos à arena política como pessoas autênticas, reais – na tentativa de finalizar o teatro condenado pela opinião pública. O movimento abriu espaço para os chamados *outsiders da nova política*, as pessoas comuns como representantes públicos. O resultado foi mais ódio, mas dissenção. Até porque o teatro político é uma maneira de pensamentos divergentes se dialogarem. Se a ira é real, a possibilidade de conciliação e acordos entre interesses divergentes se tornam inviáveis. Negociar e saber ceder são uma virtude na política. Com a nova política, a prática passou a ser considerada um vício a ser extirpado.

7.

A truculência faz parte do teatro da política. Existe uma alternância entre se mostrar poderoso e fazer o papel de vítima. Os melhores políticos sabem a hora certa de exercer um ou outro papel.

8.

Boa parte de quem critica a prática política imagina que a situação que se apresenta pode ser substituída por algo ideal. Nunca é assim. Muitas vezes, mesmo entre os detentores de poder, as únicas possibilidades de escolha são entre as menos piores possíveis. E nem sempre por causa dos políticos, mas pelas conjunturas e circunstâncias. Na política, assim como na vida, as opções muitas vezes se dão entre e o ruim e o péssimo. E o ótimo e bom são ilusões passageiras piores do que o péssimo.

9.

A moralidade de um político costuma estar sempre em escrutínio. Talvez, do ponto de vista pragmático, o que deveria importar são se seus autointeresses de alguma forma, se levados à prática, beneficiem o país. Até porque existirá alguém que não seja prisioneiro de seus autointeresses?

10.

A principal função da oposição é apontar os equívocos do adversário no governo, mesmo que à custa de esconder seus próprios erros. Hipocrisia? Não necessariamente. Quem se opõe não parte de uma posição de santidade, mas, em tese, carrega o papel de revelar os equívocos dos que detêm o poder. Aderir e não se opor costuma ser uma posição mais confortável.

11.

Na política brasileira de hoje, o domínio é formado por um grupo de parlamentares, em geral integrantes de partidos não programáticos, que costumam ser denominados de centrão. O agrupamento é tido como uma das forças do atraso no Brasil, impedindo nosso progresso. Políticos que estão ali representados atuariam apenas para retirar o máximo possível do orçamento público e enviar para suas bases. É o poder pelo poder, sem doutrina, sem ideologia, e com parcos princípios. Ao se aproximar de qualquer governo em busca de benesses, o centrão seria uma ótima tradução brasileira para o livro *O leopardo*, de Tomasi de Lampedusa: "*Se queremos que tudo fique como está, é preciso que tudo mude*"?

12.

Mas o centrão também pode ser analisado de maneira menos negativa, no sentido de trazer certa estabilidade ao país. Projetos radicais como, em tese, são atribuídos pela esquerda ao ex-presidente Bolsonaro ou atribuídos pela direita ao petismo, possuem poucas chances de prosperar com um parlamento que tende ao imobilismo e prefere operar por pequenas trocas – no máximo, apoiando reformas após bastante negociações fisiológicas. Com o centrão, os espíritos revolucionários ou reacionários não conseguem operar.

13.

Isso significa um elogio ao chamado centrão? Não necessariamente. Um projeto de cunho abertamente situacionista também pode ser um entrave quando um governo, em tese, apresentar ações que de fato modernizem o país. Medidas fundamentais ao desenvolvimento, para serem aprovadas, também precisam se submeter ao varejo dos interesses imediatos.

14.

Mas o centrão não é algo descolado da mentalidade brasileira; está entranhado na nossa trajetória política. A obra *Coronelismo, enxada e voto*, de Victor Nunes Leal, de 1948, mostrou como pequenas regiões eram à época dependentes do governo federal no começo do século passado e que cabia aos chefes políticos locais arrancar o dinheiro do poder central para que os recursos chegassem na ponta.

15.

Do ponto de vista do eleitor, das suas preocupações diárias, vale mais um parlamentar que viabilize a reforma de uma escola, que traga uma ambulância, que leve um trator à zona rural, que proporcione uma ponte sobre o rio em área isolada, que consiga cisternas, do que um que se posicione por meio de princípios socialistas, social-democrática ou liberais buscando grandes ações para o país, como reformas ou obras de caráter nacional. É o interesse do rincão que prevalece para esses parlamentares. O centrão tem algo de espelho do Brasil. Na ponta, vota-se para conseguir uma ponte, não para aprovar uma reforma qualquer.

16.

Do ponto de vista de seus admiradores, Luiz Inácio Lula da Silva disputa com Getúlio Vargas, Juscelino Kubitschek, Tiradentes, e alguns poucos outros como a figura pública mais relevante do Brasil em sua história. Tanto pelo que atrai de seguidores quanto pelo que atraiu de detratores, ambos intensos e próximos ao fanatismo. Também pela trajetória de vida com vitórias e derrotas, pelas três eleições, pela devoção popular e de intelectuais, pelas prisões, pelo comando de greves em plena ditadura, pela criação de um partido tão forte com o dos Trabalhadores. A conferir se a tese prosperará no futuro e só as próximas gerações nos darão a resposta. Mas para isso Lula também soube ser camaleão. Lula é um político que sabe manobrar circunstâncias. Dois exemplos de tantos exemplos:

17.

O que disse Lula quando Brasil ganhou uma nota de crédito internacional positiva de agência classificadora de risco em 2014: *"Se a gente for traduzir isso para a linguagem que os brasileiros entendam, o Brasil foi declarado um país sério, que tem políticas sérias, que cuida das suas finanças com seriedade e com isso passamos a ser merecedores da confiança internacional"*.

18.

O que disse Lula quando perdemos a mesma nota poucos anos depois. *"Isso não significa nada. Significa apenas que a gente não pode fazer o que eles querem. A gente tem que fazer o que a gente quer".*

19.

Política, mais do que ter princípios, é saber manobrar as circunstâncias a seu favor.

20.

Fernando Henrique Cardoso talvez tenha sido o presidente que transformou seus discursos em sessões de psicanálise. Foi o presidente que mais tentou justificar seu próprio governo. Tinha a convicção de que o caminho que propunha para o Estado brasileiro, afeito ao espírito do tempo dos anos 1990, do triunfo da chamada globalização, era o único correto naquele momento histórico. A aliança que fez com a centro-direita pela governabilidade foi bastante questionada por setores ditos pensantes no Brasil. A história mostrou que todos os governantes que vieram depois dele ou mantiveram ou mesmo aprofundaram-se nesse tipo de aliança com os chamados setores "atrasados" do país. Quem não o fez ou caiu ou ficou ameaçado de ser destituído até mudar a estratégia em direção a um governo conjunto com quem antes chamava de fisiológicos, interesseiros ou algo pior.

21.

Fernando Henrique Cardoso tem algo em comum com Dilma Rousseff. Ambos, à sua maneira, tentaram reconstruir o Estado brasileiro. Ele, dentro do otimismo do fim da história que marcou os anos 1990, no sentido da abertura. Ela, num período mais sombrio, após o atentado às Torres Gêmeas em Nova York, buscou moldar um Estado mais abrangente, com maior poder e controle sobre a economia interna. Ambos tentaram moldar o Estado às suas personalidades?

22.

Lula tinha menos ímpetos reformistas do que FHC ou Dilma, no sentido de reconstruir o Estado, e tentava se aproveitar das circunstâncias. Inclusive, em discurso político bem-sucedido, conseguiu convencer parte majoritária dos brasileiros que ele era o responsável pelas circunstâncias.

23.

Michel Temer buscou fazer um governo modernizante. Mas carregava nas entranhas do seu grupo um Brasil arcaico que acabou por se voltar contra ele.

24.

Jair Bolsonaro, como produto político, era o ideal para vencer as eleições presidenciais de 2018. Alguém empenhado em destruir, não em construir, que se opunha ao "sistema", às instituições, à classe política, o que era o espírito daqueles tempos em um Brasil ainda de crises e de operação Lava Jato a condenar de maneira sumária todo o espectro político tradicional. Em 2022, ou mesmo durante a pandemia da Covid, bastaria Bolsonaro ter mudado um pouco a imagem agressiva e destrutiva para ter vencido. Não conseguiu. Talvez até por autenticidade, por limitação, por não conseguir exercer outros papéis numa circunstância diversa – o que por fim o prejudicou eleitoralmente afastando o eleitorado de centro, que tem se tornado minoria, mas ainda decide as eleições.

25.

Querer ser presidente da República de maneira obsessiva é algo que exige um ego de tal magnitude que não chega sem um requisito essencial: a arte de enganar a si próprio. Alguém hiperconsciente saberia que ninguém está realmente preparado para essa função, que é um salto no abismo.

26.

A maior conquista social do PT e de Lula, os programas de transferência direta de renda para a população mais pobre, não tinham a simpatia do partido nem da cúpula do governo quando o presidente tomou posse pela primeira vez em 2003. Tê-los transformados em símbolo máximo de uma gestão mostra competência, habilidade e oportunismo político.

27.

Tais programas no âmbito federal foram implantados na gestão de Fernando Henrique Cardoso (há controvérsias sobre a paternidade em âmbito local), ainda de forma incipiente e atendiam parcela ainda não muito expressiva da população. O mais conhecido deles era o Bolsa-Escola, que condicionava pagamento de recursos para as famílias à frequência escolar das crianças.

28.

Integrantes do PT, em geral, não aprovavam esse tipo de programa. Consideravam "neoliberais" as ações nas quais o governo não determinava como seria a destinação de recursos por parte das famílias (era uma época em que liberal era sinônimo de palavrão por parte de setores influentes da sociedade brasileira). Ora, da maneira como tais projetos foram elaborados, os beneficiários tinham autonomia na forma como gastavam os recursos recebidos.

29.

Essa crítica contra programas de transferência direta de renda como os implantados por FHC foi reafirmada durante as comemorações dos 20 anos do partido. O presidente Lula chegou a gravar vídeo em que criticava os programas de transferência de renda. *"Lamentavelmente o voto no Brasil não é ideológico, lamentavelmente as pessoas não votam partidariamente, e lamentavelmente você tem uma parte da sociedade, pelo alto grau de empobrecimento, que é conduzida a pensar pelo estômago e não pela cabeça. É por isso que se distribui tanta cesta-básica, é por isso que se distribui tanto ticket de leite, porque isso na verdade é uma peça de troca, porque isso é uma peça de troca em época de eleição e você despolitiza o processo eleitoral, você trata o povo mais pobre da mesma forma que Cabral tratou os índios quando chegou ao Brasil, tentando distribuir bijuterias e espelhos para ganhar os índios. Você tem como lógica manter a política de dominação, que é secular no Brasil"*, afirmou, em programa eleitoral.

30.

No lugar dos programas "liberais" de Fernando Henrique, o PT queria implantar o programa Fome Zero, carro-chefe da campanha de 2002. A ideia era que os mais pobres recebessem cupons que seriam trocados por alimentos determinados pelo governo em estabelecimentos também direcionados pelo poder central.

31.

A proposta petista recebeu uma série de críticas. Entre elas, da Pastoral da Criança, de Zilda Arns. A religiosa lembrou que às vezes é mais importante para uma família ter recursos para consertar uma telha da despensa onde guarda os produtos da agricultura familiar do que para comprar alimentos.

32.

Também em razão das críticas, o governo Lula manteve os programas de seu antecessor e adversário político, Fernando Henrique Cardoso. Depois, unificou as ações sociais do governo anterior sob uma mesma marca e com apoio de todos os partidos no Congresso. Surge o Bolsa Família. O autor se encontrava no Plenário do Senado na data de sua aprovação, em dezembro de 2003[1].

33.

Com o tempo, em períodos eleitorais, o PSDB, partido de Fernando Henrique, passa a enfrentar dificuldades eleitorais ao ser acusado de ter a intenção de colocar um fim no Bolsa Família caso reconquistasse o poder central. Nem mesmo ter participado das origens do programa na época foi um contra-argumento eficiente para se livrar da imputação. Ficou na posição de ter de se defender contra o que não pretendia realizar. Mérito político do partido de Lula.

34.

Neca Setúbal, uma "banqueira", participou de ato a favor do petista Fernando Haddad, candidato vitorioso à prefeitura de São Paulo em 2012. Até então o PT a considerava uma "renomada educadora", a ponto de ser convidada para ser secretária municipal de Educação. Em 2014 apoiou a candidatura de Marina Silva, pelo PSB. Bastou não estar mais junto ao projeto de poder do PT para ser destruída, desmoralizada, como representante de uma elite predatória.

35.

Por bastante tempo, o PT soube como combater adversários políticos lhes atribuindo rótulos como: *"É da classe média fascista; É da elite branca; Não suporta tantas pessoas saindo da pobreza; Se é médico, é ganancioso e preguiçoso; É preconceituoso; Não gosta de pobre; Não suporta nordestino; É direitista; É contra os direitos-humanos; Apoia ditadura; não suporta conviver com os pobres andando de avião".*

36.

O PSDB nunca soube vencer esse jogo de estratégia política. Do ponto de vista relativo do espectro ideológico, seus integrantes estariam à direita do petismo,

---

1 Senado aprova Bolsa-Família. **Agência Senado**, Brasília, 19 dez. 2003. Disponível em: <https://www12.senado.leg.br/noticias/materias/2003/12/19/senado-aprova-bolsa-familia>. Acesso em: 21 mai. 2024.

e ser percebido nessa posição era visto como uma desvantagem, inclusive do ponto de vista interno. Com origem comum numa esquerda que combatia a ditadura militar instaurada em 1964, o PSDB tinha a ambição de disputar votos com o PT em setores como imprensa, academia, cultura e se abalava com o tipo de acusação que sofria.

37.

Uma das dificuldades para o PT com o surgimento do movimento bolsonarista foi que os adversários assumiram alguns desses rótulos antes hostis, como "direitistas", contra direitos humanos, pró-ditadura. E começaram a devolver os rótulos na mesma moeda de agressividade. Ao esquerdista, etiquetavam: "É bandido; É preguiçoso; É contra a família; É sexualmente perverso; É defensor de bandidos; É aproveitador."

38.

A batalha política se torna mais uma guerra de rótulos. Os bolsonaristas souberam jogar um jogo que o centro, representado pelo PSDB, nunca conseguiu praticar. Não que os tucanos não fizessem ataques ao PT. O PSDB os fazia, porém envergonhados e intimidados com críticas que vinham dos colunistas de jornais, dos intelectuais, dos artistas, etc.

39.

O chamado bolsonarismo não se intimida ou se constrange com esses grupos que estão na defesa pública do petismo ou das demais forças de suporte aos movimentos de esquerda. Ao contrário do PSDB, que os levava em conta, o bolsonarismo também os coloca na lista de inimigos a serem combatidos, impiedosamente: o que inclui cantores da MPB, acadêmicos, intelectuais, representantes de organismos internacionais, artistas de cinema e tevê, escritores e colunistas de jornais.

40.

Para isso o bolsonarismo se ladeia de outras personalidades que sempre foram "lado B ou lado C" de nossos cadernos culturais, setores acadêmicos ou representantes do que se chamava de opinião pública. Se unem a duplas sertanejas que atraem multidões a suas apresentações, pastores-personalidades do Youtube, médicos particulares antes anônimos, desconhecidos com milhares de seguidores nas redes, mas sem *pedigree* da elite cultural, *coaches*, militares, personal trainers, pequenos comerciantes, palpiteiros do 'X', o antigo Twitter, e várias personalidades de setores que, até a chegada das redes sociais, não costumavam ter voz política nos meios de comunicação tradicionais no país. Nessas condições de conflito aberto, a luta entre opositores políticos, agora PT × bolsonarismo, ficou mais bruta, porém mais igual.

41.

Nesse novo cenário político, o centro representado pelo PSDB perdeu a conexão com seu eleitorado tradicional. No ano de 2018, o partido ainda conseguiu uma vitória no poderoso estado de São Paulo e, em 2016, em sua capital, quando o candidato vencedor, o empresário João Doria, não se apresentou como um 'centrista', nem mesmo como um político, mas como um opositor implacável ao petismo.

42.

Em seus discursos políticos no início da carreira eleitoral, em 2016, Doria se cobria com uma bandeira do Brasil, subia de pé em uma cadeira, costumava chamar Lula de "bandido" e dizia frases como *"minha bandeira jamais será vermelha"*, com um fundo musical do *Tema da vitória*, ligado ao ex-piloto de fórmula 1 Ayrton Senna. Em certo sentido, Doria se antecipa ao fenômeno do bolsonarismo e dá sobrevida ao PSDB como força antipetista.

43.

Em 2018, para conquistar o governo de São Paulo, Doria alia-se a Bolsonaro, de maneira quase formal, por meio de um movimento denominado *Bolsodoria*. O candidato à presidência pelo PSDB nesse ano, o ex-governador de São Paulo Geraldo Alckmin, parece não conseguir captar o momento radical do Brasil e faz uma campanha focada em promessa de obras e desenvolvimento, enquanto o resto do país discutia valores pessoais de candidatos e maneiras de punir acusados de corrupção. Sua campanha ataca Bolsonaro e o PSDB percebe de maneira dramática que o grosso dos votos que havia recebido nas campanhas presidenciais se devia mais a ser uma opção viável ao petismo do que por suas supostas qualidades administrativas. Com o partido alvejado pela Lava Jato, vitimado pela onda antissistema, Geraldo recebe menos de 5% dos votos. Naquele momento, a população estava disposta a votar em qualquer um que conseguisse tirar o PT do poder.

44.

Eleito governador do São Paulo, Doria, com ambição pessoal urgente de ser presidente da República, faz um novo movimento político e começa a se distanciar de Bolsonaro para se colocar como uma alternativa tanto contra o petismo como contra o bolsonarismo. Na prática, em um país cujo centro estava destruído, o que consegue é a desaprovação de ambos os grupos – no caso do bolsonarismo, de forma hostil. Mesmo elogiado administrativamente, Doria faz um governo impopular.

45.

Com Doria como principal líder, o PSDB não consegue recuperar-se frente ao eleitorado. O governador de São Paulo chega a vencer as prévias internas do partido para se candidatar a presidente, porém não é forte o suficiente para enfrentar pressões contrárias da cúpula e desiste da candidatura. Poucos meses depois se desfilia da sigla e chega até a dar declarações a favor do presidente Lula. Doria foi um cometa político.

46.

O PSDB foi acusado de ser o ovo da serpente do movimento contra as urnas eletrônicas ao questionar o resultado eleitoral de 2014, quando o então senador Aécio Neves perdeu para Dilma Rousseff. Hoje, oficialmente, o partido se arrependeu da ação tomada. O irônico é que a força política que manteve a causa de questionar o sistema eleitoral brasileiro tomou seu lugar como força política em oposição ao Partido dos Trabalhadores.

47.

Do ponto de vista do resultado, pode-se de dizer que sim, que as instituições souberam controlar os arroubos do Bolsonaro. Se ele de fato planejava dar o golpe de Estado (o "se" não é por falta de convicções do autor, mas por respeito a quem pensa diferente), não teve chances frente ao parlamento, ao Supremo e frente a parte das Forças Armadas.

48.

As posições de Bolsonaro contra os esforços de combate à pandemia da Covid lembram movimentos como a Revolta da Vacina, de 1904, quando a população se rebelou contra a política de erradicação da febre amarela conduzida pelo sanitarista Osvaldo Cruz. A revolta poderia ser interpretada como reminiscência de um país que havia ficado para trás. Bolsonaro percebeu que esse Brasil, que pode até ser chamado de atrasado, ainda existe e resolveu dialogar com essas pessoas. Resgatou junto valores como religião, pátria, família, punições severas para criminosos e com isso foi bem-sucedido – atraindo também para seu lado moderados antipetistas. Exageros retóricos, deboche em relação às mortes causadas pela pandemia, insistência em soluções heterodoxas para a crise de saúde, como no caso da cloroquina, flertes com autoritarismo afastaram os moderados de Bolsonaro.

49.

Chamar Bolsonaro de genocida pode ser um insulto vazio. Por outro lado, e se suas imprecações contra as vacinas que evitaram os sintomas graves da Covid fizeram pessoas de fato morrer por rejeitar a imunização? Quantas vítimas seriam necessárias para que ele merecesse de fato a injúria?

50.

Por outro lado, e se Bolsonaro estivesse preocupado com o fato de que a população, sobretudo mais pobre, ficou recolhida em suas casas na pandemia, sem ter nem mesmo o que comer. Sensibilizou-se com os mais necessitados contra os ricos que tinham renda para se resguardar no auge da Covid. O ex-presidente deveria ser celebrado por isso? No dilema pato-coelho da Gestalt, como analisar Bolsonaro?

51.

Do ponto de vista quantitativo, o centro programático, se é que podemos usar essa expressão, dos partidos que não se alinham nem com o PT nem com Bolsonaro nos pleitos presidenciais, anda fraquíssimo no Brasil. Seus candidatos não chegam a 10% nas pesquisas eleitorais presidenciais há década. Mas essa minoria é decisiva para definir uma eleição, para a direita ou para a esquerda.

52.

As circunstâncias e dificuldades da políticas são excelentes para destruir as convicções. Tome-se a campanha à reeleição da ex-presidente Dilma Rousseff em 2014. Carregaram nas tintas à esquerda, inclusive do ponto de vista estético. Colocaram a candidata à reeleição em camisetas na qual ela aparecia com óculos que remontavam aos anos 1960, época de guerrilha e de revoluções maoistas. Eleitores trocaram seus avatares em redes sociais por essa figura caricaturalmente esquerdista.

53.

Dilma conseguiu ser reeleita, mas por causa das dificuldades conjunturais e estruturais da economia, precisou nomear como ministro mais poderoso, da pasta da Fazenda, um economista considerado ultraliberal, da escola de Chicago; uma líder ruralista de "direita" na pasta da Agricultura; e conceder poder a uma série de outros personagens que na campanha seriam considerados representantes condenáveis do reacionarismo brasileiro. Política tem algo de teatro, de manipulação, mas há horas em que o que se chama de realidade destrói as ilusões alheias.

54.

Em um caso de debates entre candidatos, quanto mais politizada a pessoa menos importante sua análise do debate político. Será algo filtrado por preferências e preconcepções consolidadas. Se quer saber quem foi melhor pergunte a alguém de alguma maneira alheia, mas que assistiu ao programa – se é que existe essa personagem.

55.

O sucesso popular de Lula se deve em boa parte em saber repassar para a população mais pobre recursos que tiveram como origem um aumento de demanda de produtos primários exportados pelo Brasil, por meio dos programas de transferência de renda. O curioso é que o partido do presidente se opõe a uma economia com essas bases, assim como os representantes de tais setores também sejam, preponderantemente, oposicionistas do presidente.

56.

Tão disputado pelas forças políticas, o termo liberdade é um conceito em disputa, longe de qualquer consenso. Alguém compreende o significado de liberdade de maneira clara? Todo movimento político que usa o termo para fundamentar seus atos deveria definir melhor o que tal palavra significa. Afinal, a "liberdade" mote dos movimentos bolsonaristas não teria a ver com a "liberdade" do PSOL – Partido Socialismo e Liberdade.

57.

Há também a liberdade para consumir a maconha invocada nos anos 1990 pela banda Planet Hemp, liberdade para abortar exigida pelas feministas, liberdade para usar fuzis, liberdade para o relacionamento LGBTQ+ em todas as nações, liberdade, por outro lado, para ser homofóbico. Existe até mesmo o slogan "paz justiça e liberdade para todos que sonham com a igualdade entre os homens", proclamadas pela cúpula da organização criminosa Primeiro Comando da Capital" (Manso e Dias. 2022, p. 35). Afinal, estamos falando da mesma liberdade? Ou cada um tem sua própria liberdade para chamar de sua?

58.

Todo grande princípio, como liberdade, leva a paradoxos, ou seja, a contradições não solucionáveis. Tenho liberdade de reprimir alguém para que o outro não tenha liberdade nenhuma? Se a resposta é não, o conceito de liberdade fica interditado. Se for sim, a liberdade de um impede a liberdade de outro, o que também prejudica o conceito. Liberdade, como tantos outros, é apenas um termo controverso de quase impossível conceituação unânime. Mas que move sonhos e movimentos políticos.

59.

Dizer que as pessoas têm liberdade plena possui uma derivação moral e política: que temos justificativas para puni-las. Como embasar um castigo a quem não foi responsável por seu próprio ato. No máximo poderíamos encarcerá-lo para nos proteger e não para corrigi-lo. Por outro lado, questionar o conceito de liberdade pode ser um salvo-conduto para deixarmos de apontar responsabilidades individuais. Colocar a "culpa" por delitos de transgressores em entes quase abstratos como sociedade ou coletividade.

60.

O espaço da liberdade de pensamento pode, paradoxalmente, tornar-se uma prisão no sentido de uma recusa, até mesmo perpétua, do que vem do mundo. Também pode ser uma prisão no sentido de que um sujeito não pode simplesmente descartar sua maneira de ver as coisas, nem mesmo com doloroso esforço racional (os que amam algum líder político sofrem disso). Ademais, costuma ser característica das pessoas não ver ou ignorar o que diverge ou desmonta suas crenças mais fortes. Temos liberdade para negar até o que é evidente.

Um ponto é que quanto mais obscuras as respostas do mundo, maior espaço há para as personalidades atuarem com liberdade de ver as coisas a seu modo.

61.

O acesso a outras realidades é, por si só, deflagrador de mudanças de perspectivas. Mesmo que esse contato com outros paradigmas ocorra com pessoa de classes aparentemente privilegiadas. De acordo com o historiador Eric Hobsbawn, *"líderes e porta-vozes da libertação colonial eram, com muita frequência, minorias atípicas da população que queriam emancipar"*. Os pioneiros da libertação do Irã, Egito e Turquia, e até mesmo seus seguidores mais próximos, estavam nas universidades. *"Os verdadeiros revolucionários do mundo islâmico, e os que chegaram ao poder lá, eram modernizadores seculares não islâmicos: homens como Kemal Atatürk, que substituiu o fez turco pelo chapéu coco, a escrita árabe característica do islã por letras romanas, e de fato rompeu as ligações entre o islamismo, o Estado e a lei"*. (Hobsbawn. 1994).

62.

No Brasil, os líderes dos movimentos revolucionários do século 20, em sua grande maioria, tiveram origem militar ou acadêmica. Antes da segunda guerra, principalmente militar, como no caso da revolta dos sargentos, lideradas por Luiz Carlos Prestes e a coluna de soldados que levou seu nome, na década de 1920. A segunda "onda" de tentativa de transformar o país em um Estado comunista foi conduzida em boa parte por estudantes universitários, que fracassaram.

63.

Também passaram pelas universidades os líderes Fidel Castro e Che Guevara. Apresentada como uma guerrilha camponesa comunista, o movimento Sendero Luminoso, no Peru, teve origem nos corpos docente e discente da Universidade de Ayacucho. Filho de um rico fazendeiro, Emiliano Zapata entrou para a história ao pedir "terra e liberdade" para os mexicanos, juntamente com Pancho Villa.

64.

No Brasil, a trajetória do migrante e ex-sindicalista Lula ao poder se deu com forte apoio de classes intelectualizadas. E intelectuais, como sabemos, são aquelas pessoas cuja habilidade é dar um viés erudito e articulado a suas posições, de maneira a conduzir parte da sociedade no sentido de que possuem algum conhecimento superior sobre alguma coisa.

65.

Uma das explicações para o aumento expressivo de movimentos revolucionários ou de simples revoltas (consequentes ou não) após a segunda guerra Mundial se deve à elevação exponencial do número de estudantes universitários – na França, por exemplo, passou de 100 mil para 650 mil entre os anos 1940 e 1960 (tal acréscimo se repetiu no Brasil, em menor proporção). Curiosamente, um dos poucos países do mundo que não enfrentou revoltas ou movimentos estudantis na segunda metade do século 20 foi a União Soviética.

66.

Muitas revoluções do começo do século 20 ocorreram de cima para baixo, a partir de elites. Isso não quer dizer que as massas sempre estiveram passivas. Muitos movimentos reformistas e democráticos de fim de século só se tornaram bem-sucedidos por causa de ações "espontâneas". Podem ser citados a intifada na Palestina, a participação popular na queda de praticamente todos os países comunistas do leste europeu, e, no século atual, os movimentos da Primavera Árabe.

67.

A tentativa de ruptura prática, ou mudança de paradigma em direção a revoluções, nem sempre se dá de maneira "natural". Há influência, sim, de pensamentos de base filosófica, o que não quer dizer que todos os revolucionários tenham lido Rousseau, Locke, até chegar a Marx. O mundo, muitas vezes acadêmico, de onde vieram revolucionários, era embebido de pensadores que propuseram outro tipo de sociedade.

68.

Uma das querelas mais importantes da atualidade, acompanhadas por nós brasileiros, dá-se entre dirigentes ocidentais e capitalistas contra mulçumanos. Mesmo nessas desavenças de civilizações (ou de seus líderes), há pontos em comum que podem ser explorados. Alguns deles são pura ironia. Mulçumanos, por exemplo, renegam fervorosamente alguns preceitos e valores ocidentais, mas não resistem à tecnologia bélica e de comunicação de países inimigos.

69.

Armas de última geração são aceitas de bom grado pelos terroristas, assim como os comunicados pró-destruição do mundo ocidental são veiculados pela internet. Radicais entre os israelenses, por outro lado, invocam o mesmo Deus abraâmico dos mulçumanos para atacar terroristas e colateralmente acertar civis. Paradoxalmente, há um mundo em comum: acredita-se na tecnologia e na mobilização por meio da fé. Se a história tivesse ido por outro caminho, poderiam ser povos que buscariam conviver pacificamente sob a inspiração do mesmo patriarca mitológico: Abraão.

70.

Revolucionário, reacionário ou reformista, o intelectual é aquele sujeito que quer encaixar o real na visão de mundo dele. Nunca consegue. Como um todo, o real é inexplicável. O militante tem o mesmo objetivo, mas com uma natureza mais prática. O mundo sempre escapa à maneira como o militante ou o intelectual gostariam que ele fosse.

7. A POBREZA POR TRÁS DOS MONUMENTOS

Brasília, praça dos Três Poderes, sede oficial de um Brasil racional, simétrico, de ângulos retos traçados no chão, vidraças planas, e curvas de concreto bem arquitetadas dos monumentos públicos. Ao se posicionar no meio dessa praça vislumbrando o Leste, percebe-se à esquerda o Palácio do Planalto, sede do poder Executivo, e à direita a sede do Supremo Tribunal Federal, da justiça. Às nossas costas estão as duas torres do Congresso e a construção horizontal onde se encontram os parlamentos – Câmara e Senado. Esse é o Brasil organizado e funcional que o arquiteto Oscar Niemeyer e o urbanista Lúcio Costa projetaram, sob idealização do presidente Juscelino Kubitschek, para representar o país ao mundo como exemplo de ousadia, de vanguarda, de quimeras que se tornariam reais. Um local cinzento, futurista, etéreo, quase sem árvores, sólido e moderno. Um lugar símbolo de um Brasil organizado, lógico, e coerente, pronto para exercer a liderança de um novo mundo a surgir.

A verdadeira natureza do Brasil vai aparecer se olharmos para o que há em torno da praça com um pouco mais de atenção. Veremos que cada um dos palácios planejados precisou de um anexo para continuar funcional. E de cada um dos anexos aparece outro anexo em um labirinto de concreto e vidro sem fim. No local onde se concentram as sedes dos poderes do Brasil, juntamente com a pretensa e artificial organização, mostramos a nossa verdadeira natureza: somos o país dos puxadinhos, das improvisações.

O isolamento, a claridade e o calor da praça dos Três Poderes impedem a permanência de mendigos. Os turistas não costumam ficar por muito tempo porque há algo de insalubre frente à elegância dos monumentos de concreto. Com essas características em seu epicentro, Brasília é o local onde representantes das vinte e sete unidades da federação se encontram para discutir os rumos do país. Paradoxalmente, pela sua aparência, a capital também nega o Brasil.

O Plano Piloto, o marco original de Brasília, conserva boa parte dessa organização algo marxista de Niemeyer e Lúcio Costa. Mas o país insiste em dar suas caras e esculhambar o que é planejado e programado. Basta pegar um automóvel ou qualquer meio de transporte público para ver que a poucos quilômetros de distância da Praça dos Três Poderes, um local chamado Setor Comercial Sul, planejado para os prédios de escritórios que dariam suporte ao Estado, já virou ruína, com locais abandonados, mendigos, prostituição, lixo e usuários de drogas. O Brasil, quando constrói, não consegue manter; prefere se mudar. Os escritórios, em vez de serem reformados, transferiram-se para outras áreas e o local encontra-se desolado, como é comum nos centros das grandes capitais.

A partir do setor Comercial Sul, anda-se mais um pouco em Brasília, atravessamos o setor de hotéis, passamos pelo posto de gasolina que batizou a operação Lava Jato e podemos vislumbrar talvez a mais vistosa ode ao desperdício de dinheiro público do Brasil: o estádio Mané Garrincha. Construído com dinheiro do governo local foi considerado na época o terceiro mais caro do mundo,[1] com o preço atualizado hoje superior a R$ 1,5 bilhão para uma cidade que mal consegue manter seus times na série C dos campeonatos brasileiros de futebol.[2] O estádio é um monumento para Brasília, um coliseu no Planalto Central. E, talvez, o coliseu romano, inaugurado no início da era cristã, tenha sido bastante criticado pelos gastos exorbitantes. Costuma receber jogos de times de outros estados, apresentações musicais, mas, como o coliseu, acabou por ficar como um presente para a humanidade.

Há uma série de cidades-satélites em torno de Brasília não tão organizadas quanto o Plano Piloto original. Há até contrastes arquitetônicos, como em Águas Claras, em que os arranha-céus residenciais podem chegar próximos aos 40 andares como contraste ao limite de seis andares no Plano, por causa da preservação urbanística, da cidade original, tombada pela Organização das Nações Unidas para a Educação, a Ciência e a Cultura (Unesco).

As demais cidades satélites de Brasília são locais que ainda mantêm, de maneira mais precária, a arquitetura de ângulos retos da praça dos Três Poderes e dos prédios residenciais do plano. Mas os gramados começam a desaparecer, as vias começam

---

1 Mané Garrincha é 3º estádio mais caro do mundo; veja ranking. **Exame**, São Paulo, 6 jun. 2014. Disponível em: <https://exame.com/brasil/mane-garrincha-e-3o-estadio-mais-caro-do-mundo-veja-ranking/>. Acesso em: 21 mai. 2024.

2 CARDOSO, Marcelo. Estádio mais caro da Copa, Mané Garrincha é entregue à iniciativa privada em Brasília. **G1**, Brasília, 4 fev. 2020. Disponível em:< https://ge.globo.com/df/noticia/estadio-mais-caro-da-copa-mane-garrincha-e-entregue-a-iniciativa-privada-em-brasilia.ghtml>. Acesso em: 21 mai. 2024.

a ficar estreitas, as grades e os muros obstruem todos os vãos das residências por causa do medo da criminalidade. Os prédios começam a parecer arruinados.

Em poucos minutos de vias largas a partir da Praça dos Três Poderes, não se vê mais a Brasília opulenta e os bairros ricos ao redor, como Lago Sul ou Lago Norte. Mais de uma hora costuma se gastar para atravessar todas as regiões pobres de Brasília e de seu entorno, dentro do estado de Goiás. Há bolsões de pobreza nas cidades-satélites de Ceilândia, Samambaia, Itapoã ou Gama. No Plano Piloto idealizado, todos morariam em harmonia. No real, dos dias de hoje, é habitado apenas pelos mais ricos. Os demais trabalhadores, como secretárias, faxineiros, motoristas, serventes, garçons, cozinheiros, precisam enfrentar às vezes horas de um transporte público incômodo para sobreviver, em geral no serviço de propriedade de alguém de alguma classe mais abastada ou nos departamentos do Estado.

Inaugurada em 1960, Brasília é uma cidade nova. O mesmo ocorre com Belo Horizonte, que completou o centenário em 1997. Sergio Buarque de Holanda já refletiu sobre a capital mineira. Comparou o centro concebido por arquitetos à semelhança de um tabuleiro de xadrez com um certo espírito hispânico que manteríamos, de planejar praças e vias simétricas. Porém, fora da avenida do Contorno, via que delimita a região planificada, a herança de Portugal começa a surgir com suas ruas tortas, mais afeitas a acompanhar do que intervir no relevo. *"Excelente para flanar, mas muito difícil de administrar"*, refletiu o presidente Fernando Henrique Cardoso na comemoração dos 100 anos da capital mineira, em 1997.

Porém, além do centro hispânico (com belos prédios *art déco* e mesmo modernistas em decadência) e das regiões de inspiração portuguesa, o Brasil real começa a se aproximar de Belo Horizonte. Em um raciocínio centrípeto, de um centro planejado, porém, já caótico, partimos para bairros ricos em torno, logo após uma sequência de regiões menos abastadas, até que se alcancem locais miseráveis dos municípios em torno, muitas vezes nas regiões metropolitanas. As casas sem pintura, com divisão entre os cômodos feitas por compensados improvisados, já dominam os morros. Os serviços do Estado como asfalto e calçadas se encontram menos presentes.

O fenômeno se repete nas nossas grandes capitais babilônicas, como São Paulo, Rio de Janeiro, Salvador, Fortaleza ou Recife, entre outras. Os centros pujantes há décadas hoje se tornaram locais decadentes e abandonados. Em São Paulo, a pobreza está próxima ao bairro elegante do Morumbi; no Rio, nos morros em torno de algumas das praias mais famosas do mundo; em Recife a partir do centro e nos bairros turísticos de Boa Viagem ou nas ilhas da antiga urbe colonial, que se transformaram em uma "Cidade fantasma", como pode ser constatado no documentário do cineasta Kleber Mendonça; em Salvador, já no Pelourinho se vê a miséria; e Fortaleza logo ali em Pirambu.

No Brasil a pobreza, assim como a desigualdade, está no rosto das pessoas que vivem cotidianos penosos. Brasileiros que chegam aos apartamentos dos condomínios de luxo muitas vezes apenas pelos elevadores de serviço. Todos os dias, se saímos de casa, somos apresentados diretamente às carências do país. A pobreza no Brasil começa além da moradia, no urbanismo, mas vai muito além dela. Está ainda nos índices de saneamento, de renda, de educação. Os pedintes estão em quase todos os sinais a deixar os motoristas e passageiros irritados com a importunação. Estão um pouco menos frequentes porque, com o advento do Pix, não se anda mais com dinheiro.

A miséria brasileira tem suas distinções da pobreza. Nas capitais, os paupérrimos encontram-se nos centros, com os mendigos embaixo dos viadutos sujos e pichados, e, também, nas periferias gigantescas. Há muitas pessoas com cor de pele preta nessa situação, não todas. Os bairros opulentos costumam se localizar entre esses dois pontos de subdesenvolvimento – centro e periferia. A miséria absoluta, das pessoas que catam lixo para sobreviver, vê-se mais nas grandes cidades. Já a pobreza é mais evidente no interior e nas áreas rurais.

As origens da pobreza, da desigualdade, da miséria do Brasil são muitas. Estão na massa escravizada que até hoje não conseguiu se inserir adequadamente no mercado de trabalho, nos migrantes que saíram do sertão do Nordeste, dos milhões de nascidos na época do *baby boom* que a sociedade não conseguiu integrar economicamente.

O Estado, entretanto, não é inoperante. O Brasil gasta mais da metade do orçamento público em um sistema de Previdência que auxilia os mais velhos, mesmo com remunerações que mal permitem a sobrevivência, porém os livra da fome. O excesso de aposentadorias precoces e as dificuldades para aumentar idades mínimas impossibilita o equilíbrio das contas. Recursos mal gastos, mal direcionados, que explicam gastar muito em previdência e ainda assim a maior parte dos aposentados ganharem uma miséria.

Há também um enorme contingente de brasileiros que se aposentou com em torno de 50 anos, impossibilitando o equilíbrio das contas. Como diz o ditado, "o cobertor é curto". Crianças muitas vezes costumam ficar para trás em um Estado que se pretende social-democrata. Faltam creches e as escolas públicas costumam estar muito aquém do nível das escolas privadas oferecidas a quem tem condições de pagar.

Dirimir a pobreza e a miséria é a tarefa urgente do Brasil. Essa afirmação, de alguma maneira, é um truísmo. A questão é como fazer isso. Tentar aumentar os recursos para os programas sociais? Utilizar esses mesmos recursos em investimentos que possibilitem que as pessoas tenham emprego e não precisem mais de programas sociais? Qual a divisão equilibrada desse dinheiro limitado? Concentrar a tarefa na mão do Estado? Estimular a chegada de investidores privados? Investir massivamente em educação pública? Melhorar a qualidade do ensino técnico e eliminar os gargalos? Tributar os mais ricos? Fazer dívida para fomentar o crescimento econômico?

As discussões para combater a pobreza envolvem sociólogos, economistas, educadores e milhares de profissionais. Do ponto de vista de como lidar com a emergência, o Brasil tem programas que podem ser exemplos para o mundo, como o Bolsa Família. Mas talvez os nossos formuladores e executores de políticas públicas ainda não tenham sido eficientes em coibir os mecanismo que de fato geram a pobreza. Em um Brasil ideal ninguém precisaria de Bolsa Família, ou de qualquer bolsa. Seriam autônomos.

A discussão muitas vezes é ligada à palavra igualdade. Sim, o Brasil é um país de desigualdades extremas e evidentes. Por outro lado, o combate ao problema envolve concepções filosóficas de mundo. Por exemplo, se achamos a desigualdade imoral em si, podemos combatê-la por meio de taxações rigorosas aos mais os ricos. Se achamos que o imoral é a miséria ou a pobreza, não a desigualdade exatamente, a tarefa seria tornar quem é mais carente mais próspero.

São vários os caminhos e discordar de um método de combater a pobreza não significa que a questão não exista ou nem deve ser superada. Para quem gosta de ser otimista, se comparamos os dados sociais do Brasil ao longo das décadas, avançamos, e bastante, em áreas como redução da mortalidade infantil, expectativa de vida, combate ao analfabetismo, presença de jovens e crianças na escola ou saneamento – as informações são públicas. Para quem prefere o pessimismo, avançamos em ritmo mais lento e de maneira menos uniforme do que a média do mundo e os números absolutos ainda continuam insatisfatórios.

O objetivo é sermos mais iguais apenas? Apresento controvérsias. Na *República* idealizada pelo filósofo Platão, havia o primado da igualdade. Por isso, esse livro clássico do século 4 a.C. pode ser considerado como precursor de obras como as de Rousseau ou as de Marx e suas propostas para a sociedade. Mas como se daria a igualdade na Politea, o lugar idealizado pelo ateniense como a república ideal?

Para Platão, a origem da desigualdade estaria nas famílias, dentro das casas. Como cada uma das famílias criaria seus filhos de maneira diferente, logo, as crianças – se o fim é a igualdade – deveriam ser afastadas dos país na tenra idade para serem criados por tutores. Mais tarde, identificadas suas vocações, as crianças, ao se tornarem adultas, deveriam servir à sociedade por meio do que eram consideradas mais aptas: funcionários, soldados, arquitetos e outras especificações. A música, para Platão, seria proibida na Politeia, por ser arte, algo que nos desviaria da possibilidade de conhecer o mundo real. Pensem no estilo de arte conhecido como realismo socialista...

Ou seja, mesmo palavras inspiradoras como "igualdade" podem ser pretexto para a idealização de regimes autoritários. Ideologias que tinham como objetivo declarado tornar a população próspera e igual geraram governos violentos que mantiveram a sociedade pobre. Há exemplos de sobra no mundo.

Por outro lado, pode se argumentar que a desigualdade do país possui causas moralmente inaceitáveis. Que a parcela muito mais rica dos brasileiros é esmagadoramente poderosa, de maneira que, em cada R$ 5,00 do país, R$ 1,00 pertence aos 0,5% mais ricos (Medeiros. 2023, p. 10). A verdade é que cerca de 90% dos brasileiros vive em condições relativamente igualitárias com a riqueza concentrada na ponta. E na ponta da ponta, 5% dos mais ricos concentram 50% da renda (p. 30). Além disso, do patrimônio declarado à Receita Federal, 99% pertencem a 10% e metade a 0,5% (p. 107). Metade dos brasileiros vive com menos de R$ 130,00 por dia (p. 131). *"O que importa é construir uma interpretação dessa concentração que possa ser lembrada facilmente. A interpretação é que para reduzir a desigualdade a atenção deve ser dada aos ricos, não aos pobres"*, afirma o sociólogo Marcelo Medeiros, que compilou os dados. Ou seja, defende que a situação no Brasil é de tal forma calamitosa que não basta investir nos auxílios e na emancipação aos mais pobres, mas que seria inevitável partirmos para algum tipo de redistribuição de renda.

Pausa curta nos dados para alguns para pensamentos: filosofias existenciais, da vida, ou negativas, por sua vez, apontam o sofrimento como algo intrínseco e argumentam que conforto material não é suficiente para atenuar em definitivo nossas angústias mais profundas. A questão, entretanto, é que a miséria é um adicional de sofrimento muitas vezes insuportável.

Por outro lado, ideólogos da "liberdade" ou mesmo do conservadorismo costumam ser menos sensíveis à questão da disparidade de renda. Liberais apostam que em sociedades livre e abertas ao mundo, mesmo que haja desproporção, há um crescimento econômico conjunto do qual todos nos beneficiamos, na média. Além disso, alegam que a economia não seria um jogo de soma zero em que alguns precisam perder para outros ganharem e haveria alternativas que não passam por "empobrecer" os mais ricos.

Há também concepções que ligam a pobreza e a riqueza aos esforços individuais e decisões de cada um e que sistemas de proteções sociais muito amplos favorecem o parasitismo na sociedade, o que nem sempre é verdadeiro frente ao fato que de as circunstâncias e dificuldades a partir do nascimento são diferentes de pessoa a pessoa. No Brasil, inclusive, drasticamente díspares. Porém, cada vez mais no país, mesmo entre os mais pobres, sobretudo evangélicos, cresce a aceitação dessa concepção de relacionar prosperidade com mérito individual. No caso, a partir da graça concedida por Deus, se a hipótese de Max Weber da correção entre mérito e escolha de Deus pelos que serão prósperos for correta.

No dia a dia, quem tem controle sobre verbas sociais sabe que os programas de auxílio constituem uma forte ferramenta de manutenção do poder. Em uma sociedade com a população realmente autônoma e rica, tais mecanismos seriam inócuos na conquista eleitoral do Estado. Daí se imagina que mesmo programas bem-intencionados podem ser desvirtuados naquilo que o filósofo Nietzche afirma constituir o humano: "a vontade de (ter) poder".

Em meio a essas questões de como combater a pobreza, o Brasil enfrenta uma forte mudança demográfica. *"Os trinta milhões de meninos abandonados pelo Brasil"*, na letra cantada por Caetano Veloso no álbum "Estrangeiro" era uma imagem factualmente falsa, pois nunca foram tantos, mas simbólica de como somos uma nação negligente com as crianças. Atualmente, com as famílias tendo menos filhos, o desafio agora é com a velhice, se o Estado conseguirá prestar apoio social a todos sem enfrentar graves dificuldades nas contas públicas.

Nesse meio em que se disputam recursos escassos, uma questão que precisa ser combatida no Brasil é a apropriação dos mais ricos dos recursos do Estado sem gerar contrapartida a todos. Nosso sistema de previdência, mesmo com as reformas, reúne recursos de todas as classes sociais e no final o entrega proporcionalmente à parcela mais rica da nação. Tentativas de alterá-lo são contestadas por quem nominalmente diz defender os mais pobres, mas que recebe proporcionalmente altas pensões.

Logo, o combate à miséria, à pobreza no Brasil precisa enfrentar um entrave. Defensores de seus próprios interesses e ideologias podem usar os mais pobres como um escudo para nada mudar. Conseguir vencer essa batalha é um primeiro passo. Muitos brasileiros que falam sempre em igualdade costumam ter renda várias vezes maior do que a de seus compatriotas. De acordo com nosso instituto oficial de estatística, o IBGE,[3] o rendimento domiciliar *per*

3 IBGE divulga rendimento domiciliar per capita 2022 para Brasil e Unidades da Federação. **Agência IBGE**, Brasília, 24 fev. 2023. Disponível em: <https://agenciadenoticias.ibge.gov.br/agencia-sala-de-imprensa/2013-agencia-de-noticias/releases/36320-ibge-divulga-rendimento-domiciliar-per-capita-2022-para-brasil-e-unidades-da-federacao>. Acesso em: 21 mai. 2024.

capita para o Brasil é de R$ 1.625,00 variando de R$ 814,00 no Maranhão a R$ 2.913,00 no Distrito Federal, dados de 2022.

A parcela 1% mais rica da população ganha em média o equivalente a 32,5 vezes o que ganha a mais pobre. Além disso, como os proventos de quem está no topo influenciam a média para cima, entre 75% e 80% da população adulta está abaixo da renda média. Já a nossa renda mediana, o valor que separa metade das pessoas abaixo dela e a outra metade acima dela, é de pouco acima de R$ 1.000,00 (Medeiros. 2023, p. 23). A verdade é que a qualidade de vida dos extratos mais pobres do Brasil é pior do que em países ainda mais desfavorecidos do que o nosso, como é o caso do Vietnã.

Do ponto de vista da justiça igualitária, caso aceitemos esse critério de divisão de renda, hoje, em 2024, cada um de nós deveria receber R$ 1.625,00 como rendimento mensal. É isso que queremos ou precisa ser muito mais para cada um, o que exige que o país cresça como um todo? Queremos mesmo ser iguais em relação à renda ou é só hipocrisia?

Por outro lado, é justificável uma diferença tão díspar de renda entre os mais ricos e os mais pobres? Se pensarmos bem, é possível alguém manter uma vida, mesmo livre de extravagâncias, sem que haja humanos em condição de pobreza? Como poderíamos viver sem profissionais de vidas penosas, como faxineiros, lixeiros, varredores de rua, e tantos outros que estão ao nosso redor? Mesmo uma pessoa que tenha a igualdade absoluta como obsessão, imaginemos um professor universitário que se beneficie da desigualdade para seguir no seu cotidiano. Nesse sentido, da existência inevitável de profissões tidas como degradantes, fatigantes, de baixo rendimento, que na prática permitem o funcionamento de qualquer sociedade (e sem as quais não haveria sociedades), inclusive as mais prósperas, a desigualdade seria algo intrinsecamente inevitável?

Qual é a saída? Quando é que poderemos atravessar toda uma grande região metropolitana brasileira sem nos deparar com tantos locais nos quais as condições de vida são indigentes? Talvez nunca, se ainda houver um Estado capturado por interesses específicos, de poucos, públicos ou privados, sem possibilidade de proporcionar um desenvolvimento inclusivo à maioria da população.

8. ESQUERDA × DIREITA E OUTROS ATRIBUTOS - CONCEITOS OU XINGAMENTOS?

Termos como "reacionário", "fascista", "comunista" e outras qualificações do dia a dia, presentes nas falas políticas, nos debates em famílias ou nos bares, e nas redes sociais, que se somam às palavras "esquerda" e "direita", entre outras, seguem com seus significados vagos, a serem usados a depender da estratégia ou posicionamento político individual. Na maioria das vezes são manifestações vazias com o objetivo maior de ofender ou manter a tropa política coesa. Falta rigor. É coisa de discussão de grupo de WhatsApp, de tentativa de intimidação ou de autoelogio.

Vamos tentar aqui algo diferente: qualificar alguns termos. Para essa elucidação partiremos do artigo *"A filosofia no fogo cruzado da esquerda e direita"*,[1] de Julio Cabrera. O empreendimento de Cabrera foi tornar os conceitos mais claros e buscar até mesmo descrever que tipo de atitudes e pensamentos se correlacionam com os rótulos ideológicos.

Para começar, Cabrera descreve dessa maneira quem costuma perceber as coisas pela perspectiva da esquerda: *"tende a ver o mundo como um movimento histórico e cultural visando um futuro aberto, muitas vezes promissor e às vezes utópico, que aceita os humanos como agentes capazes, apesar de suas limitações, de levar adiante projetos de melhoramento da vida humana no planeta"*.

Podemos complementar essa definição inicial com alguns pormenores se o foco for o nosso país ou a América Latina. Ser de esquerda no Brasil pode

1 CABRERA, Julio. A Filosofia no fogo cruzado de direita e esquerda. **Anpof**, 2021. Disponível em: <https://www.anpof.org.br/periodicos/argumentos-revista-de-filosofia-ufc/leitura/1009/28600>. Acesso em: 21 mai. 2024.

significar muito mais coisas. Entre elas, ter sido formado por um livro como *As veias abertas da América Latina,* do uruguaio Eduardo Galeano, presente nas bibliotecas básicas de estudantes de faculdades de humanas, por décadas, no país, que conta com o seguinte trecho em sua introdução. *"O Nordeste do Brasil é, na atualidade, a região mais subdesenvolvida do hemisfério ocidental. Gigantesco campo de concentração para 30 milhões de pessoas, hoje amarga a herança da monocultura do açúcar. De suas terras brotou o negócio mais lucrativo da economia colonial da América Latina"* (Galeano. 2010, p. 96.).

Voltando a Cabrera, segundo ele, *"Quem é de esquerda pensa que há muito por fazer, pois as sociedades humanas são desiguais e injustas, e os oprimidos pelos mais poderosos – os antigos escravos, os atuais assalariados – devem ser liberados, seja por meios pacíficos, seja pela violência. Para isso, acredita-se num Estado forte capaz de se encarregar da distribuição justa e equitativa de benefícios, bloqueando privilégios. Estas ações não estão concentradas dentro das fronteiras de nações, mas visam à humanidade como um todo. Não se pensa que as coisas estejam dadas pela natureza de maneira estática, mas que elas podem ser mudadas radicalmente pela ação humana".*

Esquerdistas também, segundo Cabrera, podem até não recusar o elemento religioso, porém tal sentimento teria uma função de luta. Também consideram a linguagem como algo não estática, que precisa ser um instrumento de transformação (lembram-se do "todes"?). Por fim, tendem a romantizar povos étnicos originários e lutam por mantê-lo em seu estágio original.

A visão apresentada das ideologias, considerada por Cabrera, em autocrítica, como superficial, é estratosfericamente mais profunda do que os usos comuns dos termos nos debates cotidianos. O pensador prossegue, em seu artigo, qualificando o que seria ser de "direta". Significaria, por sua vez, uma visão na qual a cultura teria menos capacidades transformadoras e que haveria uma realidade transcendente que não poderia ser modificada.

"A vida humana não está apenas tendida para o futuro, mas apoia-se essencialmente em tradições e formas de vida do passado que foram sedimentando e constituindo guias para a nossa vida atual. É claro que os seres humanos são livres e artífices de seus destinos, mas o melhoramento da vida humana não pode ser feito através de uma revolução total das formas de vida existentes, o que pode gerar mais vítimas das que se tentava salvar. O Estado não pode se erigir numa força descomunal capaz de gerenciar as vidas humanas de maneira vertical, mas apenas administrar o que as pessoas conseguem fazer dentro das sociedades civis".

Na visão de Cabrera sobre os "direitistas", em lugar de visar uma transformação revolucionária da vida humana, prescreve-se começar por pequenas ações sociais dentro das comunidades imediatas e dentro do escopo da própria nação, respondendo a sentimentos patrióticos naturais. "*O ser humano não é tão confiável como para encarregá-lo de gigantescas tarefas de transformação, não está dotado de uma generosidade natural que lhe torne capaz de deixar de lado seus anseios de liberdade e propriedade. A condição dos trabalhadores modernos é melhor que a dos escravos antigos, os progressos são lentos e não podem ser apressados. O fator religioso indica para um lugar sagrado que não pode ser manchado por ações imediatas ou impregnado de ideais seculares*".

Já a linguagem, para a direita, segundo Cabrera, teria funções denotativas de uma realidade que não muda ao nosso bel prazer, e a natureza foi dada aos humanos para a sua realização na Terra, não havendo nada de errado no uso do não humano em benefício do humano. O processo civilizador teria se imposto irreversivelmente sobre formas culturais primitivas como as indígenas.

O artigo é bem mais complexo é merece ser lido por quem se interessa pela questão. Mas pode ser complementado em alguns pontos. Acredito que Cabrera deveria ter feito mais algumas distinções em suas qualificações. No caso, ele, gentil, descreveu principalmente direitas e esquerdas democráticas. Porque existem, dentro desses movimentos, setores autoritários que pregam uma não convivência possível com adversários políticos.

Muitas das descrições sobre a direita de Cabrera, por exemplo, adequariam-se melhor ao termo "conservador", outra palavra em disputa simbólica que tentaremos explorar um pouco aqui.

O vocábulo "conservador" muitas vezes tem sido utilizado como sinônimo de direitista, ou de reacionário – o que é uma imprecisão ou mesmo um erro. Conservadorismo, a depender do ponto de vista escolhido, tem a ver com prudência, respeito às instituições, reformismo, ao invés de revoluções, em princípios que foram assim resumidos por Russel Kirk, um discípulo moderno de Edmund Burke (considerado o pai do conservadorismo), na obra *A política da prudência:*

1. *O conservador acredita que há uma ordem moral duradoura.*
2. *O conservador adere aos costumes, à convenção e à continuidade.*
3. *Os conservadores acreditam no que se pode chamar de princípio da consagração pelo uso (pela antiguidade).*

4. *Os conservadores são guiados pelo princípio da prudência.*
5. *Os conservadores prestam atenção ao princípio da variedade.*
6. *Os conservadores são disciplinados pelo princípio da imperfectibilidade.*
7. *Os conservadores estão convencidos de que a liberdade e a propriedade estão intimamente ligados.*
8. *Os conservadores defendem comunidades voluntárias, da mesma forma que se opõem a um coletivismo involuntário.*
9. *O conservador vê a necessidade de limites prudentes sobre o poder e as paixões humanas.*
10. *O conservador razoável entende que a permanência e a mudança devem ser reconhecidas em uma sociedade vigorosa.*

Outro pensador, o português João Pereira Coutinho, em *"As ideias conservadoras – explicadas a revolucionários e reacionários"*, explica que o conservador recusa atalhos violentos e é maleável a cada circunstância. Coutinho faz uma distinção entre ser reacionário e ser conservador. O reacionarismo teria algo de restaurar os valores e a ordem do passado, que para seus representantes guardaria uma espécie de estado de integridade que se perdeu. O conservador coloca seu foco no presente, não é nostálgico do passado nem sonhador de um futuro utópico.

Já o revolucionário está insatisfeito tanto com o passado celebrado pelo reacionário como com o presente, que é visto como indigno de ser preservado. Não bastaria alterar o presente por meio de reformas ponderadas, como deseja o conservador. Em sentidos diferentes, revolucionários e reacionários querem mudanças rápidas, urgentes, improrrogáveis mesmo que a custo de violência, porém em sentidos diferentes. Pense em bolsonaristas na frente do quartel exigindo intervenção militar como que para restaurar a ditadura de 1964. Pensem naquele professor universitário que ainda sonha com a revolução comunista em pleno 2024.

O cientista político Norberto Bobbio procura dar novas pistas sobre o que significaria fazer parte da Reação, de ser reacionário. *"Na linguagem política, o termo indica genericamente todo comportamento coletivo que, opondo-se a um determinado processo evolutivo em ato na sociedade, tenta fazer regredir essa sociedade para estágios que aquela revolução tinha ultrapassado"*. Para Bobbio, *"Todas estas justificativas ideológicas da Reação, em certa medida, justificaram também as classes modernas sujeitas à hegemonia cultural das elites dominantes, dando origem a fenômenos reacionários de massa, como o sanfedismo do século passado e o nazismo de nosso século".* (Bobbio. 2002, p. 1.075).

Ideologias reacionárias e revolucionárias se opõem ao conservadorismo no sentido de que acreditam em um certo tipo de sociedade próxima à perfeição, bastando purificar as comunidades dos decaídos. Sejam os burgueses à esquerda ou os comunistas à direita. Nesse sentido, tanto a esquerda revolucionária como a direita reacionária se posicionam contra o que consideram as elites, que representariam o poder no presente. Não é à toa, inclusive, que um dos livros de esquerda críticos à sociedade do Brasil se chama *A elite do atraso*, de Jessé de Souza.

Já o conservadorismo seria, nisso tudo, marcado pela impossibilidade de perfeição humana. Ou seja, nunca houve uma era de ouro assim como nunca haverá um paraíso sobre a terra. Segundo o conservadorismo, as pessoas (todas) são sempre frágeis e sujeitas às tentações. É uma condição trágica e fatalista da natureza humana. Por isso, as instituições devem ser muito fortes, para servir como contraponto aos humanos e suas mazelas.

Outra posição, liberal, pode ser resumida no livro *La llamada de la tribu*, em que o romancista e ensaísta Mario Vargas Llosa explica sua decepção com o pensamento de esquerda e por que mudou de lado ideologicamente ao passar do socialismo para o liberalismo em um longo processo, relatado na obra. *"As liberdades formais da suposta democracia burguesa não eram uma mera aparência por detrás da qual se ocultava a exploração dos pobres pelos riscos, mas a fronteira entre os direitos humanos, a liberdade de expressão, a diversidade política, e um sistema autoritário e repressivo onde, em nome da verdade única, representada pelo partido comunista, e seus hierarcas, se podia silenciar toda forma de crítica, impor slogans dogmáticos e sepultar os dissidentes em campos de concentração, e inclusive, fazê-los desaparecer".* (Llosa. 2018, p. 17 – tradução nossa).

Opositor de Sartre, Raymond Aron também critica o pensamento de esquerda quando se deixa levar por ideias revolucionárias, inclusive ironiza os formuladores que a defendem. *"Uma reforma muda coisas. Umas revolução parece capaz de mudar tudo, já que se ignora o que ela vai mudar. Para o intelectual que busca na política uma diversão, ou objeto de fé ou um tema de especulação, a reforma é tediosa, a revolução é excitante. Uma é prosaica, outra é poética".* (Aron. 2016, p. 54).

Numa provocação ao pensamento esquerdista, Aron, além de criticar a pretensão marxista de considerar que teria conseguido dominar o sentido da história, ele tenta que vejamos a epopeia humana como uma trajetória em direção a condições de vida melhores dos trabalhadores. *"O progresso econômico fez do proletariado no Ocidente o escravo mais livre e bem remunerado da história"* (p. 109).

Vamos voltar ao Brasil para mostrar como ocorreu o uso desses conceitos como esquerda e direita. Uma das maiores críticas que os representantes da esquerda faziam ao ex-presidente Fernando Henrique Cardoso, em tese um social-democrata, era que ele tinha se rendido à direita, a uma base parlamentar conservadora e vendido o patrimônio público "a preço de bananas". FHC, de acordo com a sigla como ficou conhecido, não merecia perdão por essas alianças nem por essas atitudes "direitistas".

Por outro lado, a maior crítica que FHC recebe da direta brasileira é de ser, na verdade, um político de esquerda. *"Lula e FHC, o líder sindical e o intelectual marxista, eram símbolos da 'nova República', os queridinhos da intelligentsia. Em verdade, o seu futuro antagonismo, de seus partidos e seus seguidores, nada mais significaria que um conflito em família, uma disputa por cargos e posições de influência no seio de um quadro de total hegemonia cultural esquerdista"*, afirma o antropólogo Flávio Gordon, em *A corrupção da inteligência – intelectuais e poder no Brasil* (Gordon. 2019, p. 115).

A verdade é que por mais que a gente defina esquerda ou direita, no debate real o que prevalece é como um grupo define o outro e, em geral, de maneira ultrajante. Segundo Gordon, a esquerda tem suas artimanhas de fazer uma ligação no seguinte sentido: direita, logo elite; elite, logo egoísta; egoísta, logo inimigo do povo; inimigo do povo, logo parasita; parasita, logo racista; logo estadunidense; logo imperialista; logo sionista; portanto, fascista. Já a direita, por sua vez, tenta associar o esquerdismo ao comunismo, ao totalitarismo, à insensibilidade com fetos, à depravação moral, ao banditismo e à hipocrisia, entre outra qualificações desairosas.

No dia a dia do debate político uma nova ofensa seria o termo "extremo", atribuído em geral a figuras identificados tanto à defesa de ditaduras ou de um liberalismo mais radical, como Jair Bolsonaro e o presidente argentino, Javier Milei. Qualificado ao mesmo tempo de libertário, anarcocapitalista, ultraliberal, extrema-direita – conceitos às vezes contraditórios entre si –, Milei é a prova de que os rótulos costumam ser irrefletidos e servem muito mais para aprisionar alguém num gueto político do que qualificá-lo de maneira, em tese, adequada.

Chegamos, por fim, a outro termo carregado: fascismo. No Brasil, como no resto do mundo, é a ofensa preferida da esquerda. Mas já se dispersou de sua origem histórica. Se analisarmos os regimes de fato fascistas do século 20, seria possível perceber as seguintes caraterísticas:

1. Presença de um líder messiânico;
2. defesa de um Estado forte que controle a polícia, a economia, o judiciário e a cultura;
3. belicismo;
4. manifestações de rua com apelo à violência;
5. nacionalismo exacerbado;
6. antiliberalismo.

Pensemos em todos que são qualificados de "fascistas". Como se enquadram em relação a essa lista? Ou, de outra maneira, qual a sua definição de "fascismo" antes de considerar alguém como tal?

Ora, como ficamos um tempo a falar de definições sobre termos controversos, podermos ser breve em algumas conclusões. Por exemplo, o presidente Bolsonaro possui de fato algumas características reacionárias. Quer restaurar, por exemplo, estruturas que vivemos no passado. O regime de 1964, por exemplo, para ele não se enquadra como uma ditadura, mas uma solução que os militares ofereceram para que não nos tornássemos comunistas.

O bolsonarismo também não pode ser considerado um movimento conservador, pois não cultiva a prudência, não se curva às instituições, não quer mudanças lentas e graduais na sociedade. Os ataques dos militantes do bolsonarismo no dia 8 de janeiro de 2023 às sedes dos poderes Executivo, Legislativo e Judiciário os afasta e os coloca em contradição direta com as linhas de pensamento conservador.

Quanto ao fascismo, tanto o petismo quanto o bolsonarismo contam com um líder messiânico e buscam, de suas maneiras, um controle sobre a produção de cultura (ambos combatem o jornalismo não submisso, por exemplo). Belicismo, patriotismo e nacionalismo exacerbado são mais comuns no bolsonarismo e algo que não se vê no petismo. Já o antiliberalismo econômico é marca da retórica petista (Bolsonaro, quando parlamentar, votava contra a chamada pauta liberal, mas durante sua campanha presidencial e no governo cercou-se de economistas liberais para administrar o país). Seria interessante que todos fizessem esse tipo de ponderação antes de chamar o outro de fascista.

Há algo no fascismo que precisamos também levar em conta. É uma ideologia que sustenta haver um grupo dentro da sociedade cuja presença nos impediria de evoluir, de prosperarmos, de nos realizarmos – caso célebre dos judeus e o nazismo. Vejamos, a partir do momento em que queremos o fim do petismo, ou do bolsonarismo, ou da esquerda, ou da direita, possuímos algo do sentimento fascista.

Há mais paradoxos da nova ordem para refletirmos. Em geral, os grupos autodeclarados progressistas de esquerda são muito mais abertos às demandas do islamismo do que os chamados conservadores. Porém, os valores cruciais do islamismo (patriarcado, religiosidade, submissão feminina, para citar alguns) estão mais próximos da direita do que de qualquer tipo de valores laicos caros à esquerda. Outro conceito aqui não discutido, como o multiculturalismo, pode levar a esse tipo de contradição.

Podemos ser caridosos e imaginar que tanto a direita como a esquerda acreditam que perseguem o bem comum. Nesse caso, a esquerda estaria então certíssima ao propor um novo mundo possível, de paz e igualdade; e a direita-conservadora tão correta quanto ao vaticinar que não dará certo, pelas dificuldades inerentes ao humano.

Mas a questão aqui sobretudo é que é possível utilizar os rótulos ou como xingamentos ou buscando refletir o que realmente eles podem significar a depender das circunstâncias. São palavras que vão muito além de uma disputa tacanha por poder ou se arrogar dono na razão.

9. OS ESTRONDOSOS RUÍDOS DO CARNAVAL E DO FUTEBOL SIGNIFICAM NADA

Um menino de classe-média de Belo Horizonte, que sempre frequentou boas escolas, que contava com uma família estruturada, que nunca viveu guerras ou revoluções, no máximo acompanhava as lutas inglórias do moribundo governo ditatorial contra a inflação e a recessão, que afetava a todos no Brasil. Mas esse mesmo menino, se for torcedor genuíno do time Clube Atlético Mineiro e da seleção, terá no mínimo dois traumas na vida: um deles, em agosto de 1981, quando o time mineiro foi eliminado pelo Flamengo nas quartas de final da Libertadores da América, torneio que define o melhor time da América do Sul. O outro, em julho de 1982, a derrota da seleção brasileira para a Itália, em Barcelona, na Copa do Mundo da Espanha.

O time do Atlético de 1981 tinha ídolos do porte de Reinaldo (*"Rei, rei, rei, Reinaldo é nosso rei!"*, bradavam nos estádios), Éder e Toninho Cerezo. Essa equipe enfrentou um Flamengo com Zico, Júnior e Leandro, entre outros estelares. Naquele jogo, no estádio Serra Dourada, em Goiânia, após uma falta de Reinaldo em Zico, por acaso os dois maiores craques em campo e talvez do Brasil, o juiz José Roberto Wright expulsou o atacante atleticano, o que provocou uma revolta generalizada no time mineiro. Por causa dos protestos, Wright também expulsou os jogadores Éder, Palhinha, Chicão e Osmar. Para evitar uma goleada apocalíptica, o goleiro João Leite simula uma contusão e a partida termina com a desclassificação do time de Belo Horizonte.

Para uma criança, na época, foi um indício claro de que o mundo pode ser injusto porque as pessoas são más. Para ver qual é o impacto desse jogo para um torcedor atleticano, com todas as teorias da conspiração envolvidas, o que inclui a tese de que haveria um certo interesse da ditadura, em combinação com a Rede Globo, de que Flamengo vencesse, já que o atacante Reinaldo era um militante de esquerda, vale assistir ao documentário[1] *Lutar, lutar, lutar,* dirigido por Sérgio Borges e Helvécio Martins Júnior.

Cerca de um ano depois, esse menino torcia para uma seleção formada pela união dos principais craques daqueles times que se enfrentaram em Goiânia, Atlético e Flamengo, juntos pela conquista do título mundial, na Copa da Espanha. Comandada por Telê Santana, a equipe para muitos foi a melhor que já existiu na face da Terra em todos os tempos. A derrota para a Itália por 3×2, com três gols marcados pelo atacante Paolo Rossi, ficou conhecida como a *Tragédia do Sarriá* – em referência ao nome do estádio já demolido, na cidade de Barcelona. Nesse caso, não havia um vilão injusto e impiedoso, como Wright. Paolo Rossi simplesmente jogou muito bem – o máximo que se falava dele foi um afastamento provisório do futebol por causa da acusação de envolvimento com uma máfia de apostas, na Itália. A injustiça não foi de um homem mau a manipular resultados, mas algo abstrato e transcendente. O mundo é excruciante e não necessariamente pela maldade das pessoas. Conhecia-se a vida por meio do futebol, o acesso ao mal em si.

Se pensarmos por meio da estatística, o futebol será sempre injusto. Porque muitos times disputam e apenas um só será campeão. Uma sequência de vitórias e jogadores excelentes podem não ser suficiente para garantir um campeonato. Times covardes, que souberam truncar o jogo e ficaram na defesa, podem vencer equipes que atuam de espírito aberto e levar o título. Se o futebol é um consolo para a vida, é um recurso pelo qual, no final, mais se sente o gosto da derrota do que da vitória.

Todos os esportes, incluindo o futebol, do ponto de vista dos torcedores, dos expectadores, possuem algo em comum: não significam nada com relação ao mundo prático – a não ser que você trabalhe no setor. O tal menino exemplificado aqui, desiludido, seguiu nas suas férias escolares dos anos de 1981, 1982, continuou na escola, manteve, perdeu ou encontrou novos amigos, viu vários ministros da Fazenda caírem por não conseguirem debelar a inflação. Cresceu, teve os primeiros relacionamentos, acompanhou nascimentos e mortes, casou-se, teve filhos. Mas ficou um gosto amargo daqueles jogos que ele não conseguiu superar. A realidade paralela do esporte, ilusória, invadiu a vida daquela pessoa.

O Brasil só voltou a ser campeão mundial de futebol em 1994, com um time pragmático, disciplinado, longe do brilhantismo dos derrotados doze

---

1 BORGES, Sérgio. MARINS JR. Helvécio. Lutar. Lutar. Lutar. **Mubi**, 2021. Disponível em: <https://mubi.com/pt/br/films/lutar-lutar-lutar>. Acesso em: 21 mai. 2024.

anos antes. Curioso que na entressafra entre 1971 e 1993, quando a seleção brasileira sempre perdia o título nas Copas, os competidores mais vencedores do Brasil foram os pilotos de Fórmula 1, esporte caríssimo e praticado individualmente, com poucas chances para um brasileiro comum. Já o Atlético mineiro conquistou a Libertadores em 2013, para o consolo daqueles meninos, que já estavam com cerca de 40 anos e haviam já perdido a magia dos triunfos que ocorrem na infância.

Mas por que o impacto desses jogos em milhões de crianças e mesmo adultos no Brasil, por décadas, se na verdade eles podem significar simplesmente nada? Ninguém morreu na família, ninguém ficou muito mais rico, não houve uma revolução, nada mudou estruturalmente. Mas o resultado de duas partidas em cidades distantes continuou travado na garganta de tanta gente.

Esse jogo Atlético e Flamengo pela Copa Libertadores é até os dias de hoje um dos temas das mesas de bar em Belo Horizonte. Uma expiação nunca superada. Não adianta flamenguistas argumentarem que o árbitro havia avisado aos times *"Próxima falta por trás será cartão vermelho"* e alguns minutos depois Reinaldo cometer essa mesma infração em Zico e ser expulso. Essa partida se tornou algo maior, uma espécie de alegoria do que é a vida e como a existência se trata de um jogo de cartas marcadas em que perdermos no final por um motivo vil. No caso da seleção de 1982, para complementar, a derrota para os italianos era uma prova de que, por mais que nos esforçássemos, que fôssemos melhores, mais talentosos, que apresentássemos a excelência, a derrota da nação estava traçada no destino.

No caso ainda falamos de exemplos fleumáticos da relação de brasileiros com o futebol. Há situações em que literalmente pessoas se matam pelo que acontece dentro de um campo em partidas que provavelmente não afetarão o destino prático de sua vida. Como em alguns casos na política extrema, torcedores de times rivais não são vistos como adversários amistosos, mas inimigos a serem exterminados, e são rotina as notícias sobre brigas generalizadas entre torcidos após alguns jogos, nos arredores de estádio, com registro de mortos e feridos.

Hoje, a situação mudou, há mais repressão civilizatória dentro dos estádios. Mas até o começo deste século, frequentar esses locais tinha a ver com jogar para fora, sem amarras, tudo o que estava represado na mente dos torcedores. Havia mulheres nas torcidas, bem menos do que hoje, mas o ambiente era machista, sexista, homofóbico, agressivo, intolerante, apesar de bem-humorado, onde o outro lado costumava ser reduzido a uma simples coisa a ser desprezada, em gritos de guerra. Vaias e xingamento não tinham classes sociais. Partiam das classes A, B, C, D, E, F, G, H.... (hoje, com a transformação do estádio em arenas, o fim da "geral", a maior profissionalização, as classes a partir de "C" estão cada vez mais raras nas arquibancadas e próximas ao campo).

Ir ao estádio era esquecer por um tempo qualquer prurido ou educação para libertar, aos gritos, o que tivesse aprisionado por dentro – deixar um pouco de lado a civilização. Para muitos, pura depuração. Para outros, que se envolviam nas guerras grupais depois do jogo, algo sério. O esporte de fato seria uma válvula de escape para nossas tendências guerreiras?

De qualquer maneira, seguimos sempre a tentar interpretar o futebol para além das quatro linhas do campo. Um exemplo foi a fantástica derrota da seleção brasileira por 7×1 contra a Alemanha, na Copa de 2014, em Belo Horizonte. Esse jogo acabou se tornando uma prova, mais uma vez, de como somos vira-latas, subdesenvolvidos, inferiores. Na verdade, um resultado de uma competição esportiva na qual seguimos como os melhores de todos os tempos não deveria nos levar a tantas extrapolações. Porém, derrotas esportivas como contra o Uruguai em 1950, Itália, em 1982, França em 1998, e finalmente, em 2014 provocaram catarses nesse sentido de que a nação teria sérios problemas de estima e as frustrações esportivas seriam uma chave para nosso entendimento.

O futebol é também uma das maneiras que o brasileiro descobriu para preencher o vazio intrínseco da vida, assim como hoje tem ocorrido, cada vez mais, com a filiação em correntes políticas, em alguns casos radicais. A diferença é que a política pode alterar o nosso cotidiano, até mesmo de maneira brusca. O futebol, assim como qualquer outro esporte, não. É muito barulho que não significa nada.

Toda criança brasileira – meninos praticamente sem exceção, e meninas cada vez de maneira mais comum – já teve suas chances de jogar. É um rito de passagem inevitável na vida de tantas pessoas. Jogar "bem" futebol, ser um craque dentro das quatro linhas, é um rótulo que todos gostariam de ter, mesmo que sua vida fora dos campos seja um enorme fracasso do ponto de vista dos valores da sociedade. Futebol também é uma maneira de se conseguir ascensão social em país pobre e desigual. Porém, é também uma forma ilusória, já que, frente aos milhões de praticantes no Brasil, uma minoria tem salários astronômicos e cerca de 80% com valores próximos à remuneração mínima do país.[2]

Futebol também é um excelente assunto quando não há assunto. Uma maneira de se identificar com alguma coisa, já que parece que temos necessidades intrínsecas de nos identificar com algo. Mesmo assim, a não ser por grandes esforços interpretativos, o jogo de futebol não significa nada fora do futebol e as metáforas para descrever as partidas estão mais para a literatura do que uma descrição da realidade.

O nada do futebol, para esclarecer, significa o esporte em si, dentro das quatro linhas. Um jogo de onze contra a onze no qual o objetivo é levar a bola, sem usar as mãos, ao gol adversário. É óbvio que a partir desse esporte é possível falar muito do Brasil e do humano. A relação entre dirigentes e clubes pode ajudar a entender nosso patrimonialismo. O comportamento das torcidas organizadas, a nossa origem grupal. A vida desregrada de jogadores, que costumam perder as fortunas acumuladas logo após a precoce aposentadoria, sobre nossa formação incipiente e péssima educação financeira. Não é à toa, inclusive, que a dramática trajetória de Garrincha, da pobreza à glória e de volta à pobreza, como alcóolatra, seja vista como muito mais brasileira do que a de Pelé, até o fim da vida uma personalidade global reverenciada por poderosos e chefes de Estado.

Tenta-se muito explicar o Brasil pelo binômio futebol-carnaval. No carnaval, porém, recorre-se mais ao sem sentido, ao caos, apesar dos esforços generalizados para organizá-lo, como no caso de desfiles de escolas de samba transmitidos pela tevê e com atribuição de notas objetivas, por um júri, para uma série de quesitos. Mas o carnaval é outra maneira de preencher vazios. Nesse caso, pela mitificação da felicidade plena, pelo barulho contagiante dos batuques, pelo suor, pelas fantasias. Mas na prática, nem em plena celebração do carnaval, não se superam questões inerentes da vida – no sentido schopenhaueriano de que não conseguimos ultrapassar o binômio angustiante do tédio – desejo.

O carnaval seria um período em que tentamos expulsar as pressões da vida cotidiana. Mas, gritar em meio à multidão, celebrando a "vida", o sexo, o amor,

---

2 CATTO, ANDRÉ. São Paulo, **G1**, 04 de dez. de 2022. Salário médio de jogadores de futebol não alcança nem as 100 maiores remunerações de contratação. Disponível em: <https://g1.globo.com/trabalho-e-carreira/noticia/2022/12/04/salario-medio-de-jogadores-de-futebol-nao-alcanca-nem-as-100-maiores-remuneracoes-de-contratacao.ghtml>. Acesso em: 21 mai. 2024.

é mais uma evidência de que estamos desesperados, que queremos estar em outra dimensão. Mas a vida inclui pesares muito fortes, que nos constituem, como a consciência da morte, além da terminalidade e a provisoriedade das relações e das coisas. São condições que não nos abandonam não importa a circunstância que vivemos. Nem no soar das percussões, nem no grito de gol, nem em qualquer lugar, nem em qualquer situação, a vida se suspende – está amalgamada a nós com seus pesos.

O ponto é que, em uma situação apenas hipotética, se retiramos o futebol (ou o carnaval) do mundo, a vida seguirá e encontraremos outras coisas para nos agarrarmos. Como comparação, imaginemos restringir a água encanada de nossa vida, isso sim algo que significa uma necessidade. Quem sofreu pelo Atlético, pela seleção, ou por qualquer time, em algum ponto do seu ser tem a consciência de que o futebol é um sem-sentido ao qual tentamos dar um sentido desesperadamente além dele próprio. O carnaval é muito barulho para superar o nada.

10. POR MAIS QUE EVITEMOS, A POLÍTICA É INTRÍNSECA À NOSSA VIDA

É célebre a afirmação de Aristóteles de que o humano seria um animal político. A sentença está em sua obra *Ética a Nicômacos*, na qual propõe uma ética baseada na virtude das pessoas, como a coragem ou a habilidade profissional, não em princípios abstratos ou resultados coletivos. A frase completa do pensador grego da cidade de Estagira é a seguinte: *"não menos estranho seria fazer do homem feliz um solitário, pois ninguém escolheria a posse do mundo inteiro sob a condição de viver só, já que o homem é um ser político e está em sua natureza o viver em sociedade"*. (Aristóteles, IX, 9, 1169 b 18/20).

De fato, Aristóteles tem sua razão. Vivemos em sociedade e necessitamos de convívio – são raros os verdadeiros misantropos. E, na acepção mais vulgar, a frase do pensador grego mostra que a política está em todos os espaços humanos. A política, seria, portanto, mais uma das maneiras de tentarmos preencher o vazio e a terminalidade intrínsecas à vida.

Politizamos tudo. E no caso de "politizar" aqui é na direção restrita de transformar qualquer acontecimento em uma disputa entre grupos, tribos, e, além disso, moralizar no sentido de que um lado estaria correto e um outro estaria errado. Politizar, muitas vezes quer dizer moralizar.

O Brasil, como parte da humanidade e do mundo não está fora dessa definição metafísica do filósofo grego. Politizamos até mesmo algo sobre o que não temos muito conhecimento. Por exemplo, politizamos conflitos na Ucrânia, a 10,7 mil km de distância, para que caibam em nossas ideologias. Politizamos o conflito do grupo Hamas contra Israel torcendo para um lado ou outro a partir de nossas pré-concepções.

Exemplos estão em toda parte. Houve um caso em que um marido agiu de maneira violenta contra a esposa, celebridade. Ocorreu a seguir não tão discreta comemoração na esquerda, pela revelação do episódio, pois afinal o homem era um apoiador convicto de Bolsonaro. A politização foi no sentido de que quem vota no ex-presidente seria uma pessoa intrinsecamente má.

Politizamos o sucesso de uma cantora, como Anita. O fato de em alguns poucos dias do ano de 2022 ela ter sido a mais ouvida do mundo foi de comemoração para alguns, por ela ter se posicionado contra o presidente Bolsonaro, e de frases de ódio direcionados à cantora por parte de quem apoiava o então presidente.

A morte também é politizada por aqui. Um prisioneiro que participou das invasões às sedes dos poderes no dia 8/1, em Brasília, chamado Cleriston da Cunha, morto na cadeia, talvez por negligência médica, recebeu solidariedade dos bolsonaristas. Solidariedade que a vereadora Marielle Santos, do PSOL, assassinada no Rio de Janeiro, nem de longe ganhou. Quem se pranteou por Marielle não se sensibilizou por Cleriston e o contrário.

Mortes são politizadas no Brasil no concreto e no abstrato. Apenas uma parcela da população se comoveu com os indigenistas assassinados no meio da selva amazônica em 2022. Se sensibilizaram apenas aqueles que consideram a causa indígena como valor fundamental – os demais demonstraram indiferença ou partiram para as relativizações, como dizer que os mortos se arriscaram em território indevido. Se morre uma atriz admiradora do ex-presidente Bolsonaro, é possível o silêncio entre os artistas que admiram Lula, e o contrário. Vivemos em um momento em que até o luto se subordina às lutas políticas, ou então sempre foi assim.

Crises humanitárias em países como a Venezuela são vistas por setores da direita como mais uma prova de que suas ideologias estão corretas e a dos adversários, erradas. Mais do que uma preocupação genuína com aqueles que precisam abandonar o país por causa de perseguições ou mesmo fome. Com *gestalt* diferentes, pessoas podem ver o país vizinho como uma ditadura repressiva ou exemplo de democracia.

O chamado agronegócio brasileiro muitas vezes é vilipendiado pelo fato de seus representantes, em sua maioria, abraçarem uma determinada ideologia. E, também, porque certas concepções ideológicas não acreditam na produção de matéria-prima como base para uma economia saudável (vide o caso de Eduardo Galeano). Da mesma maneira, eleitores pobres do Nordeste muitas vezes são estigmatizados por suas escolhas políticas, como se fossem os responsáveis pelo atraso do país.

Criminosos são sumariamente julgados ou absolvidos não pelo que fizeram ou deixaram de fazer, mas por supostas posições ideológicas que tomaram. Na política, um criminoso de esquerda costuma ser defendido pela esquerda. O mesmo para um criminoso de direita. Criminosos de centro não costumam ser defendidos por ninguém e costumam ficar para trás no jogo do poder.

Aristóteles fala da necessidade da vida em sociedade. Há também as consequências no sentido de que nossas posições deixam de ser individuais quando nos expressamos. Pensamos sobre algo dentro de uma determinada maneira que tende a ser igual a de outras pessoas com as quais comungamos valores e somos acolhidos por elas. Quem pensa de maneira independente, ora dando razão para um lado, ora para outro nas chamadas disputas políticas, e na maioria das vezes para ninguém, tenderá a pensar solitariamente. E ninguém quer saber de solidão, nem nos momentos de refletir.

11. A DISTINÇÃO ENTRE AÇÕES MORAIS E RESULTADOS SOCIAIS (OU A HIPOCRISIA DA ESQUERDA E O CINISMO DA DIREITA)

É de Adam Smith, ainda no século 18, a ideia de que as intenções das pessoas não têm a ver com resultados se o objetivo for a prosperidade das nações. Um dono de padaria pode ser mesquinho, ambicioso e indiferente ao bem-estar de sua comunidade. Mas a partir do momento em que precisa competir com outro padeiro, instalado a algumas quadras de distância na mesma cidade, terá de aprimorar suas técnicas de produção e fazer pães mais baratos, mais saborosos. Quem ganha com isso é o comprador. As dificuldades do produtor podem ser as vantagens do consumidor. Quando se extrapola esse tipo de situação para o funcionamento da economia como um todo, as sociedades se desenvolvem resultando em mais prosperidade e menos pobreza.

Vamos imaginar que exista esse padeiro no Brasil e que seja um empedernido bolsonarista que não está nem aí para os bombardeios que atingem colateralmente crianças por militares israelenses na faixa de Gaza, ou mesmo para a pobreza de uma comunidade carente em seu bairro. Um paradoxo que se resulta é que sempre podem existir insensíveis sociais e morais que na prática contribuem com a melhoria de uma nação. Riqueza e pobreza não seriam necessariamente uma questão de moralidade e posicionamento políticos das pessoas. Seria uma questão de resultados que não levam em conta a visão de mundo individual.

"O liberal considera permanente a imperfeição dos homens e se resigna a um regime em que o bem é o resultado de diversas ações, nunca o objeto de uma escolha consciente. No máximo, ele aceita o pessimista que vê na política a arte de criar condições em que os vícios dos homens contribuem para o bem do Estado", já

afirmou Raymond Aron, rival e amigo Jean Paul Sartre na questão política, em seu *O ópio dos intelectuais* (p. 93).

No Brasil, uma parte substancial da nossa elite econômica não é afeita à competição preconizada pelos liberais. Na verdade, querem sempre mais proteção do Estado, seja por meio de mercados fechados, subsídios ou vários tipos de privilégios. Num primeiro momento, o objetivo é proteger uma empresa até que tenha condições de competitividade. No longo prazo, os privilégios acabam por se estender para sempre e isso não torna os produtos melhores nem mais baratos; exatamente o contrário. Na prática, muitas vezes, uma pessoa pobre, ao consumir qualquer produto, sem qualquer consciência disso, paga uma série de tributos que ajudarão os mais ricos.

Numa nova extrapolação, podemos dizer que existe uma elite insensível no país (a depender de sua definição de elite), que, ao contrário do otimismo de Adam Smith, não contribui para a prosperidade das nações. Querem, o máximo possível, manter privilégios de Estado para elas. Industriais beneficiados alegam, por sua vez, que sem proteção poderiam sucumbir à competição, considerada por eles desleal, e o país perderia como um todo.

Marx contestaria Adam Smith. Para ele, o dono da padaria se aproveita de seus funcionários para lucrar. Proprietário dos meios de produção como os fornos e os utensílios da cozinha, ele, ou a franquia que representa, explora a mão de obra alheia. O caminho então seria uma padaria comandada pelos funcionários padeiros. E assim, extrapolando-se a situação, os funcionários, no caso, os proletários, começam a dominar os meios de produção e finda-se a exploração do homem pelo homem. Seria necessário um período intermediário em que um Estado forte controlasse a política e a economia, nem que seja por meio da violência, antes de chegarmos ao objetivo final: o regime comunista.

Ao contrário dos liberais, a esquerda não dissocia intenções de resultados. Mas, na prática, se pensarmos de maneira nietzschiana, essa esquerda pode querer é mais poder para si e submissão de quem pensa diferente. Tome-se o caso de alguns que se autodenominam defensores de pessoas pretas, mulheres, crianças, LGBTQ+, etc. Percebam que, na maioria das vezes, só querem defender essas minorias quando os supostos protegidos comungam de suas mesmas ideologias.

Caso um negro não seja de esquerda, por exemplo, é taxado de capitão do mato, traidor ou coisas piores. Um homossexual que não reza na mesa cartilha ideológica é alguém tido como existencialmente desacertado e mereceria até ser insultado em algumas circunstâncias (houve um caso no Brasil envolvendo o governador do Rio Grande do Sul). Mulheres evangélicas e de direita não parecem nem ser consideradas mulheres para alguns militantes.

O que se celebra na verdade seria *"a primeira mulher da minha ideologia"* em tal cargo, *"o primeiro negro da minha ideologia"* em tal cargo, *"o primeiro gay da minha ideologia"* em tal cargo. Habitualmente utiliza-se de grupos discriminados para aplaudir triunfos de posições ideológicas, não as pessoas em si. Para muitos, mulheres, gays e negros que pensam de maneira diferente *"de minha ideologia"* seriam apenas equivocados. Conquistas de representantes desses grupos, politicamente não alinhados, não são objeto de júbilo, mas de silêncio e mesmo de constrangimento.

Do ponto de vista internacional isso ocorre quando, por exemplo, o presidente Lula se coloca como defensor dos direitos humanos. Condena Israel, condena os Estados Unidos. Condenou o país judeu como terrorista pelo fato de crianças serem mortas por bombardeiros na faixa de Gaza.

Mas quando se trata de alguém com quem tem afinidades políticas, Lula invoca todo tipo de relativização para poupá-los. Por exemplo, o presidente brasileiro não teve o mesmo rigor com o presidente russo Vladimir Putin quando a Ucrânia foi invadida com a consequente morte de crianças. Por ser antiamericano, Putin foi tratado por parcimônia. O mesmo ocorre com a proteção nem tão velada ao presidente da Venezuela, Nicolas Maduro, considerado ditador. E ser antiamericano ainda em boa parte da esquerda mundial, inclusive a brasileira é passaporte para poder ser misógino, racista, homofóbico ou cometer atrocidades sofrendo menores consequências.

A hipocrisia da esquerda também pode ser observada quando há destaque aos bombardeios de Israel e cada vez menos menções ao que originou o atual conflito: estupro, mutilação e execução de centenas de mulheres jovens que somente aproveitavam um festival de música.

Ou seja, os princípios de solidariedade só valem para quem está do meu lado na luta política. O problema é que quando você só defende pessoas em dificuldades contando que elas tenham a mesma ideologia que a sua, na verdade você está defendendo a si mesmo. E isso tem ocorrido à direita e à esquerda. No fundo somos intolerantes que só conseguimos ver a intolerância alheia e buscamos encaixar assassinatos nas teorias de preferência.

Os próprios movimentos ativistas parecem gastar bastante energia em condenar opiniões alheias em vez de tentar fortalecer quem dizem proteger.

Para muitos militantes, você não pode se indignar pelos massacres de inocentes ocorridos em Israel se não condena os abusos contra o palestino. Você não pode se indignar pelas explosões em Beirute se não se consternar com o desastre de Mariana. Você não pode se abater por Mariana se não se abalar pelo massacre dos Guarani Kayowá. Como só ter olhos para os Guarani Kayowá se fecha a visão para os refugiados na Europa? Refugiados da Europa? Melhor se preocupar com a miséria que permanece na América Latina. Mas é incoerente olhar para a América Latina e ignorar a África. Mas como pensar só na miséria africana se hoje a ameaça aos valores que você professa vem do terrorismo? Você condena o terrorismo, mas a responsabilidade é dos governos ocidentais. Mas nos países ocidentais, e não no Islã, é possível ter valores como aceitar a homossexualidade ou a emancipação das mulheres. Mas quem intervém no Oriente Médio fomentando regimes autoritários são os países ocidentais. Mas quem tem políticas abertamente expansionistas e pretensão de universalidade é o Islã radical.

O que querem certos movimentos? Banir todos os símbolos opressores de nossa cultura? Que tal seguirmos nesse projeto? Em primeiro lugar banir os crucifixos, esse execrável símbolo de uma religião autoritária e homofóbica. Depois banir os nomes de todas as ruas, praças e logradouros de personalidades nefastas de nossa história, como bandeirantes matadores de índios, intendentes coloniais, governadores-gerais (a partir de Tomé de Sousa), e todos os ditadores, como Getúlio Vargas, Ernesto Geisel, Costa e Silva e seus apoiadores. Depois, temos de nos livrar dos símbolos dos colonizadores yankees: o mercado financeiro, os anglicismos, os carros Chevrolet e Ford, a Coca-Cola, a calça jeans, o rock e o rap. Aí, finalmente, quem sabe, poderemos banir a força mais totalitária que nos oprime: a língua portuguesa, imposta a nós por europeus sequazes, racistas, que exterminaram nossa população original.[1] O silêncio será libertador! Poucas pessoas têm sede de justiça. O que existe é sede de vingança.

Toda ideologia tem o seu politicamente correto e sua lista do que é blasfêmia a ser punida. Então, na prática, escolhemos com o que queremos nos encolerizar politicamente. Mas a ideologia como critério de posicionamentos só deixa tudo muito mais deturpado quando o que se quer é a justiça perpétua. É preciso certo grau de hipocrisia para abraçar certas causas, até porque o

1 Há um livro *Latim em pó*, de Caetano W Galindo, muito interessante, que tenta construir nossa língua brasileira como construção dos oprimidos; leia antes de querer acabar com o nosso vernáculo.

cheiro do esgoto atribuído ao vizinho pode ser do seu próprio ralo. Aliás, se não fosse a hipocrisia, nas relações pessoais, comerciais, entre as nações, o mundo duraria poucos minutos.

Nietzsche alertava que por trás de qualquer sentimento de indignação estava a vontade por poder. O chamado politicamente correto, identitário (ou o nome que se dê a esse tipo de movimento hoje) não é exceção. Partiu de um princípio bastante aceitável: o da não ofensa, da não humilhação para os minoritários.

A questão é que havia uma armadilha, porque se sentir ofendido possui um intangível componente subjetivo. Qualquer pessoa pode se sentir ofendida por qualquer coisa, na prática inviabilizando qualquer política. A causa transformou-se em instrumento de intolerância.

Além disso, setores ideologicamente opostos aos movimentos politicamente corretos começaram a utilizar-se das mesmas armas. Eles também passaram a invocar o direito de se sentir ofendidos e com isso buscar apagar e mesmo censurar ações públicas ou mesmo da iniciativa privada – sejam políticas, como de orientação sexual para estudantes ou exposições com presença de nudez.

O puritanismo passou a abarcar todo o espectro ideológico. A paralisia decorrente dessa nova forma de ver o mundo hoje parece vir de diversos lados. Na prática, hoje a esquerda busca censurar obras de arte *"em nome dos oprimidos"* e a direita *"em nome dos valores das famílias"*. Por isso, todo movimento organizado com pauta indignada se subordina a um projeto de conquista de poder e supremacia moral. Por isso, desconfie de todos. Todos? Todos.

Belas expressões escondem projetos de poder. Possuem a função de fortalecer o grupo que as emite. Por exemplo, *"democrático e popular"*. Muitas associações se autorrotulam assim para dizer que são especiais. Mais um exemplo: *"progressista"*. Ora, todos são progressistas aos seus próprios olhos. Pensem em *"defensor da família"*, *"da pátria"* e verá que é mais uma tentativa de liderar um rebanho. Enquanto isso condenam quem não é do nosso grupo e fecham os olhos para o que ocorre bem ao redor ou conosco.

A exigência hoje parece ser de idoneidade moral. Caso se descubra alguma falha pregressa em qualquer personalidade histórica ou não, essa deve ser jogada em uma espécie de fogueira. Mas, se você faz um exercício de tirar a moralidade das avaliações, perceberá pessoas boníssimas que passaram pela Terra em brancas nuvens e gente horrorosa, detestável, perigosa, que deixou sua marca fazendo coisas que as tais pessoas boníssimas consideram admiráveis.

Por exemplo, o cientista que aprimorou a técnica de produção dos fertilizantes agrícolas, que livra o mundo atual da fome, é o mesmo que desenvolveu o gás mostarda, que matou milhares na primeira guerra.

Parece existir um projeto político no sentido de que cada desvio ético em qualquer área (do grande roubo a uma declaração lamentável) de seu adversário político deve ser punido com a proscrição eterna. Sem direito a apelação. Como todos, sem exceção, são falhos, fracos, erram, caem e se levantam, o destino lógico desse processo é a condenação pública geral de qualquer um. Restará ao último que condenou fechar-se em sua própria cela moral.

Todas as pessoas do mundo maiores de idade (e algumas menores também) podem ter a vida esfacelada caso se divulguem suas dez piores frases. Digamos, cinco. Caso saibamos alguns de seus pensamentos. Assim como Andy Warhrol afirmou que toda pessoa teria seus 15 minutos de fama graças à difusão dos meios de comunicação, agora todos terão seus 15 dias de vexame (no mínimo) por causa de alguma gravação indevida vazada.

Então, perante essas questões, temos um seguinte nó para desatar. Temos aqui uma direita que pode estar indiferente às crianças de Gaza e aos mais pobres de sua comunidade e uma esquerda que só se preocupa com as crianças de um povo com quem tem ligações ideológicas. E, também, militantes capazes de desmoralizar qualquer empatia sua com qualquer causa que não seja a deles. Na prática, a ideologia tem sido mais forte do que qualquer preocupação com o bem-estar universal de quem sofre. E as crianças se tornam mero objetos de cálculo para quem está cegado pelas lutas políticas.

12. QUE TIPO DE POLÍTICA PODE SER ÉTICA

Ética é algo que a maioria das pessoas exige das outras, das figuras públicas, do vizinho, do desconhecido, mas que nem sempre paramos para pensar exatamente o que o termo significa e a que se refere. Ética seria simplesmente fazer o bem? Mas como isso se traduz na prática dos nossos cotidianos? São muitas questões a serem respondidas se alguém pretende viver eticamente ou prescrever moralidade aos outros. Se você for ser bem-intencionado, mas sua ação resulta em um desastre imprevisto, você foi realmente ético? Ou quando você rouba para ajudar quem é mais pobre e carente, é possível ser ético dessa maneira?

As respostas dependem das definições de ética às quais alguém pode aderir ou não. Há linhas de pensamentos sobre moralidade (aqui não distingo ética de moralidade) em discussão há bem mais de dois mil anos. Podemos dizer, num primeiro momento, e do ponto de vista do que existe de mais consolidado, que são três as correntes que pretendem explicar o que seja ética:

1. Uma linha ética de **princípios**. Nesse caso, o que se segue é uma regra universal como a que foi proposta por Imannuel Kant, do século 18, consagrada com o nome de imperativo categórico: *"Age apenas segundo a máxima pela qual possas ao mesmo tempo querer que ela se torne uma lei universal"* (Kant, 2009 p. 215 –Ak 420). É sempre controverso interpretar Kant, mas ele defendia que, na busca na busca pelas ações éticas, não devamos nos ater às consequências, ao contrário. Para ele, cada ação só seria ética se pudesse, em qualquer circunstância, ser praticada por todas as pessoas. Mas a decisão é de cada indivíduo.

   Por exemplo, pelo imperativo podemos imaginar que *"roubar"* nunca deva ser uma regra universal. Que tal uma sociedade em que todos roubam uns aos outros? Por isso não deveríamos roubar nunca, nem que seja um furto de uma fruta para ajudar uma família faminta. Um hipotético reino de pessoas que não roubam seria melhor para toda a humanidade. O mesmo com relação a mentir. Como a mentira não poderia ser universalizada, não dizer a verdade, em qualquer contexto, será uma quebra ética, nem que seja para fazer escapar crianças inocentes em fuga de assassinos sanguinários.

Uma crítica possível às éticas kantianas é que elas não prescrevem, a partir do imperativo, como fazer o bem; apenas como evitar o mal.

De qualquer forma há algo da ética kantiana poderoso no sentido de colocar as decisões sobre o que é correto ou não a cargo de cada indivíduo, que tem autonomia para aplicar o imperativo e suas máximas. Ser ético não teria a ver com obedecer a autoridades externas, como família, líderes, ativistas ou Deus. É uma questão consigo mesmo de considerar quais ações poderiam ou não ser universalizadas. Algo curioso que Kant, mesmo sendo um cristão piedoso – o que se percebe até mesmo na concepção do imperativo –, acabou por separar a ética das convicções religiosas.

2. Uma ética concorrente à kantiana é a chamada *utilitarista*, uma linha que prefere considerar a questão ética por meio das consequências das nossas ações e não por princípios que podem inviabilizar a sociedade humana. Uma ética de **resultados**. O britânico John Stuart Mill é um dos principais representantes dessa corrente que coloca como finalidade das ações éticas levar a felicidade ao maior número de pessoas possível. Felicidade definida como prazer e ausência de dor e infelicidade definida por dor e ausência de prazer.

   O problema nesse tipo de ética são outros, diversos dos impasses gerados pela ética de princípios. Entre eles o que seria a definição de "felicidade" ou "prazer". Porcos na lama são felizes. Uma torcida que comemora um gol está em estado de êxtase. É isso o que uma sociedade procura? Felicidade, para éticas utilitaristas, acabou por receber critérios tidos como intelectuais, com base na justiça coletiva e benefício de maior número de pessoas. Uma guerra contra um inimigo feroz, injusto e opressor poderia ter propósitos éticos se nos basearmos nessa concepção de moralidade.

A ética de consequências também gera uma série de impasses. Por exemplo, caso um carrinho de bebê, perto do abismo, esteja no meio da rua quando se aproxima um ônibus lotado em alta velocidade, podemos empurrar o carrinho, matar a criança, para salvar dezenas de pessoas? Podemos assassinar algumas crianças no hospital para que também sejam exterminados terroristas que preparam um atentado contra milhares? Lembrando que ao aplicar o imperativo kantiano podemos chegar à conclusão de que não devemos matar nunca, em nenhuma hipótese. Quando se faltam princípios é difícil definir apenas pelas consequências.

Vamos imaginar outra questão de justiça. Vale a pena prender todos os corruptos mesmo que, além deles, sejam encarcerados um certo percentual de inocentes? Por uma interpretação da ética utilitarista, de consequências, seria até possível quando se pensa na felicidade coletiva. No caso da ética de princípios, se houver um inocente entre dezenas de justamente condenados, a ética foi quebrada. Uma ética de princípios não permitiria uma revolução violenta. Uma ética de resultados, talvez sim.

3. Esse impasse entre escolas éticas fez com que pensadores voltassem a propostas muito mais antigas, como as de Aristóteles e sua ética de **virtudes**. O filósofo grego não pensava exatamente em princípios e consequências, mas em agirmos de acordo com certas virtudes que buscam o bem. Um padeiro silencioso e trabalhador que cada vez procura fazer um pão melhor para atender à sua comunidade seria uma exemplo dessa pessoa justa. Ética teria a ver também com parcimônia, buscar o equilíbrio. Por exemplo, preferir a coragem entre a covardia e a temeridade; preferir a moderação entre a concupiscência e a insensibilidade.

Algo que reúne todas as teorias éticas é que devemos, ao agir, levar em conta os interesses dos outros, e não os nossos. E, também, levar em conta se o interesse dos outros também leva em consideração os interesses alheios. Por exemplo, não seria ético levar em conta os interesses de um assassino.

Mas o objetivo aqui não é apresentar teorias éticas clássicas, mas apenas aplicá-las na prática em nossa vida cotidiana. Como compatibilizar política e ética? Vamos imaginar que um político que utilizasse todo os meios de comunicação para anunciar uma ação social qualquer. Um programa que custeasse o transporte público em todo o país, gratuito para todos. Ou então um programa que conceda um auxílio de mil reais para cada família pobre do país (talvez desnecessário dizer que os presidentes Lula e Bolsonaro apostaram em programa desse tipo).

Do ponto de vista moral, se fizermos uma intepretação principalmente das chamadas éticas de princípio de pensadores como Kant, a ajuda só teria valor se a pessoa que a promovesse não tivesse ganho com isso. Por exemplo, se dou esmolas porque busco o reino dos céus, na verdade tenho medo, não pratico uma solidariedade desinteressada, não empreendo atitudes exatamente pela moralidade, mas pelo temor e interesse próprio. Agir pelo medo e interesse próprio talvez seja incompatível com o imperativo categórico.

Logo, se um político tentar se utilizar desse programa de transporte público ou de auxílios para obter votos numa eleição subsequente não agirá moralmente, segundo uma ética de princípios. Agiria para si mesmo, o que não teria valor moral se aplicado o imperativo.

Mas podemos imaginar que o tal político queira de fato ajudar as pessoas. Porque se sente bem assim. É bom para a consciência dele. Inclusive, nem quer mais disputar eleições. Também é uma pessoa religiosa e considera que dessa maneira pratica o bem perante a Deus. Inclusive, da carreira política quer se retirar para um mosteiro. Mesmo assim não seria poupado pela extrema intransigência da ética kantiana.

Pela moral de princípios, se você tem prazer de ajudar alguém e assim o faz, por gosto, isso não teria valor moral – também agiria por autobenefício. Seria o mesmo que comer um doce por prazer. Um impulso. Valoroso mesmo seria ajudar alguém, por dever moral, mesmo sem vontade e sem nenhum ânimo para isso. Uma pessoa ética seria aquela que escolheria uma mosca pousar em seu próprio prato de comida do que em um outro prato na mesa vizinha de uma pessoa à qual não é afeita.

É realmente desafiador compatibilizar política e ética, do ponto de vista das principais escolas de moralidade. Em discurso que fez em 1998, o então presidente Fernando Henrique Cardoso afirmou que a ética compatível com a política é a utilitarista, de consequências. Utilizou, na verdade, os critérios de Max Weber, que define éticas como de convicções e de resultados. Na política não existira espaço para éticas de princípios. Acuado por suas alianças fisiológicas à direita, o que seria uma quebra de éticas como a kantiana, foi acusado à época de humilhar intelectualmente os adversários políticos.[1]

Do ponto de vista das éticas de consequências, de resultado, como queiram, faria sentido implantar as supostas políticas de transporte público gratuito ou do auxílio – mesmo que tenha sido sugerida por um político interessado em ganhar as próximas eleições. Ora, do ponto de vista das consequências, está beneficiando as pessoas.

Mas aí teríamos que enfrentar outra advertência de Kant. O pensador lembrava que não temos controle sobre as consequências das nossas ações face à imprevisibilidade do mundo. Uma política de transportes públicos gratuitos ou de distribuição de auxílios, em tese, pode ajudar quem mais precisa. Mas pode também resultar em um déficit público de grandes proporções que gere consequências nefastas, como inflação, queda do crescimento econômico e, por fim aumento da pobreza. No final das contas, nesta hipótese, a política utilitarista levaria, no decorrer do tempo, a uma diminuição da felicidade geral de um povo.

Logo, para que uma ação política seja considerada ética até do ponto de vista das consequências, é preciso ir muito além de seus resultados pontuais. É necessário averiguar que bem que traz para a população como um todo e por quanto tempo. É um cálculo difícil, um risco permanente. Lembramos que o desafio é tentar que um político haja de maneira ética e como.

Aqui entra outra questão, dessa vez de Aristóteles. Na obra *Ética a Nicômanos*, o pensador grego pondera que para avaliar uma vida do ponto de vista da ética das virtudes é preciso levar em conta toda a trajetória de uma pessoa, do nascimento à morte. A virtude para Aristóteles seria algo que precisaria de toda uma existência para se realizar; teria algo a ver com sabedoria, com a prática diária das ações que visam ao bem. Nesse sentido, poderiam nossos políticos ser éticos?

Mas, de volta às reflexões nos tempos atuais, política é de alguma maneira incompatível com certas éticas de princípio. Política tem a ver com negociações, barganhas, mudanças de posições, discussão de resultados. Política é transformar a vida real das pessoas, é movimento, não se compatibilizaria com uma ética paralisante como a kantiana.

---

1 COELHO, Marcelo. As duas éticas do governo FHC. **Folha de S.Paulo**, São Paulo, 22 abr. 1998. Disponível em: <https://www1.folha.uol.com.br/fsp/1998/4/22/ilustrada/6.html>. Acesso em: 21 mai. de 2024.

Nem mesmo uma militância política – em certos sentidos – se enquadraria como uma ação moral numa ética de princípios. Pelo imperativo categórico, o que não podemos é machucar os outros intencionalmente. Militar por uma causa seria uma opção das pessoas, jamais uma obrigação ética que deveria ser universalizada.

Outro pensador que desconfia das razões éticas é Nietzche. Para ele, na obra *A genealogia da moral*, principalmente, a boa intenção com o mais fraco pode ter como consequência colateral mantê-lo no estado de indigência ou opressão. Sem falar no controle, é claro. Quando ajudamos alguém, em vez de darmos condições para ele se virar sozinho, na verdade queremos ser vistos por alguém como a causa de seu bem. É vaidade, orgulho e vontade de ter poder sobre mais um outro. Nesse caso, basta esperar a retribuição. Funciona na política.

> *"Fazemos bem e queremos bem àqueles que já dependem de nós de alguma maneira (isto é, estão habituados a pensar em nós como suas causas); queremos aumentar seu poder, pois assim aumentamos o nosso, ou queremos mostrar a vantagem de estar em nosso poder – assim ficam mais satisfeitos com sua situação e mais hostis e belicosos com os inimigos de nosso poder"* (Nietzsche. 2005, p. 64).

Como ser ético na política então? Em geral, ética é algo que cotidianamente se exige mais dos outros, principalmente adversários políticos, do que se pratica. Mas, na verdade, ética é a conduta que se deve ter com relação aos adversários ou a quem não se conhece, porque é fácil ser benevolente com quem se tem afeto. As ações só se tornam éticas quando você abre mão do que lhe daria alguma felicidade em benefício do outro. Ou então renuncia a algo para não prejudicar o outro. Pensada como princípio, é sempre um movimento negativo, de esforço, de abdicação.

Então, se você fica repleto de felicidade ao ajudar um mendigo, por exemplo, não se trata de uma ação ética – você só está buscando seu próprio bem-estar. Buscar a paz de consciência não é uma ação ética. A ação ética, do ponto de vista individual, pode até causa mal-estar.

Até porque, de alguma maneira, para se manter vivo, é preciso fazer alguma transgressão moral – raramente, frequentemente, de vez em quando, a depender da pessoa. Por isso, quem aposta em um tudo ou nada da moral, no sentido de que toda falta merece uma punição rigorosa, um dia vai acabar por cair em alguma contradição.

Finalmente, podemos deixar de discutir a ética de um ponto de vista tão etéreo e nos focar nos conflitos do mundo. Se você encara a evolução humana de um ponto de vista darwinista, deverá aceitar que características como roubo, violência, dissimulação, entre outras, não são falhas de caráter de um ou de outro, mas ferramentas que nos permitiram sobreviver por milhares de anos em um ambiente hostil. Sem elas, não estaríamos aqui como espécie. Já teríamos sido devorados por leões, hienas ou outro bicho qualquer.

O problema é que pagamos um preço por isso. Tornamo-nos uma "raça" propensa a golpes, à corrupção (sem negar as características humanas altruísticas ou do "bem"). Na verdade, quando um golpista pertence ao nosso grupo, familiar, cultural ou ideológico, é forte nossa tendência de amenizar o que houve. E o contrário ocorre também. Tudo seria consequência de nossa história como grupos tribais.

Outra visão, de Julio Cabrera, vê que a questão da dificuldade de uma vida ética não é exatamente por carregarmos um mal intrínseco. Seria uma interdição profunda, situacional. Jogados num mundo permeados por seres terminais, sempre em direção à morte, carentes, demandantes, onde a busca inevitável pelo próprio valor gerará atropelos à ética. Não seria questão de sermos pessoas com algumas tendências más. Haveria uma interdição profunda à ética. Para dar um exemplo: um pai que premia um filho com uma bicicleta por ele ter passado de ano? Num primeiro momento, uma ação perfeitamente moral. Se nos afastarmos um pouco mais, pode haver manipulação e pressões indevidas no ato. A própria condição humana seria um inabilitante moral.

> *"Um ser humano é um ser despojado, é um ser despejado num mecanismo ávido e ansioso de autovalorização, sempre acuado pelo desamparo do seu nascimento, ávido de reconhecimento, cheio de suscetibilidades e feridas, com pouco tempo e pouco espaço para desenvolver qualquer projeto, com uma poderosa necessidade de autoestima que tem constantemente que defender, com um espaço de vida a preservar para não ser arrasado, e que os outros ameaçam invadir a qualquer hora (...) A ansiedade por viver, por continuar vivendo e por viver intensamente é um poderoso fator de inabilitação moral".* (Cabrera. 2017, p. 158).

Num sentido profundo, haveria uma certa incompatibilidade em viver e não machucar os outros, que estão no caminho. Nascemos em um mundo agressivo, inevitavelmente competitivo, e sensações trívias, como fome, tédio, ansiedade, insegurança, carências, torna-nos autocentrados e as ações éticas se tornam apenas algo pontual, menor, frente a um ambiente de inabilitação moral. E, segundo Cabrera, não há possibilidade de agirmos de outra maneira. Não se trataria de incapacidade de fazer o bem ou tendência ao mal, mas impossibilidade de que possamos todos nos organizar como uma comunidade ética.

Daí, frente os escândalos, desvios, de todos os lados do aspecto político, é o humano demasiado humano se manifestando na sua condição, na sua posição inevitável. Não adianta se indignar, fazer preleções moralistas contra a humanidade. A saída, frágil, é tentar punir os transgressores para que não aconteça de novo e sigamos em equilíbrio precário. Para que reprimamos nossas possíveis tendências à trapaça, até porque muitas vezes somos forçados à fraude para sobreviver ou apenas prosseguir no dia a dia – nem que seja avisar a um mendigo que não temos dinheiro disponível quando a carteira está recheada de trocados.

Como não há o entendimento consensual se temos livre-arbítrio puro ou somos indivíduos acuados por nossos hormônios, instintos, pulsões inconscientes, grupos sociais, na verdade seria impossível jugar qualquer pessoa de maneira definitiva. O máximo que podemos fazer é nos proteger das mais perigosas, evitando-as, encarcerando-as se for o caso.

13. POR QUE O BRASIL PAROU DE CRESCER O MÍNIMO NECESSÁRIO?

Desde que as caravelas de Pedro Álvares Cabral fundearam em Santa Cruz de Cabrália, na Bahia, no dia 22 de abril de 1500, o interesse econômico primordial pelo Brasil se mistura com a exploração e venda de alguma matéria-prima, extraída de grandes propriedades, dominadas por um pequeno senhorio de um lado e de uma massa de trabalhadores, num primeiro momento escravizados, de outro. O objetivo primordial dos colonizadores era obter metais preciosos, mas precisaram esperar cerca de dois séculos até que bandeirantes paulistas encontraram o ouro no centro da futura província de Minas Gerais. Nesse meio tempo, e até os dias de hoje, dependemos enormemente dos frutos que vêm da terra.

Do ponto de vista do Estado colonizador, pelo menos entre 1500 e 1808, com a chegada ao Rio de Janeiro da corte de D. João VI, a fugir das tropas de Napoleão, o Brasil não foi pensado como lugar para se viver de geração em geração. Mas de exploração por meio de trabalho escravagista e fonte de receitas para a metrópole. Muitos produtos primários foram explorados em nossos mais de 500 anos de história a fazer a glória ou a ruína de governantes, a depender das curvas da roda da fortuna.

O presidente Lula, para darmos um exemplo recente, teria seus momentos de glória no final do segundo mandato se não fosse a disparada das *commodities*, como minério de ferro e soja no início do século? Getúlio Vargas conseguiria chegar ao poder se não fosse a queda brusca dos preços do café que abalaram a chamada República Velha em 1930? A Inconfidência Mineira existiria se o ouro não tivesse se escasseado no final do século 18, provocando derramas insustentáveis para a província? Bem provável que as respostas a essas três perguntas sejam não.

A prosperidade brasileira pode surgir e ir-se embora a depender do ciclo desses produtos. A riqueza temporária de Belém e de Manaus, com seus teatros e palácios ainda está à vista – as marcas das glórias de um passado historicamente recente. Os engenhos de cana próximo ao litoral dos estados do Nordeste podem ser visitados como atração turística ou ruínas cheias de mato.

Fora do agro, temos a nossa atividade fabril. A nossa indústria surgiu protegida, desenvolveu-se vocacionada para o mercado interno, e tem dificuldades para competir com o mundo, com notáveis exceções, como no caso das aeronaves da Embraer. Mas a verdade é que o Brasil tem uma vasta ligação com a agropecuária e a extração de minério para ser uma nação viável economicamente e consiga mal e mal pagar suas contas. Nos últimos tempos, vivemos uma espécie de era de ouro do agronegócio, capitaneado pela soja, a ver por quanto tempo.

Nesse caso atual, à despeito das críticas dos que apontam a queda veloz da participação da indústria brasileira na economia em contraste com privilégios para o campo, no agronegócio do século 21 alega-se que há altíssima tecnologia, produtividade, mais racionalidade, empregos e até mesmo respeito ao meio ambiente nas atividades agrárias. Quem é do setor, inclusive, recusa-se a ser rotulado como representante de mais um ciclo extrativista. A força do agronegócio seria nossa maior vocação a ponto até de ajudar no equilíbrio financeiro das áreas urbanas. A conferir. O polo de desenvolvimento ruma agora para o Centro-Oeste. A ver qual será a sustentabilidade do novo eldorado.

Possuímos historicamente um desenvolvimento que muda de região a região. E com a população mais pobre a emigrar pelo país em busca de melhores oportunidades. Como o caso dos que saíram do Nordeste, fugindo das secas, paras as regiões em industrialização do Sudeste ou mesmo para as áreas de seringais na era da extração da borracha. Mais recente, temos migrantes do Rio Grande do Sul em direção ao Centro-Oeste, para trabalhar nas gigantescas plantações da região, que, vistas do avião, parecem até mesmo o mar. Ou então, nos casos dos pivôs-centrais, circulares, que rememoram a chegada de discos-voadores.

No Brasil, somos tomados de ciclos de crescimentos e, na sequência, de estagnação. Nas primeiras sete décadas do século passado estivemos entre os países que mais cresceram no mundo. Mas há mais de quatro décadas, desde os períodos finais e decadentes do regime militar, perdemos a capacidade de desenvolvimento, ficando para trás em relação a outros países do mundo, em especial os chamados tigres asiáticos e a China, que abraçaram de vez o capitalismo, seja de Estado ou mais liberal. Por causa de nosso tamanho e população, costumamos figurar entre as 10 maiores economias do mundo. Porém, quando o critério é per capita, como no caso do Índice de Desenvolvimento Humano (IDH), que leva em conta medidas como expectativa de vida, escolaridade e renda, entre outros, figuramos em um modesto 87º lugar – atrás de México, Cuba, Peru ou Irã. Nos últimos 40 anos a nossa renda per capita avançou a uma taxa média de medíocres 0,68% ao ano (Latif. 2022, p. 21).

O que se observa no Brasil é uma estagnação econômica. A falta de desenvolvimento obriga milhões de brasileiros a necessitar, muitas vezes de forma dramática, de programas sociais para sobreviver. Recursos de aposentadorias para os mais velhos garantem a renda de todos em cidades do interior mais pobres. Com uma alta carga tributária, o Estado precisa sugar ao máximo dos setores econômicos viáveis e redistribuir para a população carente que não consegue entrar no mercado de trabalho. Ao mesmo tempo, o Estado não consegue se livrar do pagamento de altas somas às classes, segmentos e corporações que têm sabido sugar em benefício próprio parcela razoável dos recursos que chegam aos cofres do governo. Notem que quem mais se organizou contra as reformas como a da Previdência foram os estratos de funcionários públicos com os salários e aposentadorias mais altos do país.

O resultado desse jogo de pressões e necessidades é que faltam recursos para o que é essencial: temos dificuldades em concluir e manter estradas, modernizar portos, oferecer razoável estrutura de saúde, proporcionar um sistema educacional público com qualidade mínima principalmente na educação básica; a segurança, como se sabe, deixa a desejar – saia à rua à noite com seu celular à mão no centro de uma metrópole qualquer e sentirá na prática, em alguns poucos minutos, essa incapacidade do Estado de defender seus cidadãos.

Um dos orgulhos do país, inclusive, seria o Sistema Único de Saúde, em tese para atender a todos os brasileiros. Mesmo pródiga em elogiar o sistema público nas redes sociais, em especial no período da Covid, a classe-média, quando pode, prefere ser atendida pelos planos de saúde ou pagar consultas particulares. Assim como têm feito previdências privadas em complementação à pública. Já em educação, os rankings internacionais mostram que as escolas públicas ficam para trás se o critério for ter um conhecimento mínimo em áreas como leitura e matemática. O resultado é que apenas os mais ricos, por décadas, conseguiam entrar nas universidades públicas e até os anos 90 apenas 13% dos brasileiros tinham concluído o ensino médio (Medeiros. 2023, p. 56). Sem conseguir resolver esses problemas estruturais, buscando aprimorar o sistema de ensino básico de maneira a torná-lo competitivo, resta ao Estado implantar cotas, sejam sociais ou raciais, na intenção de ajudar os que ficaram para trás. Nesse sistema de improvisos e arranjos, seja na educação, seja na infraestrutura, a produtividade dos trabalhadores brasileiros segue abaixo do esperado em comparação aos nossos competidores mundiais.

A falta de compromisso com a educação pode ter sido o maior dos deslizes nacionais. A universalização do ensino primário só foi ocorrer nos anos 1990. As escolas superiores só foram autorizadas após a chegada da família real em 1808. *"Em 1800, não mais que 2% da população era alfabetizada; nos Estados Unidos, era 70%".* (Latif. 2022, p. 41). No final dos anos 1930, apenas 29,5% da população em idade escolar estava matriculada (p. 44). Já o analfabetismo estava em torno de 60% até mesmo nos anos 1950. Nos anos 1970, a taxa estava em 33%. (p. 48).

Momentos de pujança ou paralisia, que parecem ser alheios aos esforços do governo, seguem a destituir ou a glorificar governos e, em alguns casos, a abalar a própria democracia. Dilma Rousseff poderia ter se mantido no cargo caso não tivesse contratado uma das maiores recessões da história brasileira. A crise no começo dos anos 1980 ajudou os movimentos pela volta da democracia, não só aqui, mas em toda a América do Sul. O chamado milagre brasileiro dos anos 1970 não resistiu aos choques internacionais que elevaram o preço do petróleo. O movimento *Diretas Já!*, que busca eleições diretas para a presidência da República, também se alimentou do ocaso da gestão do presidente João Figueiredo, que preferia estar com seus cavalos a lidar com a volta da recessão e a subida da inflação.

Nos jornais e nos debates públicos, economistas discutem os riscos e os nossos dilemas econômicos. Caso nos abrirmos mais para o mundo, podemos receber produtos mais baratos, porém com o risco de inviabilizar a produção nacional. Fechados para a inovação, entretanto, oferecemos a uma população pobre mercadorias muito mais caras, além de proteger uma elite proprietária de indústria. É até angustiante, para quem é leigo, acompanhar diariamente os debates e ver como na economia cada tese que parece sólida pode ser refutada em nome de outro enunciado que também será combatido. Na economia, também, tudo que é sólido se desmancha no ar.

Mas o fato é que as doutrinas do nacional-desenvolvimentismo, que preveem intervenções estatais, gastos públicos para alavancar a economia, tarifas externas, estímulos a setores considerados estratégicos, têm feito a cabeça de nossos formuladores públicos. É um pensamento que une planejadores da ditadura, acadêmicos, simpatizantes da esquerda e industriais.

Porém ocorreu que no Brasil, assim como na América Latina, a indústria não foi capaz de gerar alto índice de desenvolvimento e diminuir a desigualdade, assim como a agricultura ou a extração mineral falharam nesse intento específico. As consequências de termos protegido nossa indústria para evitar as importações, entre outras, foram que os pequenos agricultores, principalmente os do Nordeste, em busca de condições de vida menos hostis, migraram para as cidades na procura de melhores oportunidades. Mas não conseguiram as vagas almejadas, indo residir em favelas, com péssimas condições de vida. Fenômeno que atingiu milhões de pessoas, inclusive o futuro presidente Luiz Inácio Lula da Silva, que saiu com a mãe e os irmãos de Pernambuco para São Paulo no sonho de uma vida menos penosa. Lula, entretanto, ao contrário de tantos conterrâneos, conseguiu emprego na atividade fabril, como torneiro mecânico, tornou-se líder sindicalista, político, e o resto é história.

De qualquer forma, independentemente do sucesso fabuloso do ex-retirante Lula na vida sindical e partidária, a política industrial brasileira não trouxe a inclusão pretendida. *"A ISI (Industrialização por Substituição de Importações) teve um impacto desastroso na distribuição de renda e na pobreza. O governo subsidiava os investimentos e assim os industriais utilizavam muito capital e pouco trabalho. Os países que adotaram a ISI terminaram com economias 'duais': de um lado, indústrias modernas e de capital intensivo, trabalhadores qualificados e bem-organizados; de outro, uma massa de agricultores e pobres urbanos excluídos da economia moderna, condenados a salários de subsistência e privados de proteção social recebida pelos trabalhadores de outros setores"*, afirmou o historiador da economia Jeffry A. Frieden (Frieden. 2008, p. 376).

Outro debate contundente que sobrevive no Brasil é sobre quem devem ser os detentores dos meios de produção. Nas mãos do Estado ou da iniciativa privada? A questão fortemente ideológica acaba por deixar em segundo plano quem deveria ser o alvo: o consumidor ou usuário do serviço público. Lula já ganhou a presidência, em 2006, com o discurso de que seus opositores privatizariam nossa principal empresa, a Petrobras. Foi bem-sucedido ao causar pânico, inclusive nos adversários acusados de fazer o que não pretendiam. A roda girou e agora o governador de São Paulo, Tarcísio de Freitas, forma sua base política com o discurso da venda de companhias públicas. Nesse intervalo dezenas de escândalos envolvendo empresas estatais e insatisfação generalizada com serviços públicos. Fala-se de soberania, de riscos, de corrupção, de briga política e o que interessaria mais, a qualidade dos serviços, não costuma ficar nas manchetes dessas disputas políticas – ou se subordinam à briga ideológica.

No Brasil, o capitalismo, inclusive, é visto com gigantesca desconfiança, principalmente pelas classes mais cultas, nas universidades, entre os artistas e mesmo por aqueles que fazem da mais-valia sua fonte principal de renda. Nas palavras do ex-presidente Fernando Henrique Cardoso: *"O Brasil não gosta do sistema capitalista. Os congressistas não gostam do capitalismo, os jornalistas não gostam do capitalismo, os universitários não gostam do capitalismo. E, no capitalismo, têm horror aos bancos, ao sistema financeiro e aos especuladores (...) Gostam do Estado, gostam da intervenção, do controle, do controle do câmbio, o que puder ser conservador é melhor do que ser liberal"*, de acordo com uma de suas numerosas memórias de governo, nesse caso, o livro *A arte da política*.

De fato, o Brasil vive um capitalismo mal-ajambrado, desconfiado, e até mesmo nostálgico de certo socialismo que nunca viveu. Tão presente nas bibliotecas das casas da classe média brasileira entre os anos 1970 e 1980, a obra *As veias abertas da América Latina*, por exemplo, pregava o fechamento comercial das fronteiras, propondo no lugar tecnologias próprias criadas pelos locais, além de fortes restrições à importação e à exportação. A globalização e a integração ao mundo é vista como inimiga em muitos setores da sociedade. O pesar de um planeta que se dividia entre socialismo e capitalismo, e o lado certo era ser socialista, ainda é sentido com intensidade em muitos corações.

Após a queda do muro de Berlim, a esquerda brasileira tem adotado teses mais keynesianas de apostar em obras públicas, de maneira a empregar trabalhadores e gerar desenvolvimento. Mas há algo que soa antiquado. A questão é que após três décadas de certo êxito, a partir dos anos 1950, as políticas intervencionistas se tornaram incapazes de dar conta de manter um Estado viável em cenários de desemprego com inflação.

Paralelamente a esta questão, debatemos também o déficit público. Nesse caso, muitas vezes, falta ideologia e sobra oportunismo. Não se trata de uma disputa entre concepções de Keynes ou Hayek para economia. Políticos de diferentes matizes chegam a defender ações anticíclicas no caso do déficit para que o governo não faça cortes, invista mais em ações públicas, o que garantiria a vitória nas próximas eleições. Sobre quem financiaria esse déficit, o aumento das taxas de juros consequente, isso seria problema das próximas gerações com as quais não nos preocupamos tanto – até porque as crianças, a quem caberá pagar as contas, não participam desse debate. Nesse sentido, ao contrário do que escreveu Stephan Zweig, não seríamos o país do futuro, mas o país dos interesses de curto prazo.

Mesmo com tantas dificuldades, o Brasil tem exemplos a dar na economia, com o chamado Plano Real, por exemplo. Nos 27 anos anteriores à criação do real, o Brasil teve seis moedas diferentes: Cruzeiro Novo, Cruzeiro, Cruzado, Cruzado Novo, Cruzeiro (de novo) e Cruzeiro Real. Entre 1980, quando o índice oficial de inflação foi criado, e 1994, ano de implantação do Plano Real, o índice acumulado foi de 13.342.346.717.671%! 13 trilhões por cento. Hoje nos preocupamos quando a inflação ameaça chegar a dois dígitos ao ano, o que é uma amostra de amadurecimento econômico e institucional. Infelizmente ainda há políticos com poder de mando que menosprezam os riscos da volta da inflação – um imposto que corrói o poder de comprar sobretudo de quem é mais pobre e, de fato, tira alimentos da mesa.

Curioso que os oito anos dos primeiros mandatos do presidente Lula, com bons resultados na área social, transcorreram sob os auspícios da austeridade fiscal, o "austericídio", nas palavras da própria presidente do Partido dos Trabalhadores, o mesmo de Lula, em ataque à tentativa de seu próprio governo de arrumar as contas. Lula assumiu a presidência pela primeira vez, em 2003, sob forte crise, seja internacional, seja pelas más expectativas do mercado com relação a seu mandato, seja por problemas na gestão anterior – mesmo assim, contra as ideias do partido, montou uma equipe econômica liberal e controlou as contas com certa mão de ferro nos primeiros anos de seu mandato.

O final do segundo governo Lula já foi de menos preocupação fiscal, mas foi a partir do governo Dilma Rousseff (2011-2016), a quem se atribui a expressão *"gasto é vida"*, que o país encerrou mais uma trajetória insuficiente de crescimento e entrou numa crise da qual tem custado a se recuperar. Determinada a desmontar o legado de FHC (que a era Lula batizou de herança maldita, mas resolveu deixar quase tudo como estava), Dilma, como se sabe, injetou mais de R$ 450 bilhões em créditos subsidiados na economia, o equivalente a 10% no PIB, e colheu uma recessão de 7% em dois anos com alta de inflação e de desemprego. Nem sempre o que funciona no passado funciona no presente.

Após o impeachment de Dilma, o presidente Temer tentou implantar uma agenda liberal. Parcialmente. Os seguidos escândalos revelados pela Operação Lava Jato (herança do governo Dilma) e a tentativa de inviabilizar seu mandato por parte até mesmo da Procuradoria Geral da República deixaram esse plano inacabado – conseguiu aprovar reformas na área trabalhista e no saneamento. Bolsonaro foi eleito com uma pauta liberal. Porém essa não foi sua prioridade de gestão. Houve certos avanços insuficientes na pauta microeconômica e reformas como a da Previdência foram aprovadas apesar do presidente, e não por causa dele, que só agiu para enfraquecer as mudanças ao beneficiar, por exemplo, os setores militares. No terceiro governo Lula aprovou-se uma reforma tributária após 30 anos de discussão e promete-se reverter o déficit público. A aguardar.

Nesse capitalismo mal-ajambrado e de alto risco vivemos uma verdadeira montanha-russa de altos e baixos econômicos. Gostamos muito de debater as razões da pobreza, da miséria e da desigualdade. Mas a discussão do que faz os países ficarem prósperos parece ficar em segundo plano – como se ainda não tivéssemos claramente entendido que a prosperidade pode ter como correlato necessário menos pobreza.

O descaso com a educação segue nesse sentido. Fizemos um grande esforço para colocar cada vez mais crianças e adolescentes nas salas de aula. Mas os resultados são dúbios. Há dificuldade de aprendizado sempre mensurados nos testes internacionais, para certo vexame global.

Já até virou um lugar comum na política afirmar que o Brasil precisa de um "choque de capitalismo", mas esse solavanco sempre chega de maneira intermitente, contraditório, face à desconfiança que o brasileiro comum, e quase todas as suas elites, têm com o sistema de mercado. Nisso continuamos com um capitalismo não inclusivo, um certo desejo anacrônico por um socialismo que nunca deu certo em nenhum lugar do mundo, e uma realidade de Estado de bem-estar social bastante aquém do necessário.

> *"O patrimonialismo talvez seja o maior empecilho ao desenvolvimento econômico, especialmente combinado com o reduzido capital social, sobre cidadania. O discurso populista alimenta a crença que distribuir benefícios de forma disseminada é algo bom, que produz crescimento e justiça social, quando, na realidade, no longo prazo, ameaça a estabilidade macroeconômica pela pressão inflacionária decorrente de excessos fiscais"*, afirma a economista Zeina Latif (Latif. 2022, p. 72).

O capitalismo de fato promove guerras (como todos os demais sistemas), provoca desigualdade, destrói valores e culturas antigas e tudo mais que aprendemos contra esse famigerado sistema desde os primeiros dias na sala de aula. Por outro lado, como negar que desde que sua implantação o mundo atingiu níveis de desenvolvimento nunca vistos? Há miséria em toda parte, pobreza, disparidades, mas em que período de nossa história conseguimos índices melhores em expectativa de vida, saneamento, alfabetização e tantos outros? Como o capitalismo possui o dom de valer-se do pior do humano e em alguns casos fazer essa característica desabonadora, como a ambição, ser vantajosa para o desenvolvimento econômico da sociedade, poderíamos dizer que o capitalismo é o pior sistema possível com exceção de todos os outros até hoje encontrados. A questão se trata de imaginar um capitalismo que traga oportunidades para o maior número de pessoas possível.

Nesse sentido, a integração econômica com o mundo capitalista, além dos produtos primários, costuma ser um processo doloroso. Por isso, muitas vezes economias preferem se fechar a se adaptar e enfrentar o que as ameaça como competidores. Algumas nações, ao contrário, resolveram abraçar o processo, como no caso da Coreia do Sul e outros países da Ásia, que optaram por ter uma indústria voltada à exportação, com forte apoio do Estado. Enquanto isso, países como o Brasil resolveram manter a aposta em altas tarifas e no mercado interno.

Hoje, a indústria dos países asiáticos, obrigada a competir, ameaça em vários setores a então ultrapoderosa e imbatível economia americana. E, para piorar, têm sido capazes de dizimar a incipiente indústria do terceiro mundo, principalmente a latinoamericana, e a saída tem sido decretar mais medidas protecionistas – exemplo da indústria têxtil brasileira. Os chamados tigres asiáticos foram países que, como o Brasil, também enfrentavam ditaduras quando tomaram as decisões econômicas que hoje trouxeram a prosperidade relativa.

Nossa indústria, por outro lado, em momento histórico pós-substituição de importações, vive atormentada com aberturas que podem trazer produtos mais baratos para cá – em alguns casos, por razões que vão muito além do chão da fábrica. Temos péssima infraestrutura, forte burocracia, carga distorcida de impostos – que se convencionou chamar de Custo Brasil. Mesmo com subsídios e proteções, um dos fenômenos da economia brasileira nos últimos anos tem sido a desindustrialização. Há analistas, inclusive, que acreditam que nossa indústria já perdeu definitivamente o bonde da história, não nos abrimos para o mundo quando tínhamos uma mão de obra competitiva e agora, em tese, somos caros e ineficientes. A ver se o pessimismo se confirma.

Entretanto, os países que se arriscaram a dar mais alguns passos em direção ao livre-comércio conseguiram resultados superiores. Caso, por exemplo, do Chile, que com todas as suas turbulências, apresenta, comparativamente, os melhores índices econômicos e sociais do nosso continente. É o país mais bem colocado da América Latina em índices como IDH e renda per capita, e nem mesmo os seguidos presidentes com simpatia socialista eleitos quiseram mudar o sistema liberal. Já o contraexemplo da Argentina tem sido evidente. O país vizinho decidiu se fechar ao mundo, há cerca de 70 anos, após um momento de prosperidade, e enfrenta desde então uma crise sem fim.

Claro que a abertura não pode ser indiscriminada. Até pais do liberalismo, como John Stuart Mill, advogavam que indústrias precisam de apoio do governo em estágios iniciais. Os risco é que no Brasil o "estágio inicial" pode se tornar uma muleta eterna. Em 1915, financiadas pela borracha e pelo café, a indústria brasileira já era protegida por alta tarifas, registrou o historiador Jeffry Frieden (p. 89). O panorama chegou a tal ponto que nos 1970 a América Latina se tornou uma das regiões mais fechadas do mundo (p. 333). Curiosamente, quando o assunto era fechar a economia, intelectuais e economistas de esquerda e ditadores de direita estavam do mesmo lado. Há até hoje no Brasil uma convicção forte no sentido de que a indústria está ligada à soberania e a exportação de produtos primários, ao domínio colonial.

Países ricos também protegem seus produtos, daí é preciso que se aplique uma política astuta quando se quer competir de igual para igual, mas em busca de maior abertura. Porém, para entrar numa competição com o resto do mundo é preciso melhor formação dos trabalhadores, mais produtividade, mais tecnologia, melhor infraestrutura, carga de impostos racionais – ou seja, é o caminho bem mais difícil.

Aberturas comerciais também não podem ser dogmáticas, ideológicas. Precisam ser acompanhadas de imensa capacidade técnica (poderíamos falar em sabedoria) para calcularmos suas consequências a longo prazo para a população – e só valerão a pena se a sociedade ganhar. Aqui vale uma advertência de Hayek, no sentido de que o problema das intervenções da economia é que elas partem de um princípio de que podemos manejar todos os resultados, mas sempre há pontos cegos e imprevistos. Por outro lado, há momentos em que a inoperância pode fazer com que setores com forte potencial de seguir em frente não prosperem caso não haja alguma ajuda do Estado.

Em um das dezenas de discursos que fez para tentar justificar seu próprio governo, o presidente Fernando Henrique Cardoso tentou comparar o ato de governar com o de pilotar: *"se há um penhasco à direita e à frente, vira-se à esquerda. Se há um penhasco à esquerda e à frente, vira-se à direita"*. Talvez conduzir a economia tenha algo a ver com essa sentença.

Toda ação gera riscos. Um paradoxo das aberturas comerciais foi até um crescimento relativo menor de antigas nações capitalistas na Europa e nos Estados Unidos em relação às novas potências asiáticas. Uma consequência foi a eleição de líderes de direita-populista com discursos protecionistas, caso de Donald Trump, nos Estados Unidos. Mas, como um todo, o mundo se desenvolveu mais no período mais recente de abertura.

O Brasil, nesse meio-tempo, elegeu um governo de direita com discurso liberal, de Jair Bolsonaro, após as fortes turbulências da gestões Dilma e Temer. Mas a circunstância era diferente: havíamos atravessado mais de década de regimes de esquerda que encontraram seu esgotamento econômico na gestão de Dilma Rousseff. Bolsonaro, que ao longo de sua longa carreira política votou juntamente com a esquerda na pauta econômica – contra as privatizações e contra as reformas, por exemplo –, adotou o figurino liberal, o que foi conveniente num contexto de eleições em uma nação majoritariamente exausta de tudo que parecesse "esquerdismo".

Condução da economia, como já dissemos, não era a prioridade de Bolsonaro como governante, e sim a chamada pauta comportamental (questões de gênero ou facilitação de posse e porte de armas, por exemplo), assuntos em que se sentia mais confortável para atuar. Mas não tínhamos um verdadeiro liberal no poder, muito ao contrário.

A verdade é que, assim como muitos liberais brasileiros apoiaram os primeiros anos da ditadura em 1964, uniram-se ao projeto de Bolsonaro, com seu discurso antidireitos humanos e até mesmo flertes com grupos de aspirações autoritárias, incluindo defensores de Atos Institucionais da ditadura. Talvez por desespero, por ingenuidade, ou por oportunismo, liberais podem deixar de lado valores democráticos quando anteveem autocratas que podem implementar pautas liberais. Ocorreu também no Chile de Pinochet.

Frente a tantos desafios, a dor sentida pelos que vivem os processos de integração econômica pode se transformar em uma vida melhor para filhos e netos. É uma aposta que o Brasil tem evitado fazer, por algumas das razões já elencadas. Porém, outros que fizeram essa escolha (o que envolve todo o pacote de melhorar a infraestrutura, melhorar a produtividade, etc.) já têm colhido os frutos.

Há também os céticos que afirmam que o período em que o Brasil poderia ser uma potência industrial já passou, definitivamente, e que precisamos nos mirar em exemplos como Austrália e Canadá, prósperos como exportadores de matéria-prima. Mas, a despeito de todas as controvérsias, não podemos esperar muito quando o assunto for retomar o rumo para a prosperidade. Estamos em 2024, e completa-se quase uma década em que o crescimento per capita do Brasil se encontra praticamente estagnado. Algo ao mesmo tempo corajoso e prudente precisa ser feito com urgência.

14. O RACISMO ESTÁ PERTO DE NOSSOS OLHOS. A SOLUÇÃO, NÃO.

Observe qualquer lugar social destinado à classe-média ou aos ricos brasileiros. Um restaurante, um café, uma festa, uma recepção para autoridades. Veja, em geral, em que papel estão os pretos e os mestiços nesses lugares. Sobrevivem como garçons, como seguranças, na limpeza, como cozinheiros. Pergunte como irão embora daquele evento para suas casas, já que pode ser tarde da noite. Poderá ouvir que esperarão um transporte público incerto no meio da madrugada e no outro dia cedo já podem estar em ocupação diferente, num bico na construção civil, por exemplo. Residem longe, em um bairro violento em que o Estado oferece serviços públicos precários. Se você estiver no centro de uma grande cidade, perceba qual a cor da pele dos mendigos em sua maior proporção. Nas residências, as chamadas empregadas domésticas, na maioria das vezes, qual é a sua coloração? Há milhões e milhões de pobres que não são negros no Brasil, porém eles não são a maioria entre a população carente. Há uma interposição entre negritude e pobreza no país.

Perceba quem são os convidados ou os clientes nestes mesmo eventos supostamente refinados. Há pessoas morenas, pessoas curtidas de sol, louros, falsas louras, há também miscigenados, com todos os tipos de tez. Fora dos locais de imigração germânica, brancos, muito brancos, chamam a atenção pela sua cor translúcida. Imagina-se que seja um estrangeiro.

Há até alguns pretos nesses saraus, nesse caso, minoria. Podemos perceber que de um lado o que se chama de pessoas de "raça" (e aqui é preciso aspas) negra costumam estar em posições subordinação. Mas do outro lado, que se chama de raça "branca", não é algo homogêneo. Podemos dizer que sim, temos a parcela subalterna da população de coloração preponderantemente escura. Mas é mais difícil dizer que do outro lado temos, simplesmente, brancos.

"Todo brasileiro, mesmo o alvo de cabelo louro, traz na alma, quando não na alma e no corpo – há muita gente de jenipapo ou mancha mongólica no Brasil – a sombra, ou pelo menos a pinta, do indígena ou do negro. No litoral, do Maranhão ao Rio Grande do Sul, e em Minas Gerais, principalmente do negro. A influência direta, ou vaga e remota do africano", afirmou o hoje controverso pensador pernambucano Gilberto Freyre (Freyre. 2009, p. 367), cuja interpretação vulgar de sua obra serviu para justificar a tese de que o Brasil viveria uma espécie de democracia racial, o que em nenhum momento está expresso no seu livro clássico *Casa grande & senzala.*

Se imaginarmos apenas os antepassados dos portugueses, que incluem ibéricos, romanos, góticos, fenícios, judaicos e mouros, seria muito difícil sustentar que fomos colonizados por representantes de uma raça definida como branca. Holandeses e franceses vieram mais como invasores temporários ou piratas. Além disso, foram mandados para as costas brasileiras os degredados, inconvenientes, aventureiros, que não formavam a elite "branca" de Portugal. Mesmo os pretos são provenientes de diferentes regiões da África. Indígenas eram procedentes da Ásia após uma imigração milenar.

"O Brasil – e a significação deste grandioso experimento me parece exemplar – tornou absurdo o problema racial que complica o nosso mundo europeu: simplesmente ignorando seu suposto valor", afirmou o alemão Stephan Zweig no clássico, e também controverso, *Brasil: país do futuro.* Aliás, impossível que exista uma obra que aborde esse tema e que não seja disputável. Zweig escrevia como refugiado judeu de uma Áustria que havia transformado a eugenia como política de estado. Mas no Brasil é um erro dizer brancos; o melhor, talvez, e mesmo assim com bastante problemas conceituais, seria substituir por "não-negros".

Frente a essa balbúrdia de etnias que determinou nossa formação, falar em raça, do ponto de vista científico, nos dias de hoje, é bastante controverso e, no limite, sem sentido ou absurdo. Das talvez vinte espécie de humanos que ocuparam a Terra, a *Sapiens* pode ter surgido há talvez 200 mil anos, provavelmente nas regiões da Etiópia, Uganda, Quênia e Tanzânia, na África oriental. Há cerca de 60 mil passou a colonizar as demais regiões do planeta. Se compararmos com a idade de outras espécies, na Terra, de milhões de anos, somos invasores muitos novos, indiferenciáveis. Do ponto de vista dos genomas, somos congêneres aos nossos semelhantes. Raça é uma construção histórica e social que, na prática, foi e tem sido utilizada como justificativa para dominação.

No Brasil, como no resto do mundo, raça, inclusive, justificou políticas baseadas na crueldade. E, até muito recentemente, piadas que colocavam pretos como seres inferiores eram socialmente aceitas, provocavam risos. Hoje as anedotas ainda ocorrem, bem mais raramente, mas já geram constrangimento, no mínimo. Em um ambiente marcado por preconceitos de cor, famílias pretas e mestiças interiorizavam o racismo e buscavam seguir padrões "brancos", como por exemplo em relação à tessitura dos cabelos ou numa aspiração de um cônjuge "branco". Nas cirurgias plásticas se busca uma estética europeia, de traços finos, raramente centro-africana. Até esses pequenos detalhes são do racismo imiscuído na população.

Ser branco no Brasil é uma simplificação indevida. Mas ser preto/negro já foi o equivalente a ser "vil". E oficialmente. Em 1798, um documento oficial do império suplicava para que os índios não fossem mais chamados de negros, como era corrente na sociedade, pelo seguinte motivo: *"Entre os lastimosos princípios, e perniciosos abusos, de que tem resultado nos Índios o abatimento ponderado, é sem dúvida um deles a injusta e escandalosa introdução de lhe chamarem Negro; querendo talvez com a infâmia, e vileza deste nome, persuadir-lhes, que a natureza os tinha destino para escravos dos brancos" (Santos. 2022, p. 72).*

A escravidão no Brasil teve cor, a negra. E dos mais de 500 anos de nossa história, ainda não perfazem 150 em que a escravidão oficialmente terminou. Isso significa que as marcas dessa prática de exploração aberta continuam por toda a sociedade. O racismo brasileiro muitas vezes está na desconfiança, no desconforto, na avaliação preconcebida, no olhar desconfiado quando há um corpo negro em ambiente em que, socialmente, segundo alguns não-brancos, não deveria estar. Mas isso tem mudado. Num ritmo mais lento que desejado, mas em avanço.

A historiadora Ynaê Santos lembra que a escravidão durou séculos no Brasil sem sofrer grandes oposições ou mesmo condenações morais, pelo menos até o século 19. Era algo naturalizado, banal. Por milênios não só na trajetória do Brasil, mas também da humanidade.

"Tudo o que afunda no cotidiano perde seu poder de apelo, de preocupação e de espanto. Horrorizamo-nos diante da selvageria da escravidão, mas na sua época era totalmente sugada pela cotidianidade", adverte-nos Julio Cabrera (2017, p. 150). O que abre espaço para pensarmos que muito do que está em nossa volta e hoje consideramos banal pode ser condenado no futuro. Comer carne? Possuir automóveis particulares que poluem o ambiente? Ou algo completamente fora de nosso radar.

Na história do mundo, a escravatura nem sempre foi sinônimo de pele negra. O livro de Laurentino Gomes, *Escravidão – Vol. 1.*, lembra que o termo "escravo" é derivado do latim *slavus*, refere-se aos eslavos, os habitantes da região dos Bálcãs, que forneceu mão de obra para o Oriente Médio e o Mediterrâneo até o século 18. Escravos eram majoritariamente pessoas brancas de olhos azuis. *"Entre 1468 e 1694, os tártaros da Crimeia capturaram cerca de 2 milhões de russos, ucranianos e poloneses. As importações de escravos brancos das regiões vizinhas ao Mar Negro pelos otomanos de Istambul foram de 2,5 milhões entre 1450 e 1700. No ataque a Viena, em 1683, os otomanos capturaram cerca de oito mil escravos, todos brancos"* (Gomes. 2019, p. 62).

Outro ponto, destacado por Laurentino Vaz e citado pela historiadora Ynaê Santos, é que os portugueses apenas eventualmente se arriscavam dentro do continente africano para capturar escravos. Em geral os compravam já como prisioneiros de guerras entre as tribos locais, pois a África era povoada por sociedades em conflito com culturas, etnias e mesmo línguas diferentes. *"Desse modo, é possível dizer que a escravidão era uma instituição que existia em muitas sociedades africanas antes mesmo do contato com europeus e mulçumanos. No entanto, tinha contornos diferentes do que a economia mercantilista organizada a partir de meados do século XV"*. (Santos. 2022, p. 34).

Mas independentemente das origens da escravidão, no Brasil a prática foi muito mais intensa do que em diversas regiões do mundo. Recebemos cinco milhões de escravizados da África. Muitos sofreram e morreram nos navios negreiros, como tentou nos sensibilizar o poeta Castro Alves, no século 19. Há relatos de convivência amistosa entre senhores e escravos, mas essas descrições não podem ser generalizadas. Houve aqui no Brasil a história de resistência, de fuga para quilombos, de tortura, de humilhações, de chibatadas, e de mortes.

É um erro factual dizer que há democracia racial no sentido de que tenhamos uma convivência pacífica e harmoniosa. Nossos índices de violência estão entre os mais altos do mundo. O negro é muitas vezes visto como o assaltante a ameaçar a classe média, assim como a maior vítima das forças policiais, que por sinal é constituída também em boa parte por pretos e mestiços, porém, na maioria das vezes, comandados por não-negros.

No entanto, a questão da miscigenação curiosamente não foi bem aceita pelos não-negros no Brasil durante a história e mesmo pelos movimentos negros do dia de hoje. Militantes apontam, por exemplo, uma origem espúria da miscigenação, baseada em estupros e brutalidade. *"Reconhecer a origem violenta da mestiçagem é fundamental para a compreensão da história do racismo no Brasil. Isso porque um dos atenuantes do racismo brasileiro reside justamente no alto índice de miscigenação da nossa população, que vem desde o período colonial. É como se, de alguma forma, o fato de homens portugueses terem filhos com mulheres indígenas e negras suavizassem a estruturação racista sobre a qual a nossa sociedade se formou".* (Santos. 2022, p. 74).

Querer colocar uma infâmia moral sobre os miscigenados tem como consequência política deixar uma nódoa nas relações entre as "raças". Como se só as relações entre mesmas raças fossem legítimas. Um argumento que no final das contas é uma justificativa para a racialização da sociedade. Além disso, caso a primeira geração de brasileiros miscigenados seja fruto de estupros, o que dizer da segunda, da terceira, e daí por diante, mesmo que seja também entre miscigenados? Paulatinamente as relações não começaram a ser mais consentidas? Não haveria um certo exagero neste argumento em condenar a miscigenação?

Mas, independentemente do que houve, a miscigenação já é o nosso factível, sem volta, o nosso real. Somam-se hoje 45,6% dos brasileiros que se consideram pardos, de acordo com o nosso instituto oficial de estatística. Como os pretos chegam a 10,6%. Do ponto de vista oficial, soma-se 52,6% o total de pessoas nascidas no Brasil que se dizem negras, de acordo com o controverso critério oficial de considerar todo pardo como negro.[1] *"Classificações são instrumentos de poder."* (Medeiros. 2023, p. 11).

Sem idealizações ou condenações marcadas pelo ressentimento, o Brasil precisa lidar com a mistura para poder seguir. Com origem em violências, em trajetórias pacíficas, em encontros amorosos, em decisões arbitrárias, o que seja, o mestiço acabou por se tornar o amálgama de nossa nacionalidade, o que registrou Euclydes da Cunha em várias passagens de *Os sertões,* como nesse trecho eivado de uma mescla contraditória de admiração e desprezo: *"Ao perceberem o movimento, os jagunços encalçaram-na. Capitaneava-os, agora, um mestiço de bravura inexcedível e capacidade rara, Pajeú. Legítimo cafuz, no seu temperamento impulsivo acolcheteavam-se todas das tendências das raças inferiores que o formavam".* (Cunha. 2000, p. 237).

Pensadores como Ynaê Santos são contundentes ao negar a divisão de raças de um ponto de vista científico. Porém, há um paradoxo quando se busca

---

1 Conheça o Brasil – População. Cor ou Raça. **EDUCA IBGE.** Disponível em: <https://educa.ibge.gov.br/jovens/conheca-o-brasil/populacao/18319-cor-ou-raca.html> Acesso em: 21 mai. 2024.

solucionar a questão de que há uma coincidência evidente, mas não exata, entre a pobreza e a cor de pele no Brasil. É preciso, de alguma maneira, estabelecer critérios racialistas para se adotar políticas públicas para solucionar questões de miséria, pobreza e desigualdade vinculadas a fenótipos. O que sempre pode ser um risco, já que a divisão do humano em raças é, em si, algo problemático e historicamente utilizado como argumento para opressão. Há algo de eugenista em existirem comissões para decretar se são verídicas ou não as autodeclarações dos pretendentes às vagas na universidade – ou seria aí apenas um caso de aplicação de uma ética de resultados?

Invoca-se, portanto, o critério do opressor para resolver a questão social do oprimido. O racismo precisa da racialização da sociedade para existir – nesse sentido, para extinguir o racismo na sua raiz profunda, seria preciso acabar com o consenso de que a sociedade deva ser racializada. Políticas universais de combate à pobreza podem ser menos arriscadas no sentido de evitar os perigos de mais uma vez se dividir uma sociedade – sabemos das consequências de certos tipos de desagregação entre pessoas de um mesmo país promovidas pelo Estado: em muitos casos, resulta em conflitos e ressentimentos. Tal preocupação não significa fechar os olhos para a intercessão de pobreza-negritude que existe no Brasil, mas pensar no porvir, numa hipótese sonhadora de um dia superarmos nossas mais graves questões sociais e morais sem nos apartarmos.

Movimentos militantes às vezes precisam estar abertos ao argumento de que se posicionar contra determinada tentativa de solução para um problema evidente e grave não significa dizer que a questão não exista ou mesmo que se trata de minimizações. Não faz sentido chamar de racista, fascista, ou coisa pior, quem pense em alternativas diferentes, ainda mais quando se há consenso e clareza no diagnóstico.

É preciso estar aberto também ao fato de que não se pode obrigar alguém a ter uma agenda na Terra. Qualquer pessoa, negro ou não, tem o direito de ser ou não ser militante a favor ou contra qualquer causa (respeitadas as leis, evidentemente). Somos diferentes, temos o direito de ver o mundo de maneira diversa e escolher nossas prioridades buscando não machucar as pessoas com nossas ações. Colocar nódoas morais contra quem apenas quer seguir sua vida é também uma atitude violenta (isso vale para movimentos antirracistas, ambientalistas, pró-aborto, contra aborto). O caminho para que adiram às nossas causas, mesmo as considerando justas, imprescindíveis e urgentes, precisa ser o convencimento, não a imposição ou o constrangimento moral. Não sendo assim, é mais uma ação a já dividir uma sociedade partida. Porém, é imprescindível dizer que a causa dos pretos é justa, urgente, necessária e imprescindível.

Pessoas, sim, beneficiam-se, mesmo que passivamente, de uma estrutura injusta. O simples fato de ter nascido em determinado lugar social garante empregados na sua casa, melhores escolas e até mesmo espaço garantido numa empresa de uma família. Uma certa inabilitação moral apática, de ser beneficiário passivo de uma estrutura social desigual, podemos interpretar assim. Porém, a obrigação de estar numa agenda social militante pode estar na linha tênue da boa intenção para o autoritarismo. Ninguém nasce com uma lista de ações positivas a cumprir, como se fosse um rol de tarefas a executar. A decisão dessa suposta pessoa de agir em prol de ajudar aos outros, quem sabe numa tentativa de buscar uma atitude ética, é intransferível e sem garantias de que seja bem-sucedida.

Inclusive, uma pessoa negra tem todo o direito, se assim o quiser, de viver uma trajetória sem militância. A verdade factual observável, porém, é que muita gente que considera a militância ser uma obrigação não a faz na prática. Se você, inclusive, é adepto de certas concepções liberais de economia, a melhorar maneira de "ajudar" a sociedade é tornar os produtos mais baratos – o que se dá não por causa das boas intenções de qualquer pessoa, mas por meio da concorrência impessoal.

Mas, por outro lado, talvez possamos entender os resultados pragmáticos das militâncias pró-minorias que agem de maneira estridente e agressiva. No decorrer das últimas décadas, comportamentos abertamente hostis e de desprezo a grupos vítimas de preconceito como LGBTQ+, negros, pessoas com deficiência, etc. se tornam cada vez menos aceitos socialmente e se deslocam para guetos radicais. A militância invasiva, exigente e belicosa pode ter sido a maneira encontrada para que a sociedade saísse da passividade cúmplice e olhasse com atenção para certas causas.

Abraçar uma militância que se considere justa à custa de sacrifícios e riscos pessoais, quando se torna uma obrigação, perde seu caráter moral. Segue como mais uma imposição entre tantas as outras que precisamos cumprir. Ser ético envolve uma decisão no vazio.

Sem esquecer, é claro, nosso passado violento, o ideal seria chegarmos a uma sociedade em que não se distinguem mais as pessoas por raças. Mas aqui apresentamos uma visão contrária a tantos que tentaram conceber o Brasil como um paraíso multirracial ou miscigenado. Essa superação das divisões raciais seria no sentido de que esse processo de catalogação de pessoas por fenótipos ou cor de pele costuma ter como consequência a tentativa de predomínio de um grupo sobre outro. Poderíamos falar de uma utopia de acabar com o racismo destruindo as noções de raça. E, como brasileiros, termos orgulho de sermos seres sem raça, vira-latas – todos nós.

Preconceitos, entretanto, serão inevitáveis na história humana. Não conhecemos exatamente nem mesmo quem está ao nosso lado por anos. Não temos acesso ao que pensam nos recônditos de sua mente. Mesmo nas relações mais íntimas, há pontos turvos ou cegos. Entre etnias, essas faixas embotadas são profundamente mais amplas.

Navegamos às cegas e nos aproximamos do outro com uma certa carga de pré-conceito em qualquer relação. Encontros são sempre opacos, não há uma transparência absoluta na convivência entre grupos e pessoas. Nesse sentido, inevitavelmente, os brancos têm preconceitos contra os negros e os indígenas. Os indígenas têm preconceito contra os brancos e os negros. Os negros têm preconceito contra índios e brancos. Os amarelos têm preconceitos contra eles todos e vice-versa. Os moradores da cidade têm preconceito contra os moradores do campo. Os moradores do campo têm preconceito contra os da cidade. Os ricos têm preconceito contra os pobres, que devolvem na mesma moeda. Os de direita têm preconceito contra os de esquerda, que têm preconceito contra os de direita e de centro, que têm preconceito contra os de direita e de esquerda. Os héteros têm preconceitos contra os homossexuais, os homens contra mulheres, as mulheres contra os homens. Os negros ricos têm preconceito contra os índios pobres assim como os brancos ricos têm preconceito contra os amarelos pobres. Os homossexuais ricos têm preconceito contra os amarelos pobres. Não acredite em ninguém que diga *"não tenho preconceitos"*. Só um Deus onisciente não teria preconceitos. Nesse sentido, o que podemos tentar fazer é evitar ver o outro, qualquer seja o outro, pela ótica inicial do desprezo. Assumir a ignorância frente ao que é diferente, admitir que só chegamos próximos a qualquer outro por meio de pré-conceitos, e tentar julgar o mínimo possível.[2]

2 Paulo Prado escreveu, nos anos 1920: *"O mulato desprezava o mameluco; pretendia pertencer à classe dos brancos e vangloriava-se em não ter parentes índios. Sentia a sua inferioridade em relação ao branco, desde que este lhe era superior em riqueza; chegava-se a humilhar diante de outros mulatos mais ricos ou de melhor condição"*. (Prado. 2023, p. 119).

A utopia seria a cor de pele ou a opção sexual não fazer mais nenhuma diferença na convivência humana – o que seria a superação do passado perverso das divisões (não o seu esquecimento). Mas os racistas e antirracistas parecem ir em direção contrária a esse horizonte e insistem em nos dividir. A questão não é extirpar esse nosso lado racista inconfessável. Não é deixar de mostrar a maneira pusilânime como os mais poderosos não-brancos brasileiros lutaram por décadas para que a escravidão se mantivesse no país. Não deixar de mostrar os absurdos dos brasileiros que abraçam teses eugenistas já no século 20. Não esquecer a hipocrisia de instituições como a igreja católica, que não condenou o processo com a veemência necessária em período no qual boa parte do mundo já considerava a escravidão uma nódoa moral – leiam o forte livro *Racismo brasileiro, de* Ynaê dos Santos (autora que não esconde sua face militante) para maiores esclarecimentos, choques e constrangimentos sobre esses episódios de nossa história. Mas precisamos buscar a maneira menos danosa de convivermos com esses nossos fantasmas interiores, com o nosso presente e passado, para evitar repetições no futuro.

O Brasil não existiria se não fosse o legado da escravidão. Aqui uma constatação que não é para o bem nem para o mal. Sem o trabalho forçado, seríamos outro país, completamente inimaginável. Pensemos nos ciclos extrativos a partir da cana até o café. Pensemos na extração do ouro de Minas Gerais. Pensemos na construção dos mais importantes monumentos. Pensemos na marca profunda dos negros em nossa cultura. É um caminho sem volta, e apesar de tanta dor, trouxe-nos até aqui. Os negros são nossos antepassados, nossos irmãos, somos nós mesmos.

A escravidão também perpassa a história da humanidade – desde o período neolítico há 12 mil anos (Santos. 2022, p. 65). Condenar a escravidão é condenar a humanidade. Significa que precisamos condenar a humanidade junto por esse crime moral realizado por milhares de anos continuadamente? Sim, mas também pensando em uma reabilitação. Temos algumas opções entre 1) buscar anular tudo o que fizemos; 2) esconder o que fizemos por meio de apagamento de vestígios como nos monumentos públicos e na arte; 3) admitir que fizemos o que fizemos, que nossa civilização é, sim, manchada de sangue e violência, e tentar seguir em frente evitando e corrigindo os erros.

Além de toda a questão social, o sentimento de autodepreciação que a escravidão e o racismo provocaram é uma chaga que precisa ser superada. Que qualquer pessoa, não importam as características físicas, tenha orgulho de ter feito o que quis fazer na sua vida, sem amarras, sem se sentir melhor ou pior que ninguém.

15. O ENIGMA DE MILTON OU PARA QUEM É A NOSSA CULTURA?

São muitas as fechaduras a colocar uma chave, girar, para abrirmos uma porta e adentrarmos nas riquezas da produção cultural brasileira. Uma dica imprescindível nessas quase infinitas possibilidades seria ouvir os discos do cantor e compositor Milton Nascimento lançados entre o final dos anos 1960 e o início dos anos 1980, principalmente, com generosas doses de genialidade que seguiram como lampejos em décadas posteriores.

Por alguma razão misteriosa, esse artista comunica-se de maneira física e metafísica com a trajetória musical brasileira dos cantos do Brasil colônia até a bossa-nova, dialoga com a música de câmara de Bach ou Villa-Lobos, com o rock dos Beatles, das bandas progressivas inglesas e do pop norte-americano, com o samba, com o sincretismo, com a música religiosa dos templos, com a poesia de Carlos Drummond de Andrade e de Manuel Bandeira, com o jazz de John Coltrane e de outros gênios americanos. Com o canto dos índios, com as igrejas barrocas de Minas Gerais, com as esculturas de Aleijadinho. Milton Nascimento é um movimento em sintonia com o universo. É um artista que representa a sua época e para sempre se funde com o Brasil.

Nascido no Rio de Janeiro, no ano de 1942, em uma família originária de Juiz de Fora (MG), e criado por outra família de classe-média no interior de Minas, sem formação musical formal pelo que se saiba, Milton é o clichê do universal que fala de sua aldeia. Suas canções, desde o início, dizem respeito a *Três Pontas*, município em que foi criado em Minas Gerais; ao trabalhador da "Canção do sal"; à urbanização das áreas rurais e como o fenômeno alterou as amizades profundas, em "Morro velho". Milton fala da morte, em "Sentinela"; da escravidão vivida por seus ascendentes, em "Pai grande", nesse caso, autor de música e letra. *"Eu sou da América do Sul, sei, vocês não vão saber, mas agora sou cowboy, sou do mundo sou Minas Gerais"*, diz, em "Para Lennon e McCartney", o Beatle que nunca o havia ouvido pelo menos até o final de 2023, quando finalmente articularam um encontro entre esses dois artistas arquétipos após uma apresentação do inglês em Belo Horizonte.

Harmonicamente mais rico do que o colega de Liverpool, Milton se cerca de letristas, poetas, músicos imaginativos e habilidosos. Mas suas composições têm algo de inusitado e singular. São escalas simples que se intercalam com modos milenares, quebras de ritmo imprevistas, polirritmia, corais de crianças, influência de músicos latinoamericanos, harmonias que podemos tocar, mas não conseguimos decifrar. De onde vieram?

Junto a todos seus talentos pessoais, Milton se uniu a alguns dos mais capazes músicos, o que acrescentou às suas composições a presença de arranjos inventivos, acordes invertidos, solos melódicos, cordas, e metais, que levaram suas canções já sofisticadas a ainda outra dimensão.

Milton já concedeu dezenas e dezenas de entrevistas. Curiosamente nunca foi esclarecedor sobre seus métodos de composição. Não se sabe se se trata de um primitivista com doses de genialidade ou de um conhecedor erudito dos labirintos harmônicos e melódicos. Talvez nem uma coisa nem outra. Milton continua um mistério para os que querem ir além da mera apreciação e se aprofundam na maneira como ele concebe sua obra. Algo é possível dizer: Milton construiu seu próprio universo. A música é uma excelente oportunidade para se conceber um mundo particular que não só corre paralelamente, mas que nos protege das intempéries da vida.

E Milton não está sozinho na sua genialidade. O Brasil conta com uma constelação de compositores comparáveis a Milton pela relevância de sua obra, como Tom Jobim, Chico Buarque, Caetano Veloso, Gilberto Gil, João Bosco, Alceu Valença, Edu Lobo, Paulinho da Viola, Dorival Caymmi, Dolores Duran, Rita Lee, Monsueto, Assis Valente, Lupicínio Rodrigues, Lô Borges, Guinga, Fagner, Pixinguinha, Egberto Gismonti, Marcos Valle, Hermeto Pascoal, em uma lista que é impossível de completar sem fazer enormes injustiças com quem foi deixado de fora. Ainda tivemos a sorte de contar com cantoras que elevaram a obra desses artistas a um patamar ainda superior: como Gal Costa, Maria Betânia, Nana Caymmi, ou Elis Regina.

A crítica especializada hoje reconhece o disco "Clube da Esquina", de Milton e Lô Borges, como o melhor já produzido no Brasil em todos os tempos.[1] Essas escolhas de obras supremas mudam a depender dos jurados e da ocasião,

1 "Clube da esquina" é eleito o melhor disco brasileiro já lançado. **O Tempo**, Belo Horizonte, 9 mai. 2022. Disponível em: <https://www.otempo.com.br/entretenimento/clube-da-esquina-e-eleito-o-melhor-disco-brasileiro-ja-lancado-veja-o-top-10-1.2665569> Acesso em: 21 mai. 2024.

mas nesse álbum há uma sequência estupenda de obras-primas como "Tudo que você queria ser", "Cais", "Nuvem cigana", "San Vicente", ou "Nada será como antes". Esta última música, em particular, tem um bom pacotão do que Milton Nascimento é capaz: *groove*, harmonias sofisticadas, quebra inesperada de ritmos, instrumentistas habilidosos como Toninho Horta, voz celestial, colaboração de um letrista inspirado, Ronaldo Bastos.

O filósofo Immanuel Kant, um verdadeiro estraga-prazeres da filosofia, poderia não concordar com quase nenhuma das afirmações anteriores e apresentaria as razões. Ele não concedia a qualquer explanação sobre estética o *status* de conhecimento. Seriam pura subjetividade. O escritor Ariano Suassuna assim interpretou a posição de Kant sobre a questão:

> *"(...) os juízos estéticos não emitem conceitos: decorrem de uma simples reação do contemplador diante de um objeto, e não da propriedade deste. Por isso, quando eu digo "Esta rosa é bela", este juízo exprime somente o fato de que tal rosa me agrada: eu não posso exigir, para ele, como para outro, o assentimento, a concordância geral, validade geral para aquilo que é resultado de uma simples reação pessoal minha"*, (Suassuna. 1973, p. 70).

Kant, por outro lado, tinha consciência de que quem admira de maneira intensa uma obra de arte tende a exigir que sua opinião tenha validade objetiva. Por exemplo, se nos apaixonamos por um filme, por uma música qualquer, consideramos por um momento os detratores dessas obras quase como inimigos. Do ponto de vista estético, queremos que o que nos agrada profundamente também satisfaça a todos universalmente (inclusive, quando não gostamos de algo estético, gostaríamos que todos se posicionassem da mesma maneira). Kant então chega à conclusão de que a beleza, satisfação determinada pelo gostar, é uma característica universal buscada por todos os humanos. A arte repousaria nesse universal.

Podemos dizer também que o gosto pela arte revela mais sobre quem gosta do que a peça em si. As nossas referências estéticas são uma maneira profunda de como nos relacionamos com o mundo em torno de nós. As obras de arte que escolhemos para serem companheiras de vida podem indicar quem podemos ser. Até porque a fruição de arte é algo que a gente abraça para completar o nosso ser.

A unanimidade artística é um conceito impossível pela diferença das pessoas. Todos os integrantes do que se convencionou chamarmos de Música

Popular Brasileira (MPB) sempre sofreram contestações estéticas. O pesquisador José Ramos Tinhorão, que se autodenominava marxista, questionava movimentos como a bossa-nova e outros surgidos nos anos 1960, considerando-os burgueses e alienantes. Para Tinhorão, por exemplo, a bossa-nova era a transformação do samba carioca no âmbito da classe-média, numa *"pasta sonora informe"* por causa da penetração norte-americana.

> *"As camadas médias não conseguirão, jamais, um caráter próprio, porque a sua característica é exatamente a falta de caráter, isto é, a impossibilidade de fincar determinado traço por longo tempo, em consequência da sua extrema mobilidade dentro da faixa situada entre a prestação de trabalho mecânico (salário mínimo) e a detenção dos meios de produção (grande capital financeiro e indústria).* (Tinhorão. 1997, p. 90).

Mas o que revelou ser uma rachadura do Brasil profundo e as obras-primas de Milton Nascimento não tem a ver com as invectivas de Tinhorão. Foi um acontecimento mais prosaico. Na esteira das comemorações dos 40 anos do disco do "Clube da Esquina", uma reportagem[2] do jornal *Estado de Minas* localizou, num furo de jornalismo, as duas crianças que estamparam a capa do álbum – uma negra, representando Milton, e a outra branca, como se fosse Lô Borges.

A matéria, publicada em 2012, repercutiu razoavelmente nos meios que se interessam sobre cultura. Os meninos, então na casa dos 50 anos, chamados de Tonho e Cacau, eram trabalhadores do município de Nova Friburgo, a 130 km do Rio de Janeiro, onde foi gravado o disco. A matéria tinha um tom de grande descoberta a ser comemorada. Mas quem leu o texto com atenção à época pode ter ficado intrigado com a revelação, contida em entrevista, de que os modelos da foto não só não conheciam o disco como mal sabiam quem era Milton Nascimento. *"É aquele moço que foi ministro?"*, indagou um deles.

As consequências da reportagem foram trágicas para quem imagina uma consagração de nossos principais artistas pela riqueza de suas obras (sempre

---

2 BRANT, Ana Clara. EM localiza Tonho e Cacau, a dupla que estampou a capa do Clube da Esquina há 40 anos. **Estado de Minas**, 18 mar. 2012. Disponível em: <https://www.uai.com.br/app/noticia/musica/2012/03/18/noticias-musica,99652/em-localiza-tonho-e-cacau-a-dupla-que-estampou-a-capa-do-clube-da-esquina-ha--40-anos.shtml> Acesso em: 21 mai. 2024.

com a ponderação de Kant) e a população brasileira. Tonho e Cacau processaram Miton Nascimento e Lô Borges por danos morais e uso indevido de imagem. Em 2013 a justiça decidiu que o caso prescreveu. Consola se iludir que ambos foram manipulados por advogados gananciosos.

Mas fica a dúvida: como uma obra sublime, para muitos o que de melhor a cultura brasileira já produziu do ponto de vista musical, ser por décadas ignorada pelas pessoas que a ilustraram na capa? Que divórcio haveria no Brasil entre nossos intitulados como os mais importantes autores e a população em geral? A estupefação fica ainda maior quando sabemos que Milton Nascimento não se limita a ser um artista experimental das décadas de 1960 a 1970, mas um compositor com uma gama de clássicos de nossa música popular, cantadas em festas, formaturas, comícios políticos e presente no rádio e na televisão. Podemos falar de "Maria Maria", um símbolo da causa feminina; "Coração de estudante", um dos hinos do movimento Diretas Já de 1983; "Canção da América", onipresente nas formaturas de alunos da classe-média brasileira; "Nos bailes da vida", a mais pedida nos botecos, entre tantas outras.

A explicação talvez esteja em dois livros que tratam do mercado fonográfico brasileiro e que se complementam. *Eu não sou cachorro, não,* de Paulo Cesar Araújo, e *Cowboys do asfalto,* de Gustavo Alonso. A obra de Araújo aborda o que se convencionou chamar de música "brega" brasileira, representada por cantores como Agnaldo Timóteo, Amado Batista, Waldick Soriano ou Nelson Ned.

Já o livro de Alonso versa mais sobre os nossos cantores sertanejos, dos primeiros caipiras ao que se chama hoje de sertanejo universitário. Artistas como Tonico & Tinoco, Milionário e José Rico, Chitãozinho e Xororó, Zezé di Camargo e Luciano, e duplas mais atuais, como Fernando e Sorocaba.

A questão é que do ponto de vista objetivo esses artistas "bregas" ou "sertanejos" sempre foram muito mais populares do que os músicos da chamada Música Popular Brasileira. Atraíram mais fãs, venderam mais discos, inclusive alguns tiveram carreiras internacionais bem-sucedidas. O lucro que geravam, inclusive, ajudou a financiar projetos mais "artísticos" das gravadoras, como os primeiros discos de Milton.

Porém, tais artistas, tidos como popularescos, sempre foram desprezados e diminuídos pelos cadernos culturais, pela classe média literalmente com canudo. Um menino de classe média dos anos 1970 a 1980 ouvia, sim, todas essas músicas malditas, mas no rádio da empregada doméstica – em geral, uma migrante do interior que dormia em um quarto com janelas minúsculas na casa ou apartamento de seus patrões – um resquício dos nossos tempos de escravagismo.

Nosso maior vendedor de discos da história do Brasil, Roberto Carlos, mesmo sendo acolhido por parte da chamada MPB, faz parte muito mais do mundo desse "verdadeiro" Brasil representado pelas obras de Alonso e Pereira. Após Roberto Carlos, estão, na ordem entre os maiores vendedores de discos da música brasileira, Nelson Gonçalves, Ângela Maria, Rita Lee (que soube sair do gueto universitário de elite), Benito de Paula, Tonico & Tinoco, Xuxa, Nelson Ned, Chitãozinho e Xororó e Milionário e José Rico.[3]

Desbragadamente romântico, considerado cafona, Nelson Ned, nascido com nanismo, e com uma vida pessoal e profissional bastante conturbada, inclusive, via essa questão do divórcio de nossa música popular de elite e o chamado "brega" até com certo ressentimento. *"Chico Buarque nasceu em berço esplêndido, foi criado na nata da cultura do intelectualismo. Ele, Nara Leão, exploravam o pobre (...). É muito bonito você cantar a desgraça alheia. Eu sempre cantei a minha desgraça, minha realidade social e espiritual. Eles cantaram a realidade social, mas não era a deles, eles sempre cantaram uma realidade social que não lhes correspondia. Eles são cafetões da miséria brasileira"*, disse. (Barcinski. 2022, p. 79).

Autor de versos como *"Yo te di tanto amor por um día/ Después sin querer, te perdí/ No pensé que tu amor dolería/ que también lloraría por ti"*, Nelson Ned talvez seja o músico brasileiro com maior sucesso de público no exterior, tendo lotado duas vezes o Carnegie Hall, em Nova York, considerado o palco que celebrou a bossa-nova. Ned tinha entre os fãs desde o narcotraficante Pablo Escobar até o prémio Nobel de Literatura, Gabriel García Marques.

Se a história da música popular brasileira for contada por meio de mitologias e mistificações, a MPB estaria à esquerda e ritmos como o brega e o sertanejo à direita. Na verdade, no Brasil, sobrevalorizam-se opiniões políticas de celebridades, artistas e demais pessoas que costumam tocar seus cotidianos em um razoável grau de alienação.

Um caso interessante que mostra as contradições do Brasil está na biografia de Elis Regina – considerada por muitos nossa principal cantora – do jornalista

3 Lista dos 10 Cantores Recordistas de Vendas no Brasil. **Know.net** enciclopédica temática. Disponível em: <https://knoow.net/outros/lista-dos-maiores/cantores-recordistas-de-vendas-no-brasil-top-10/>. Acesso em: 21 de mai. 2024.

Júlio Maria, *Nada será como antes*. Em 1967, no governo Costa e Silva, um ditador, havia uma guerra cultural entre a (a ser batizada) MPB, íntegra, profunda e pura, contra os alienados, americanizados e superficiais da Jovem Guarda, liderados por Erasmo e Roberto Carlos. Houve até a passeata "contra a guitarra elétrica", em 1967, com a participação dos cantores Elis Regina, Gilberto Gil, Zé Keti e Geraldo Vandré, entre outros artistas.

A ditadura, entretanto, resolveu se posicionar na polêmica sobre o instrumento musical colonizador norte-americano: apoiar a MPB contra os barulhentos guitarristas de movimentos colonizados como a Jovem Guarda. *"Deixando claro de que lado estava, o ministro Magalhães Pinto ofereceu um almoço na Casa de Rio Branco para anunciar que a estrutura do Itamaraty estaria disponível"* (Maria. 2015, p. 123). Compareceram: Pixinguinha, Elizeth Cardoso, Elza Soares, Elis Regina, Tom Jobim, Vinícius de Moraes, Nara Leão, e outros, ou seja, a nata da nossa música. Mesmo assim, a MPB é desde sempre associada à democracia, à esquerda, à resistência ao regime.

Sobrevive no Brasil o mito de que artistas têm conhecimento político superior aos demais cidadãos em assuntos político-administrativos. As campanhas eleitorais são uma prova disso. Em geral estão tão perdidos como cada um de nós. A ironia de 1967 é que poucos meses depois de liderarem o protesto, Gil e Elis começaram a se acompanhar de guitarras elétricas em suas canções. Passado mais um período, o compositor baiano, juntamente com Caetano Veloso, foi preso e exilado sob a acusação de desrespeitar o hino nacional. Por outro lado, pessoas pobres, subalternas, ouviam na casa do patrão compositores considerados de direita.

Ou seja, de uma maneira estabanada, o mito criado pelo poeta Oswald de Andrade de que somos seres antropofágicos, que deglutem o que vem de fora e regurgitam ao nosso modo, foi uma intuição perspicaz. Hoje a guitarra elétrica está em praticamente todos os estilos musicais ouvidos por qualquer classe social. Se não está presente, usa-se algo mais eletrônico e internacional, como samplers ou sintetizadores.

Algo fora do censo comum também apontado no livro de Pereira é que os artistas considerados bregas estiveram entre os mais censurados do Brasil durante a ditadura. Já Gustavo Alonso, autor de *Cowboys no asfalto*, admite que houve, sim, uma aproximação de cantores sertanejos com o regime autoritário brasileiro. Pondera que o regime, por causa do período de grande crescimento econômico observado no começo da década de 1970, era popular e mais admirado no interior, em áreas rurais, periferias, do que em regiões urbanizadas e ricas das grandes capitais onde se concentravam os admiradores da MPB.

Atualmente, os movimentos brega, de periferia, do interior, das regiões do agronegócio já são o *mainstream* da música brasileira. Tome-se os artistas mais ouvidos em novembro de 2023 nas plataformas de *streaming*, cujas músicas são escolhidas diretamente pelos ouvintes, sem intermediários como emissoras de rádio ou de TV. Em primeiro lugar está "Let' Go 4", *de* Dj GBR e outros, seguido por "Baile do bruxo", de Tropa do Bruxo; por "Canudinho", de Gusttavo Lima e Ana Castela; por "Daqui pra frente", de Manu e Simone Mendes; e "Manda um oi", de Guilherme e Benuto.

Atualmente (novembro de 2023), a canção mais ouvida pelos brasileiros possui a seguinte letra: *"Tem mulher que não depende de homem, problema delas. Um brinde às que depende (sic), subo o voucher, voto nelas. Essa é minha vida, tem várias amiga/Que não liga de ganhar um presentin'"*. Ou seja, em tempo de ativismos, feminismos e outros ismos, o que mais se escuta no Brasil é uma canção que fala de consumismo, que contém versos que podem ser interpretados como celebração da dependência de mulheres em relação aos homens. É a voz do morro *"que junta tudo para vingar a escravidão"*. Talvez a dissociação entre ouvidos da intelectualidade e ouvidos da população continue.

A reflexão aqui se focou na questão musical. Mas poderia abranger outras artes, como o cinema. Movimentos brasileiros como o Cinema Novo, de respeitabilidade internacional e digno de elogios de cineastas *mainstream* consagrados como Martin Scorsese, nunca fizeram sucesso de público por aqui. O filme *Deus e o diabo na Terra do Sol*, por exemplo, considerado por muitos nossa maior obra-prima cinematográfica (com as ressalvas a um suposto leitor kantiano que não veria nenhum grau de objetividade neste tipo de colocação) nunca foi uma obra popular.

Por outro lado, movimentos mais exitosos do nosso cinema como as chanchadas e, mais tarde, as pornochanchadas, lotaram as salas de exibição. Nesse segundo caso, salta aos olhos que entre as obras do cinema nacional mais vistas durante a ditadura, as pornochanchadas, mesmo inventivas, criativas, bem-humoradas, e genuinamente brasileiras, faziam sucesso por trafegar na linha tênue entre o erotismo e a vulgaridade. Se formos imaginar, frente a tanta contradição que envolve futilidade, luxúria, improviso, convívio com regime autoritário, sucesso de público, a pornochanchada representa o verdadeiro Brasil. Caso tivéssemos que mandar para os alienígenas um filme que de fato nos simbolizasse seria forçoso imaginar que um exemplar desse movimento cultural, por acaso produzido em um local conhecido em São Paulo como *Boca do Lixo,* fosse enviado.

Hoje, décadas após a decadência da pornochanchada, os filmes mais vistos pelos brasileiros seguem sendo as franquias de blockbusters norte-americanos. Entre os nacionais, as exceções são comédias de costumes, como *Minha mãe é uma peça* 3, estrelado pelo falecido comediante Paulo Gustavo, que levou cerca de 12 milhões de pessoas aos cinemas brasileiros.

Milton então segue como essa alegoria de um Brasil sublime, mas desconhecido por uma parcela razoável de seu próprio povo. Caso enviássemos para os alienígenas uma obra de Milton e caso os ETs viessem ao Brasil para conhecer a sociedade que criou a peça admirável, poderiam sofrer um enorme constrangimento ao descobrir que o artista segue ignorado por tantos.

Talvez o filósofo que mais respeitou e entendeu as obras de arte tenha sido Arthur Schopenhauer. Não estava interessado em definir critérios de valoração artística. Porém, acreditava que a arte era uma espécie de antídoto ao sofrimento intrínseco da vida. Em um mundo perpassado pela dor, pelo tédio, pelo desejo, a arte nos livraria da opressão das vontades e nos indicaria um momento de repouso que não há nas nossas trajetórias.

Muito além de todas as definições sobre o que é arte, das misérias da alma humana, das pressões de contradições do mercado, a arte de criadores como Milton Nascimento, mesmo quando triste, mesmo quando carregada de melancolia, inclui-se nos momentos em que é possível de fato usufruir – de maneira tênue e provisória – da existência.

16. A RELIGIÃO COMO VIDA SOCIAL E RESPOSTA À FINITUDE

De acordo com o jovem filósofo dinamarquês Søren Kierkegaard, que faleceu aos 42 anos apenas, em 1855, após uma vida atormentada, autêntica, mas bastante produtiva em Copenhagen, temos apenas três escolhas a seguir na nossa vida: a escolha estética, a escolha ética ou a escolha religiosa.

A vida estética seria aquela na qual nos dedicamos a serviço de nossos talentos: ser um grande músico, um jornalista excepcional, um filósofo prodigioso, um sedutor em relacionamentos amorosos, um esportista consagrado, um empresário bilionário, assim por diante. Mas como se trataria de uma vida desprovida de conteúdo, segundo Kierkegaard, tudo tenderia a colapsar em algum momento. A vida estética, na verdade, seria o puro desespero. Porque seria baseada no efêmero, no fortuito, no que não seria essencial.

Kierkegaard, entretanto, via o desespero como algo positivo na vida humana. Uma oportunidade de redenção, de vencer a melancolia, de deixar de se enganar pelo mundo em que vivemos e nos libertar. O desespero de uma pessoa estética pode levar a um passo seguinte, se tornar alguém "ético", na concepção peculiar do pensador escandinavo.

A pessoa ética de Kierkegaard é um ser banal. Casa-se, tem filhos, dedica-se à família, trabalha, vai à igreja todas as semanas, abraça a rotina de uma vida sem grandes emoções, sem aventuras, mas também sem grandes riscos. Mas a modéstia e a discrição, na verdade, seriam apenas uma capa para uma vida interior rica, e um contato mais próximo com a eternidade. Uma maneira de existir bem mais profunda do que o aflito ser estético.

Mas o homem ético também está sujeito ao desespero. No sentido em que sua vida não está completa. Ainda falta a ele o contato imediato com Deus. Esse desespero pode vir das mais diferentes formas. Não é necessário que aconteça nada em especial com o homem ético para que ele entre em desespero, mas pode também ocorrer.

Então haverá, nesse desespero silencioso da pessoa ética, o grande salto efetivo em direção à vida religiosa. Mais do que explicar, Kierkegaard oferece um exemplo para esse processo na história de Abraão, como foi recontada no curto livro *Temor e tremor*. Na Bíblia, Abraão passa por gigantesca provação: sem nenhuma justificativa, Deus pede para que, em três dias, ele mate seu filho, Issac, nas proximidades do monte Morija. E Isaac era a única esperança do patriarca, com mais de cem anos, de ter uma descendência. Mas Abraão, sem vacilar ou olhar para os lados, parte para cumprir a missão divina.

> *"Apressou-se como quem vai a uma festa e, de madrugada, avança para o local designado, na montanha de Morija. Nada disse a Sara nem a Eliezer: de resto, quem o compreenderia? E a tentação, por natureza, não lhe havia imposto um voto de silêncio"*. (p. 36).

Por três dias, praticamente em silêncio, segue com o filho em direção ao monte Morija. Abraão estava decidido a assassinar o menino para cumprir a prova de Deus. Somente no momento exato em que o patriarca da fé desembainhava o punhal para dar cabo à vida de Isaac, Deus interveio. Determinou que Abraão sacrificasse um cordeiro que acidentalmente por lá apareceu e não mais vitimar o descendente. Terminada a aventura, ambos voltam para casa, onde nunca mais se falou no assunto por toda a existência dos envolvidos.

Por amor a Deus podemos fazer qualquer coisa, tenta nos sensibilizar Kierkegaard. Não importam moral, família, leis, mundo, história, conhecimento, pecado. Basta Deus nos pedir uma prova qualquer que, por escolha absoluta nossa, devemos cumprir. Podemos praticar tais ações "injustificáveis" não como pessoas inseridas nas regras gerais da sociedade, pela qual deveríamos, sim, ser punidos por transgressões como o assassinato, mas como Indivíduo em contato com o Divino. E por isso, seria justificável, do ponto de vista religioso, a morte de uma criança inocente. A religião verdadeira estaria acima de qualquer moralidade.

A Bíblia está recheada de exemplos sanguinários de fé religiosa. Moisés ordenou a morte de três mil seguidores que adoraram o bezerro de ouro (Êx. 32, 27). Do ponto de vista de nossos valores iluministas ocidentais, Moisés seria um genocida. Mas é tido como profeta. O próprio Deus já ordenou a destruição completa de cidades, incluindo velhos, mulheres e crianças: *"E tudo quanto na cidade havia destruíram totalmente a fio de espada, desde o homem até à mulher, desde o menino até ao velho, até ao boi e gado miúdo e ao jumento".* (Josué. 6, 21). A não ser que tenhamos essa concepção religiosa literalmente além do bem e do mal, deveríamos ficar chocados.

Há muitas elaborações sobre religião, crença e fé. Kierkegaard apresenta apenas mais uma delas, radical, de se abraçar sem temores o absurdo da vivência mística. Porém sua concepção é bastante poderosa no sentido de praticamente ser imune às tentativas de racionalizar a fé. Religião, de verdade, seria uma entrega absoluta. Talvez, um ateu ou um agnóstico, que são necessariamente estetas, jamais conseguiriam assimilar o que seria a vida religiosa, marcada pela interioridade. É como se fosse uma outra dimensão inalcançável aos sentidos ou à imaginação do que não possuem a verdadeira fé.

Religião, portanto, não pode ser vista como apenas algo que deve regular a moral das pessoas. Mais radicalmente, pode ser compreendida como uma entrega que nos coloca além do enfoque ético. Cabe aqui até uma derivação se guerrilheiros suicidas, que se tornam mártires, agem também inoculados por esse tipo de visão transcendente, com o adicional dos prismas ideológicos ou nacionalistas, além da pura revolta – ou então esperam algum resultado extraterreno, com as tais dezenas de virgens.

Mas podemos pensar religião de muitas outras maneiras. Por exemplo, como mais uma entre tantas formas de preenchermos o tempo entre a vida e a morte. Religião, esporte, álcool, drogas, a literatura, a música, o trabalho, a ideologia operariam, de certa forma, do mesmo modo, nas mentes humanas. São mecanismos que utilizamos para lidar com o vazio estrutural e terminal de nossa vida e ao mesmo tempo servem de consolo, ilusão de ordem, explicações possíveis, e anestesia para a nossa relação de atrito com o real.

Mesmo quem não acredita em Deus pode conduzir sua vida religiosamente de uma maneira externa. Veja, por exemplo, como explicações de mundo por meio de "luta de classes" ou algo semelhante são sustentados com um fervor místico por aqueles que dizem que não creem. O ateu é um crente que acredita no nada. Ele tem uma fé absoluta no nada. Liberalismo, comunismo, tradicionalismo, hinduísmo, catolicismo, o que for. Em geral, ismos são uma maneira de tentarmos preencher nossa vida para enfrentar o sem sentido estrutural. Para Kierkegaard, seriam formas estéticas e ilusórias de levar a existência.

Quem não tem fé jamais entenderá o que move um peregrino. E o contrário também. Mas podemos tentar nos aproximar de mundos aparentemente diferentes, seja de religiões, agnosticismos, ou ateísmos, num princípio comum de que tentamos buscar algum sentido para nossas trajetórias agarrando-nos a alguma coisa na vida, nem que seja tentar atravessar o oceano a nado.

A questão nem é mesmo tentar provar se Deus existe ou não existe. Mas frente a tanto sofrimento gratuito no mundo, e partindo do princípio de que Deus é um criador, onisciente, onipresente e dono de todo o poder, deixar claro que ele deve algumas explicações. Por exemplo: "Senhor Deus, por que criou tanta gente para sofrer na Terra?".

A resposta, quando se é adepto de visões conservadoras de mundo, pode vir no sentido de que nossa vida na Terra não é um todo absoluto. Mas apenas uma passagem, um teste, vamos dizer assim, para o ser onisciente avaliar como nos comportamos. Alguns nascem banqueiros, outros escravos, outros pessoas com deficiência, outros em uma palafita às margens do rio Capibaribe, outros em apartamentos de classe média-alta com uma enorme varanda para esse mesmo curso d´água. Deus apenas teria colocado as pessoas em lugares diferentes para saber como se comportarão durante a vida e, com sua morte, concluir se merecem ou não a salvação. E o critério principal pode ser a devoção a Ele.

Por outro lado, uma das origens das concepções de "comunismo", uma doutrina tão repudiada por tanta gente que se considera adepta de alguma religião, está nos atos dos Apóstolos, na Bíblia: *"Os que criam mantinham-se unidos e tinham tudo em comum. Vendendo suas propriedades e bens, distribuíam a cada um conforme a sua necessidade. Todos os dias, continuavam a reunir-se no pátio do templo. Partiam o pão em casa e juntos participavam das refeições, com alegria e sinceridade de coração"* (Atos 2: 44-46).

Inclusive, a ideia germinal de comunismo presente na Bíblia segue em uma trajetória de pensadores cristãos como John Wycliffe, Jan Hus e, principalmente, Thomas Müntzer (um dos preferidos de Engels), entre outros, até desaguar em Karl Marx.

O marxismo então é uma espécie de religião? Em um sentido vulgar da análise, obviamente a resposta é negativa. Oficialmente, Marx considerou a religião "o ópio do povo", conforme seus manuscritos. Mas há certas semelhanças entre o marxismo e o comunismo. Não seriam doutrinas opostas, mas concorrentes para disputar a mente, o coração e a transcendência das pessoas.

Ambas apresentam um passado mítico, um presente decaído, e um futuro paradisíaco para a humanidade caso tomemos as atitudes corretas. Individualmente no cristianismo ou socialmente pela sociedade. No livro *Ideologia alemã*, de Marx, há semelhanças entre o paraíso cristão e a nação ideal proletária.

"(...) onde cada indivíduo não tem para si um círculo exclusivo de atividades, mas se pode desenvolver suas aptidões em todos os ramos que preferir, a sociedade regula a produção geral e, precisamente desse modo, torna possível que eu faça hoje uma coisa e amanhã outra, que cace de manhã, pesque de tarde, crie gado à tardinha, critique depois da ceia, tal como me aprouver, sem ter de me tornar caçador, pescador, pastor ou crítico". (Marx &Engels. 2007, p. 56). O trecho lembra o ato dos Apóstolos?

Raimond Aron, inclusive, sempre viu no esquerdismo revolucionário uma espécie de religião. Assim argumenta: *"Os comunistas que se dizem ateus, são, com toda a tranquilidade da alma, animados por uma fé: não visam apenas organizar racionalmente a exploração de recursos naturais e a vida em comum. Eles aspiram ao domínio das forças cósmicas e das sociedades, a fim de resolver o problema da história e de desviar da meditação sobre a transcendência uma humanidade satisfeita consigo mesma".* (Aron. 2016, p. 97).

A partir do momento em que nos apresentamos como ateus/agnósticos, mas mantemos as estruturas binárias de pensamento, típicas da religião, como bem *versus* mal, direita *versus* esquerda, explorado *versus* explorador, mercado *versus* Estado, e todas as outras formas de maniqueísmo, no fundo somos crentes involuntários – um espírito religioso como tantos outros, mas que reza numa cartilha diferente. Muito raro, se é que existe, encontrar alguém que não reza em nenhuma cartilha e consiga abraçar o nada absoluto.

Para além de especular sobre a possibilidade de vidas laicas serem carregadas de misticismo e fervor, são muitos enfoques possíveis para abordar a religião. Há alguns militantes que culpam a Bíblia de ser um texto responsável pela disseminação da homofobia em países cristãos como o Brasil. Ideia corroborada por intolerantes de vários matizes. Para quem tem dúvida se a Bíblia possui trechos homofóbicos há essa passagem do Levítico: *"Com homem não te deitarás, como se fosse mulher; é abominação"* (Levítico 18.22; 20.13).

Mas essa condenação pode ser questionada pelas próprias escrituras, pois a Bíblia também possui trechos que são interpretados por alguns pesquisadores mais radicais como passagens homossexuais, a saber, essas declarações de Davi a Jonatas, entre outras: *"Angustiado estou por ti, meu irmão Jônatas; quão amabilíssimo me eras! Mais maravilhoso me era o teu amor do que o amor das mulheres"* (Samuel 2 1.26). A Bíblia é um conjunto de livros tão extensos, tão díspares, tão abertos às interpretações divergentes, que é possível levar infinitos tipos de vida apenas seguindo a palavra de Deus. De santo ascético a terrorista sanguinário.

Mas no Brasil a religião, para seus praticantes, não é algo tão pesado, tão densa, tão tudo ou nada, tão dogmática. Possui algo sincrético desde a chegada dos primeiros jesuítas ainda nos século 16. Os religiosos pioneiros que aqui desembarcaram precisaram lidar com tribos canibais, degredados, num vasto território sem lei. Escravos foram forçados a se converter, mas trouxeram a bagagem cultural-religiosa de suas tribos ancestrais e não renunciaram completamente a elas. Nossos santos populares como "Padre Cícero", ou guias como Antônio Conselheiro, tiveram vida mundana. A religião por aqui também possui algo da mistura, da bagunça que marca o brasileiro.

A religião católica brasileira teve a caraterística de atuar como um braço do Estado, em questões como educação e regras morais. Por exemplo, quando na colônia buscou sistematizar a formação dos indígenas. Séculos depois, possui ainda força política razoável, como no trabalho político contra a liberação do aborto ou, em outro sentido, na teologia da libertação, de inspiração marxista.

Teve que lidar sempre com nossa tendência à miscelânia. Em igrejas de Ouro Preto, como a Nossa Senhora dos Pretos, há elementos de religiões de matizes africanas entalhados nas paredes. Não é incomum encontrarmos pessoas que são ao mesmo tempo católicas, espíritas, interessadas em astrologia, que contam com seus orixás, e são ligadas em energias em geral. Tudo socialmente aceito e bem-vindo. Essa mesma pessoa pode ter ficado meses preparando um casamento em uma catedral católica, com custos exorbitantes, para realizar um desejo próprio e de toda a sua família. Se contrai uma doença grave realiza o tratamento ao mesmo tempo com um médico alopata e uma médium, em busca da cura. Nessa barafunda místico-religiosa, não importamos, até agora, os esquemas rígidos europeus ou americanos da relação com o sagrado.

A entrega absoluta, kierkegaardiana, causa-nos estranheza. Invocamos a religião, ou, mais amplamente, algum misticismo, mais como um instrumento: para que alguém se cure de uma doença, para uma conquista material, para uma proteção. As igrejas de Ouro Preto mostram que ser parte da alguma irmandade tinha muito a ver com a vida social. Havia as igrejas dos militares, dos escravos, etc.

A política, por óbvio, tenta se aproveitar de nossos traços religiosos em busca de votos. As eleições presidenciais adoram explorar um lado cristão dos brasileiros (e até os que se dizem ateus possuem essa faceta de acordo com as propagandas eleitorais). Funciona da seguinte maneira: os candidatos que sofreram muito têm uma certa aura superior aos que sofreram menos. Algo derivado daquela ideia de que o reino dos céus é só para os pobres. Como se o sofrimento fosse um certificado de competência administrativa e de compreensão privilegiada da sociedade. Daí exploram as dificuldades superadas pelo candidato, as perseguições pelo Estado autoritário, a infância pobre, uma trajetória de luta árdua, e tudo mais que possa se identificar com o caráter cristão do eleitorado.

O Brasil está prestes a vivenciar uma mudança do ponto de vista da crença na sociedade. Na próxima década, os evangélicos devem ultrapassar os católicos em número de praticantes. Obras como *O povo de Deus*, do antropólogo Juliano Spyer ajudam a entender o fenômeno, mundano. Para a população mais pobre, os templos evangélicos têm sido lugar de forte acolhimento, diferentemente de uma fria e hierarquizada igreja católica. Passaram a ocupar papel que em tese seria do Estado.

Aparentemente vê-se enorme devoção nos cultos evangélicos. Mas longe do que gostaria Kierkegaard e sua concepção drástica de religiosidade. Muito além dos rituais de exorcismo, pedem-se empregos ou casa própria. Há rock, samba, funk gospel e algumas celebrações se assemelham às festas laicas, para quem não está concentrado nas letras das músicas executadas. Em alguns casos, os rituais lembram práticas de seitas africanas, apesar de certos evangélicos se posicionarem quase como inimigos desses tipos de crença. Igrejas católicas também tendem a se "evangelizar" e as missas semanais contam com cada vez mais música, coros, dança, e menos intepretação sisuda e profunda de textos bíblicos.

Há paradoxos nesses movimentos evangélicos. Mulheres são chamarizes para os maridos entrarem nessas igrejas, como descreveu Juliano Spyer. Mesmo que isso possa resultar em uma postura mais submissa dentro de casa, tiram os homens da bebida, da violência, das drogas, da vida nas ruas. É de fato um movimento conservador, no sentido quase "técnico" do termo, no sentido de na nossa vida devermos valorizar sobretudo a família e as tradições.

Paralelamente, houve um fortalecimento dos chamados políticos evangélicos. Segundo a obra de Spyer, essas lideranças não estão exatamente afinadas em valores com as bases. São muito mais radicais, muito mais intolerantes, ao contrário de um povo que costuma ser mais acolhedor e aberto. Por outro lado, acredito que se aproveitaram de vácuo, pois o mundo evangélico era sempre visto com uma enorme carga de preconceito. Jair Bolsonaro, inclusive, foi o primeiro candidato competitivo à Presidência que se posicionou como se pertencesse a esse rebanho, enquanto outros postulantes fizeram acenos que pouco iam além da mera formalidade. Ganhou milhões de adeptos com isso e hoje os votos dos evangélicos se concentram na chamada direita.

Em menor escala, a entrega irracional a Deus, ou pelo menos não refletida, está presente entre nós. De uma maneira irônica e despropositada. Em 2007, no dia do maior acidente aéreo da história brasileira, no aeroporto de Congonhas, com dezenas de mortes, o trem de pouso do avião prestes a explodir passou a poucos metros do automóvel de um taxista de São Paulo. O motorista ficou incólume. *"Deus é bom demais"*, concluiu, aliviado, em entrevista à televisão. O que significaria a frase desse hoje anônimo taxista? Deus agiu apenas para ele? Há algum desígnio "bom" no criador além de nosso entendimento possível? O brasileiro gosta de repetir que *"Deus é bom"*, mesmo sob a evidência de iniquidades que o prejudicam.

Mas em geral as religiões no Brasil não são ainda um peso como nas sociedades teocráticas. As restrições tradicionalmente pregadas pela igreja católica sempre tiveram que enfrentar uma sociedade saudavelmente indecente, dada à libertinagem, como percebeu o poeta Manuel Bandeira.

Há um movimento na esteira do crescimento evangélico no sentido de implantar uma agenda própria de seus líderes para todo o Brasil – com uma pauta de fato reacionária e repressiva. Porém, como costuma acontecer, o atávico no país é a mistura, o desleixo, o mais ou menos, a antropofagia. Logo, não vai dar certo. O Brasil pode de fato ter mais características evangélicas com o passar dos próximos anos, mas não como querem seus mais poderosos representantes – assim como os próceres católicos jamais foram fortes em implantar todas as suas regras aqui.

Sim, a religião é uma maneira de lidar com o vazio e a terminalidade. Mas no Brasil a religião sempre esteve muito além da devoção. Significa vida social, festividades, formação educacional, vantagens políticas e mesmo admiração estética. Isso nos tornou menos fanáticos, sem guerras violentas envolvendo crenças em disputa ou atitudes radicais. Kierkegaard talvez lamentasse, mas nesse sentido temos um país com menos uma questão grave a nos preocupar. Preferimos nos desesperar a nos entregarmos sem contrapartidas a Deus.

Se Deus existe, ele criou o vazio que só pode ser preenchido quando se encontra realmente com Ele – uma passagem que, para ser verdadeira, significa deixar todo o restante de vida em segundo plano – relacionamentos, emprego, família, moralidade. Se Deus não existe, o vazio é impreenchível; no máximo desenvolvemos práticas e técnicas para conviver com o nada. A escolha por um caminho ou outro pode ser o maior salto existencial possível em uma existência.

17. OS VÉUS QUE IMPEDEM O CONHECER

Duas pessoas, imaginemos seus nomes como João e Tereza, discutem algo sobre determinado tema brasileiro que impacta fortemente as emoções de ambos: o cenário político. Chamemos João de 'a', e Tereza de 'b' e o tal tema de C. Logo, "*a*" e "*b*", discutem a questão C.

Ambos possuem convicções bastante diferentes sobre o assunto C. Não conseguem chegar a nenhum acordo. Enquanto "*a*" apresenta argumentos terrenos, "*b*" utiliza, por exemplo, a religião. Irritado, "*a*" tenta deduzir conclusões de suas premissas. Mas, "*b*" não aceita esses recursos. Nem sequer tolera algumas premissas de "*a*". Ambos não admitem renunciar a seus fundamentos. A suposta adequação aos fatos observáveis de "*a*" é seu dogma, assim como a religião de "*b*" para ela é imprescindível nos seus argumentos. São crenças e juízos em confronto.

Qual a possibilidade de acordo em uma discussão como essa? Na verdade, trata-se de embate comum, cotidiano, trivial e que cada vez ficou mais beligerante no Brasil nos últimos anos. Em tais divergências, são paixões ou busca por conhecimento o que está em jogo? O que é determinante para "*a*" pensar de uma forma e "*b*" de outra? Há, na razão, *"o inconsciente disfarce de necessidades fisiológicas sob o manto da objetividade?" (Nietzsche. 2005, p. 111).* Por outro lado, a religiosa fecharia os olhos para as evidências apresentadas pelo oponente que desmentem ou não corroboram suas crenças?

Uma possibilidade seria isolar o que está sendo discutido entre "*a*" e "*b*". Analisar C, *objeto em questão,* no espaço das razões. Apostar no reducionismo e desconsiderar sujeitos em divergência. Esvaziar João e Tereza de pré-disposições ou mesmo não as aceitar. Mas qual a razão de se buscar o conhecimento de forma independente das diferenças entre os seres humanos? O que dá cidadania para a razão em um país de seres discordantes? Se for o mundo, os chamados fatos, quem dá as regras, é possível deixar esses seres que discutem de lado e ir apenas aos argumentos?

Diferenças entre as personalidades dos brasileiros, de suas visões sobre as coisas e o país, estão aí. Cada um costuma ver os acontecimentos de um determinado jeito e nem sempre entram em acordo, principalmente sobre questões políticas, nos últimos anos, quando o Brasil aprofundou suas divisões. Mas até que ponto essa personalidade de cada um que debate altera, corrompe ou mesmo fortalece algum tipo de conhecimento?

O problema é que definir o que está correto não se dá sem alguma combinação com a personalidade, a história de vida, e as predisposições de quem utiliza as razões. É difícil isolar a verdade do assunto C do que Tereza ou João pensam sobre C. Até mesmo em termos de linguagem, vamos imaginar, "direita" e "esquerda", numa discussão, podem ter interpretações diferentes no ponto de vista de "a" ou "b". Ou seja, mesmo utilizando um vocabulário similar, cada palavra pode ter significações diversas para quem está em contenda.

Se duas pessoas estão juntas, há duas noções diferentes de Brasil em jogo. Total identidade interpessoal não existe, assim como não há almas gêmeas. Sujeitos pensam de forma diferente, em pelo menos um, dois, três ou parte razoável de seus pontos de vista. Ambos tendem a considerar que o outro está errado nos quesitos divergentes. Ao mesmo tempo, mantêm inabalável crença em suas convicções mais íntimas.

Vamos fazer um sobrevoo rapidíssimo sobre como alguns filósofos pensaram sobre a questão. O austríaco Ludwig Wittgenstein escreveu em caderno pessoal que *"o trabalho em filosofia – tal como muitas vezes o trabalho em arquitetura – é, na verdade, mais um trabalho sobre si próprio. Sobre a nossa própria interpretação. Sobre a nossa maneira de ver as coisas"* (Wittgenstein. 1980, p. 33). De alguma maneira, o mesmo ocorre quando se fala ou se pensa sobre o Brasil ou sobre a política brasileira. É em grande parte pensar sobre si mesmo e é difícil sair desse labirinto. Talvez impossível.

Vamos voltar alguns milênios antes de chegar novamente ao tempo presente. Platão, no século IV antes de Cristo, para definir sua noção conhecimento, afirmou que é preciso, antes, olhar para os próprios olhos. Na Grécia antiga era de bom tom *"cuidar de si"* antes de analisar o outro ou as outras coisas.

Nos primórdios do cristianismo, houve mudanças no "cuidado de si", porém, sem romper completamente com as origens gregas. Por exemplo, cristãos buscaram nos gregos a noção de austeridade e ascetismo para conhecer a si mesmo, o que acabou se desenvolvendo em uma série de regras e proibições. Mais tarde, na Idade Média, o homem que procurava conhecimento devia renunciar-se a si mesmo, pois cuidando apenas de si afrontava a Deus.

No século 16, o francês René Descartes deu outro passo relevante ao definir o *eu* como sujeito fundador das práticas do conhecimento. Até então, era necessário ser puro, ascético, moral, para chegar à verdade. A partir de Descartes, até mesmo um homem imoral poderia ter acesso ao saber.

Avançando o século, Kant mostra-se consciente do choque entre personalidades na definição do que seja verdade – que incluem sensibilidades, paixões – e razões. Ele propõe elucidação e isolamento dessas personalidades de forma a finalmente atingir uma idade de ouro da razão. Mas o autor da *Crítica da razão pura* não obteve consenso em seus projetos.

Outro pensador, Hegel, considerava que as personalidades devem ser deixadas de lado no pensar, o que é curioso, já que sua filosofia costuma abarcar quase todas as coisas em direção ao conhecimento. *"Na verdade, muita poeira se levantou: poeira do orgulho, do ódio, da personalidade, como também das generalidades; mas é [poeira] afetada de esterilidade: não poderia contar a Coisa nem conduzir a conteúdo e a conhecimento. A filosofia poderia estar satisfeita por ter sido deixada fora do jogo; ela se encontra fora do terreno daquelas pretensões, tanto das personalidades como das generalidades abstratas; e, [se fosse] atraída para esse terreno, só poderia contar com o que desagrada e não tem proveito".* (Hegel. 2005, p. 37).

Schopenhauer, Nietzsche e mesmo Freud defenderam caminho contrário e praticamente decretaram a falência da chamada razão como fonte inquestionável de conhecimento. Todas as paixões deveriam ser escrutinadas individualmente, examinadas através de tempos e povos, para entendermos as nossas posições a respeito das coisas do mundo. Desses impulsos surgiriam a nossa procura, talvez vã, pelo saber.

Na contemporaneidade, essas técnicas de "cuidado de si" podem ser encontradas na psicanálise e até mesmo nos diários pessoais, como lembrou Foucault. Também estão nas prateleiras de livros de autoajuda, nos autoquestionários presentes nas revistas, nos formulários dos consultórios de psicologia. Por outro lado, ainda se procura um ser humano puro. A pretensão é que esse ser humano cristalino tenha um acesso direto ao conhecimento.

Entretanto, o que seria esse conhecimento de si? Resolvida essa etapa de busca por si mesmo teríamos, enfim, acesso à razão? À verdade? A personalidade finalmente poderia ser deixada de lado? Caso todos os seres humanos sejam "puros", acabariam as discordâncias, as discussões, e nos ateríamos às razões e aos fatos?

De qualquer forma, independente de todo "cuidado de si" haverá sempre um ponto cego, o nosso próprio eu. O fato de meus valores mais importantes não serem respeitados por todos e desrespeitados por muitos não significa que o mundo tenha um problema – mas que meus valores não são universais. Nunca são. Querer que seus valores sejam de todos é uma pretensão totalitária (no sentido de se buscar o total). Só um Deus teria acesso a todas as premissas, e não somos Deus.

O acesso aos fatos pode ser um mito, o que é uma afirmação bastante perturbadora para ser dita por um jornalista. Mas não temos introdução privilegiada ao mundo; apenas colocamos as coisas em uma espécie de espaço das nossas razões em busca de certa lógica interna.

Muitas vezes, falar sobre um país como o Brasil, algo tão amplo, são apenas crenças a justificar as crenças. Não conseguiríamos recorrer aos fatos sem algum tipo de reforço de nossas crenças. Na verdade, colhemos fatos de maneira enviesada. Utilizamos os que nos interessam mais, minimizamos ou ignorarmos os que podem destruir nossas teses.

É possível acreditar, então, em razão pura que chega à verdade? Um pensamento cristalino conectado com o mundo? Como saberei, de maneira absoluta, que tenho razão e estou certo? A questão é que exigimos que o reconhecimento da nossa razão seja compulsório, de certa forma ignorando as demais mentes do mundo ou a personalidade, as convicções e a trajetória de nosso interlocutor, de quem discordamos. Mas talvez o mundo não tenha assim as razões, e nós que projetamos as nossas razões no mundo.

De que forma, então, ainda podemos utilizar os fatos do Brasil como autoridade inapelável para a razão? Porém, o que sabemos sobre o país? Como se dá a recepção das informações que recebemos? Temos acesso a elas diretamente? Não temos mais essa ilusão. Os chamados fatos sobre o país podem chegar de maneira filtrada, enviesada e sempre temos que preencher as lacunas com nossas crenças, convicções e predisposições.

A suspeita é a de que, em certos momentos, em casos-limite, rejeitamos até mesmo os acontecimentos factuais como algo normativo, caso perturbem as nossas sensibilidades e as nossas opiniões arraigadas. Ou seja, os chamados fatos dariam as cartas contanto que não firam de forma profunda a personalidade, a maneira como vemos as coisas, a nossa ideologia.

Para recontar uma história damos ênfase a alguns pontos que nos interessam mais e escondemos o que ignoramos. Sonegamos fatos que podem prejudicar a maneira como vemos as coisas. Rankings internacionais, pesquisas, trabalhos científicos ou acadêmicos, tudo isso pode não ser uma fonte de convencimento se afeta algo sobre o qual tempos crenças profundas. Em momentos extremos, nega-se a experiência aparentemente evidente tentando-se reinterpretá-la por outra perspectiva. As nossas posições prévias podem ser mais fortes do que a experiência factual.

A questão é que não há pessoas iguais neste mundo (mesmo gêmeos univitelinos têm lá suas diferenças). Cada ser que passou pela Terra teve personalidade única, assim como cada brasileiro ou brasileira viveu experiências singulares. Pensar o Brasil é algo individual com pretensão de universalidade.

Somos sufocados pelas paixões e convicções. Enquanto indivíduos, sentimos de forma diferenciada experiências compartilhadas com outros. Possuímos premissas com as quais levamos nossa vida. Em boa parte dos casos, entretanto, as premissas tornam-se simplesmente dogmas. Nietzsche já alertava: *"a maior inimiga da verdade não é a mentira, mas a convicção"*, do livro *O anticristo*.

Mas o que determina as diferenças entre as pessoas a ponto de não se entenderem sobre tantos temas? A diversidade de personalidades tem um elemento fundamental: a contingência, o acaso. Quando aceitamos que o primeiro encontro de nossos pais ou a história natural são episódios contingentes – ou seja, bastaria que alguns detalhes mudassem e tudo poderia ser diferente, nós simplesmente não existiríamos – temos que, de fato, considerar a casualidade como algo também determinante em nossa vida.

Admitindo-se a aleatoriedade do nosso próprio nascimento, ponto de difícil discussão, ainda precisamos saber se a personalidade é dada quando surgirmos, ou desenvolve-se junto com a nossa vida. Existe solução meio-termo consensual? Essa querela atravessou o último século dividindo filósofos, religiosos e cientistas. No caso de a personalidade ser adquirida socialmente, o domínio é do mundo, do convívio com as demais pessoas. Na discutida hipótese de a personalidade ser congênita, defendida com menor ou maior força por representantes da chamada sociobiologia, da engenharia genética, e da psicologia cognitiva, o acaso também mantém boa parte de sua força.

Linguagem, comunidade, valores, criação familiar, eventos históricos, crises econômicas, alimentação (para dar crédito a Nietzsche, que tinha uma hipótese nesse sentido), compleição física são, em um primeiro momento, impostos a nós. E tudo isso poderia se dar de outra forma. Assim, temos pouca margem de manobra. Toda a nossa personalidade se dá a partir de fatos do mundo e algo de nós mesmos. E, munidos dessa personalidade, nós nos relacionamos com as coisas e formamos nossas opiniões. Mas pensem: bastaria mudanças em pequenos detalhes e nós poderíamos ser pessoas completamente diferentes ou mesmo nunca existirmos como pessoas.

Podemos admitir a contingência, a aleatoriedade, não só de nossa história, mas de nossos valores e desejos mais profundos. Todos, incluindo filósofos, grandes literatos, cientistas, anônimos, da humanidade, em última instância, seriam resultados diferenciados de situações não previstas.

Para falar sobre um país, mesmo que não queiramos, acabamos por falar sobre quem somos individualmente. E pessoas são instáveis. Não somos completamente moldáveis pelo social, pelo biológico, pela cultura, apesar de sermos constituídos por esses elementos. Somos afetivos, impulsivos, mais abertos à sensibilização do que à suposta razão.

Pessoas podem ser violentas no momento em que a razão pede calma. Podem ser contraditórias, irascíveis, criativas, egoístas, altruístas, descontroladas, surpreendentes. Possibilitam o que é novo ou podem se ligar ao que é velho e injusto. Podem agir contra elas mesmas. Permitem variações infinitas, são inapreensíveis. Posso também especular que esse total diferente de cada ser humano vem de uma combinação especial de muitos elementos da cultura, da sociedade, da natureza, da biologia, do genoma, dos acasos das capacidades cognitivas, mas está muito além da soma de todas essas coisas.

As pessoas, como especulo, podem ser uma espécie de *enzima* que lida de forma *peculiar* com o seu país. Nosso conhecimento de Brasil pode ser visto como uma relação especial que temos com o país – não necessariamente racional. Procurar razões acaba se tornando um caminho cheio de armadilhas colocadas por nossa própria consciência. Por outro lado, não haveria razão sem personalidades. Talvez seja um paradoxo: a mesma consciência que possibilita as razões é quem pode interditá-las. Dito de outra forma: razão só existe por causa da consciência e só a consciência pode negar a razão.

Portanto, para nossas coisas mais importantes, no caso, o Brasil, temos de dar um passo atrás e ter em mente que qualquer uma das nossas convicções e certezas pode estar errada. É o primeiro passo.

Por isso, antes de falar sobre o Brasil (ou qualquer assunto), precisamos ter em mente que os nossos principais e mais fortes pontos de vista não devem ser dogmatizados, pois podem ser consequências de uma personalidade, de um ser, que busca ver o mundo sempre de determinado viés e não outro. É preciso, sempre, dar abertura para a possibilidade de erro, pelo simples fato inapelável de sermos humanos. O fato de você combater o mal não o coloca no lado do bem. Pode ser mal contra mal.

Existem também as limitações da linguagem. Palavras são carregadas de sentido e de qualificações. Não são neutras. Tome-se o caso de "genocida", "descondenado", "extrema-direita": não são designações objetivas, mas opiniões que muitas vezes tentamos incluir num discurso tido como objetivo.

Se não fossem as palavras, seríamos cegos de pensamento. Por outro lado, as palavras também distorcem, sensibilizam. Ainda se procura uma linguagem absolutamente neutra que dê conta da realidade. Trata-se de um projeto filosófico com muitas idas e vindas e fadado ao fracasso porque somos animais político-afetivos, não só objetivo-racionais. Os termos também estão em "*luta simbólica*", para utilizar um termo do filósofo brasileiro Murilo Seabra. Por exemplo, vocábulos como "democrático", "objetivo" são utilizados quando tentamos puxar uma causa para o nosso lado. E outros mais pesados, como "desonesto", "fascista", jogamos para o oponente.

Há muitos mantos entre nós e o mundo. Mas é preciso ser um pouco mais radical no sentido de admitir que os nossos mantos são indissociáveis de nós e constituem o nosso mundo. É preciso admitir que as coisas do Brasil (e do mundo) permitem discursos diversos, e que, em muitos casos, não serão resolvidos plenamente.

No capítulo seguinte proporei alguns projetos de solução para as dificuldades aqui apontadas.

18. UMA PROPOSTA PARA TODOS OS DEBATES - A SUSPENSÃO DE PREMISSAS

Cada um de nós tem um sistema de crenças e convicções que acabam por formar um pensamento total, porém sempre em transformação. Ainda não há consensos sobre a maneira como formamos essas crenças durante a nossa vida. De onde vêm os subsídios fundamentais para as nossas tomadas de posição. Cientistas, pensadores, psiquiatras podem ter as suas certezas. Mas o que se vê de fora é dissonância e cacofonia sobre como funciona a máquina humana no sentido de como forma os seus valores.

Podemos fazer algumas tentativas aqui partindo do que é minimamente consensual. Existe o ambiente que nos circunda e nos influencia. Psicólogos cognitivos, por outro lado, colocam carga em outro tipo de herança, a genética. Mas não costuma ser negado que parte desse sistema de pensamento é herdado da vida social. Aprendemos, por exemplo, no que devemos ou não acreditar, ao que daremos ou não valor, o que devemos colocar em dúvida. À medida que vão crescendo, meninas e meninos vão apreendendo e decidindo a acreditar em algo e deixar outras crenças de lado, seja por convencimento, imposição ou mesmo traços da personalidade.

No caso dessas coerções para acreditarmos ou não em algo, não são necessariamente justas, lógicas, coerentes ou razoáveis. Podem ser apenas tradições em curso que passam de geração em geração. Até uns sete anos de idade é normal acreditar em Papai Noel, o bom velhinho que traz presente do polo Norte para quem se comporta de maneira socialmente aceitável. Após os 12 anos, se continuar a acreditar naquele senhor de barbas brancas com um trenó e renas voadoras já será motivo para *bullying* dos colegas adolescentes e preocupação dos pais.

Outros componentes de nosso sistema de acreditar ou desacreditar vêm de nossa personalidade singular. Da mesma forma com o que acontece com a formação das crianças, não adianta buscar coerência, justiça ou a pura razão em personalidades. Mas a verdade é que basta sabermos uma frase sobre a crença de uma pessoa que muito pode ser dito sobre ela.

Por exemplo, se uma pessoa "*a*" afirma, em português, "*eu acredito no Lula*", podemos constatar que domina a língua portuguesa, que acredita em certos políticos, que acha, provavelmente, que o governo está no caminho correto no ano de 2024, que considerou a prisão do presidente em 2018 injusta, que votou em seu partido nas eleições.

As crenças do sistema de "*a*", entretanto, podem estar em movimento, não são estanques. Algumas delas, periféricas, são descartadas frente à mínima contraevidência. Por exemplo, "*a*" pode deixar de lado, com facilidade, a crença de que Lula nunca se alia com setores da "direita" mostrando-se a ele a composição de seu ministério. "*a*" pode alegar que Lula foi pressionado, não teve opções, que optou pela governabilidade, mas é mais difícil dizer que formalmente não se alia com setores de direita.

Digamos agora que outra personalidade, que chamaremos de "*b*", afirme: "*O melhor presidente do Brasil foi Jair Bolsonaro e Lula deveria estar preso*". Sobre "*b*" posso afirmar que provavelmente tem uma série de concepções diferentes de "a". Acha que o país vai para um caminho errado em 2024, teme a implantação de um regime de esquerda "comunista" e muito mais. Existe a probabilidade de que seja contra a imposição à vacinação e creia que as urnas eletrônicas nas quais declaramos nossos votos são enviesadas por *hackers*.

Que consenso podemos obter dessas pessoas "*a*" e "*b*"? O importante aqui é buscar o que há de comum em concepções antagônicas. Podem ter o mesmo time de futebol, a mesma religião, algum parentesco, filhos na mesma escola e um mesmo *hobby*. Por mais que divirjam politicamente, possuem áreas de intercessão. Além disso, ambos se expressaram sobre um tema da política. Algum interesse têm sobre ele.

Um diálogo possível: "*a*" e "*b*" podem tentar buscar consensos sobre o que faz um presidente ser bom para o país. Pode não chegar a lugar nenhum, mas é um começo. Importante frisar que quem possui tantos pontos em comum em relação ao mundo, seja futebol, religiosidade, ou formação escolar dos filhos, não precisa reduzir o outro ao seu posicionamento político.

Cada indivíduo é um conjunto de crenças, juízos e razões, todos imersos em vivências e sentimentos. As expressões, axiomas e premissas desses sistemas formam uma teia. Alguns fios dessa teia são mais grossos do que os outros. Alguns se movem e outros são fixos. Alguns deles parecem impossíveis de serem rompidos, são insensíveis a qualquer razão e constituem o núcleo da personalidade. Posso dizer que quanto mais insensível à mudança, mais uma crença está próxima de nossa personalidade profunda, de nossas premissas de vida. São pontos constituintes de nossa existência – aparentemente impermeáveis.

Entretanto, nenhuma teia, ou sistema, está completamente isolada das outras, nem completamente identificada. No conjunto das teias, há fios que se misturam e há os que são individuais. Dois seres humanos, "*a*" e "*b*", sempre têm pelo menos uma crença em comum, nem que seja confiar na gravidade e na força dos braços para arremessar uma pedra na cabeça de outro.

Em um debate qualquer, nem sempre os contendores chamam uns aos outros de loucos ou hereges. Em boa parte dos diálogos humanos, há uma articulação entre razões e personalidades. Razões são capazes de romper teias mais fracas de um sistema. São ineficazes, em um primeiro momento, para romper as mais fortes, intrínsecas à personalidade, à opção ideológica, e carregadas de afetos. Teias mais fortes só são passíveis de mudanças após muita persuasão e sensibilização. Há, porém, casos aparentemente sem solução.

Novamente exemplificando a partir de modelos, tentarei sintetizar uma situação hipotética entre "*a*", "*b*", "*c*" e "*d*" para explicar como funcionaria a articulação entre razões e personalidades das pessoas.

A pessoa "*a*" pode convencer "*b*" de coisas que não destroem os fios mais fortes da teia do sistema de seu colega. Sendo "*a*", por exemplo, um *economista religioso* e "*b*", um *engenheiro ateu* e pouco interessado em economia. "*a*" talvez tenha mais facilidade de influenciar "*b*" em uma visão sobre as vantagens e desvantagens de uma política macroeconômica qualquer. "*a*" terá pouco êxito ao tentar convencer "*b*" de que os grandes edifícios de escritório só ficam de pé porque, todos os dias, algumas pessoas se benzem antes de entrar nele.

Ou seja, no primeiro caso, em um debate sobre sistema econômico, nenhuma teia forte do sistema de "*b*" foi rompida para que ele fosse influenciado por "*a*". No segundo caso (edifícios ficam em pé porque as pessoas se benzem), a argumentação chocou com um pilar de sua personalidade. Como engenheiro, ele identifica a razão de os prédios não caírem nas suas estruturas de concreto e aço. Nesse caso, o pilar do engenheiro era a sua razão.

Introduziremos agora um quadro para facilitar a compreensão de esquemas de discussão:

"a"	Economista religioso
"b"	Engenheiro ateu
"c"	Candidato da preferência de *"a"*
"d"	Candidato de preferência de *"b"*
"e"	Acredita que os fatos resolvem divergências das pessoas

A partir do quadro, *"a"* e *"b"* discutem qual candidato – *"c"* (candidato de preferência de *"a"*) ou *"d"* (candidato de preferência de *"b"*) – tem mais chances de ganhar uma eleição. Eles não conseguem chegar a nenhum acordo. Uma quinta pessoa, *"e"*, então, sugere que eles apliquem o método de apelar à "realidade dos fatos".

Rapidamente, *"e"* traz uma imagem de notícia de jornal com uma pesquisa que favorece o candidato *"c"*, o preferido por *"a"*. A contenda, entretanto, não termina porque *"b"* questiona a legitimidade do instituto de pesquisa. Um outro levantamento é trazido, novamente favorecendo "c". Mais uma vez *"b"* não aceita, alegando que os institutos estão interessados na vitória de *"c"*. Não adianta, para *"b"*, nem mesmo as palavras de especialistas eleitorais – para ele, tendenciosos. Quando *"c"* vence a eleição alguns meses depois, as divergências argumentativas não se resolvem, já que *"b"* acredita que houve uma fraude.

Não há nada a se fazer, a não ser deixar a discussão com *"b"* de lado. De certa forma, a teia que o faz acreditar no candidato *"d"* como o mais votado em uma suposta eleição justa está além de qualquer argumento razoável. Nem mesmo os dados do mundo fazem diferença. O sistema de *"b"* tem como premissa forte a invencibilidade do candidato *"d"*, ou mesmo que *"d"* *"jamais se envolveria em corrupção"*, para usarmos um exemplo também próximo da atualidade brasileira. E é da sua personalidade acreditar e idealizar certas pessoas, como fez com *"d"*. Essa teia de *"b"* está imersa em sensibilidade.

Esse ponto seria da estrutura básica de *"b"* – admirar e idolatrar de tal forma um político que considera líder que todas as informações não lisonjeiras ao seu ídolo são recebidas como incorretas, fraudulentas ou de má-fé. E quando penso nessa estrutura básica de convicções, vejo que a noção de personalidade pode ter conexões com noções como vontade de poder, fatores inconscientes ou mesmo interesse próprio inconfessável. Esse tem sido o Brasil de hoje. Certezas sensíveis demais e abertura ao outro de menos. Infelizmente não é um fenômeno só brasileiro.

Numa disputa entre "*a*" e "*b*", parte razoável das crenças e juízos poderiam ser levados ao tribunal da experiência, ou seja, ao que chamamos de fatos, para serem esclarecidos. Mas nem sempre funciona, a depender do sujeito e de sua personalidade. Para certas questões, dados ou são inúteis ou eternamente reinterpretáveis, para não dizer manipuláveis. Por causa da personalidade/ideologia de seu ser, alguém pode recusar o que seja autoevidente para outras pessoas. Na verdade, muitas vezes nós decidimos se vamos ou não aceitar o que os outros consideram como fatos inquestionáveis.

Mesmo sem esperanças de sucesso, tenho uma proposta utópica de solução para as questões divergentes. Apresentando um acordo prévio para qualquer embate político ou retórico. A proposta, que denomino de *suspensão de premissas*, pode ser formalizada da seguinte forma:

"Um lado deve abrir a possibilidade de estar errado em suas premissas. Mas o outro lado deve fazer o mesmo com relação às suas convicções".

Ou então um corolário, que considera mais as perspectivas do outro:

"Um lado deve abrir a possibilidade para as premissas do outro estarem certas. Mas o outro lado deve fazer o mesmo com relação às convicções do oponente".

A proposta tem como pano de fundo a convicção de que uma verdade inabalável pode ser apenas um traço profundo de personalidade, perspectiva imóvel, ou mesmo premissa falsa pessoal ou do grupo em que vivemos e do qual compartilhamos valores. Não costumamos perceber que o inabalável pode ser limitado, falso, ou que nossas verdades são apenas desejos de realidade. Nossos chamados fios fortes na verdade podem estar ruídos pelas traças do real.

Mais do que isso, muitas vezes, a razão, em vez de ser usada para descobrir algo qualquer no mundo, na verdade, é arma para que nossas crenças não sejam abaladas. A razão torna-se uma ferramenta recursiva para reforçar nossas perspectivas e não permitir abalos contra o que desejamos. Premissas que consideramos inevitáveis e inabaláveis podem ser apenas conclusões que tiramos de outras premissas que podem não ser tão evidentes como imaginamos.

A partir desse ponto, seguindo-se a proposta sugerida, para se entrar em entendimento é preciso antes identificar premissas comuns entre quem diverge. As teias do sistema que coincidem. Em segundo lugar, descobrir qual a força das premissas divergentes, se podem ser discutidas em um primeiro momento, ou não. É preciso saber que a crença de uma pessoa de quem se diverge será alterada ou não caso seja contraposta ao mundo – aos fatos.

Agir pelas margens possíveis. Levar em conta as personalidades como algo intrínseco às razões de quem se discorda. Pessoas não costumam deixar-se abalar intelectualmente a ponto de mudar de ideia com ataques a seus fios fortes, mesmo que sejam desconstruções bem embasadas (em geral, elas apenas se ofendem). Por isso, antes de partir para certos tipos de argumentos, é preciso detectar quais são os fios do seu interlocutor que podem se romper com a mera argumentação.

Recuar se necessário. Retomar pontos comuns. Não utilizar, entretanto, premissas que não sejam compatíveis com o mundo de cada um. São muitas as possibilidades. Mas, sobretudo, é preciso saber que todo o esforço pode ser em vão, o que não significa que não deva haver tentativas a depender de seu propósito.

Vamos a um exemplo concreto: Na era do ex-presidente Fernando Henrique Cardoso, parlamentares de esquerda e o futuro presidente Bolsonaro votaram de maneira igual em várias propostas discutidas no Congresso, se quisermos imaginar uma tentativa de aproximação. *"Ei, por que estiveram juntos em tais e tais posições?"*, podemos perguntar a um petista e a um bolsonarista que queremos aproximar, ou pelo menos que se deixem de se desentender de maneira hostil. Existe, obviamente, o risco de o dois rejeitarem o conciliador e nada mais avançar.

Mas, antes disso, é possível até descrever uma série de questões que podem ser tranquilamente resolvidas apelando-se ao que podemos chamar de "tribunal da experiência" ou "fatos duros". Por exemplo, horários de ônibus ou aviões, preço da gasolina na bomba do posto da esquina, o horário do cinema ou se cairemos e não voaremos caso pulemos daquele penhasco. São amostras pragmáticas, que as pessoas não costumam negar (mas há exceções!).

Porém há um segundo caso em que a verificação é mais complicada, por envolver as paixões, como a honestidade ou não de um político, a eficiência de certas políticas dos governantes. Em geral, tem sido controverso para os cidadãos chegar a uma conclusão definitiva se um determinado governante fez bem ou mal ao país.

A maioria de nós tem pontos obscuros impermeáveis à experiência e à razão. Às vezes essa impermeabilidade é definitiva, mas nem sempre em todos os casos. Liberdade pode significar ser livre para pensar de maneira equivocada em relação ao mundo, ou, melhor, de maneira alternativa ao que as maiorias das pessoas costumam considerar em relação às coisas do mundo.

E, sem que seja menos importante, é preciso saber se realmente é preciso convencer alguém que pensa diferente de nosso ponto de vista a mudar de ideia. Muitas vezes, bastaria deixar tudo como está. Buscar convencer pode ser algo que tenha a ver com personalidades que queiram apenas dominar. Há horas em que é preciso aprender a abandonar certas situações insolúveis. Até porque muitas vezes não há nada mais envolvido a não ser disputas de egos.

Além disso, as pessoas não se ocupam apenas com política em sua vida. Um bolsonarista radical, digamos, pode ser um bom pai, um bom profissional, alguém gentil no dia a dia. O mesmo com o adversário político dele, um imaginário sindicalista da Central Única dos Trabalhadores (CUT). A exacerbação da política tem levado às pessoas a reduzir os outros às suas opiniões políticas, sendo que há muito mais em jogo e as pessoas podem ter muito mais a apresentar.

Claro que, por serem humanas, as pessoas, mesmo as que apenas seguem as rotinas da sua vida, podem ter o potencial de cometer o mal, como no caso dos milhões de cidadãos comuns que aderiram ao nazismo. Circunstâncias específicas podem fazer pessoas tidas como "boas" se comportarem de maneira "cruel". Mas é razoável pensar que não é isso o que tem ocorrido (ainda) no Brasil e nunca ocorrerá, quem sabe. Nem sempre a discussão política é um movimento para salvar a civilização. E se chegar a um bate-boca agressivo, com certeza será inútil e apenas servirá para fortalecer convicções arraigadas. Podemos ver pela perspectiva de que muita gente de cujas concepções políticas temos ojeriza possuem muitas ideias que comungam com as nossas.

O apelo aqui será para a importância da formação e da abertura para outros paradigmas como algo propulsor dos processos de mudanças. Neste momento, posso usar a proposição, além da suspensão de premissas, na qual "*o início de um diálogo entre divergentes, e sempre temos divergências em alguma questão com qualquer pessoa, é a busca de pontos comuns*".

É possível, pelo menos em tese, uma tentativa de aproximação pelas margens, sem esvaziar as singularidades dos sujeitos, das comunidades, das personalidades. Como o mundo permite muitos discursos, dentro do espaço das razões, é possível falar em perspectivas diferentes. E na intercessão será menos problemático operar. É um começo.

Também considero que, numa discussão qualquer, especialistas em determinado assunto, ou os diretamente envolvidos, não são abertos a quaisquer mudanças no que pensam. Pelo contrário, simplesmente possuem premissas ou teias muito mais fortes do que os leigos, sendo mais difícil suspendê-las. Logo, paradoxalmente, quem mais acha que conhece determinada questão é que precisa colocar suas convicções em estado de suspensão.

Portanto, defendo que seja fundamental, em qualquer ponto em questão entre "*a*" e "*b*", que ambos estejam abertos às razões do outro. Quanto mais flexibilidade a todos os discursos sobre o mundo, menos sectários nos tornaremos. Antes de partir para qualquer condenação, é preciso estar aberto às razões de quem é diferente. De qualquer forma, há algumas dificuldades a apontar nesse tipo de aplicação da suspensão das premissas.

A primeira delas é que nem sempre a experiência é preponderante para derrubar uma convicção forte. O segundo ponto é que nem todos os sistemas pessoais ou mesmo institucionais são lógicos. Eles permitem contradições ou absurdos. Potências se formam sobre pilares obscurantistas e racionais ao mesmo tempo. Nações, é preciso lembrar, são constituídas por pessoas com personalidade, inclusive seus dirigentes.

A personalidade do ser (que tem uma parte contingente – algo não absoluto) articula-se com as próprias contingências do mundo (que produz muitas novas convicções) para formar o sistema de cada ser humano (não necessariamente lógico ou coerente). E as razões só subsistem ou são levadas em conta quanto não agridem as partes mais fortes dessa combinação. Certas teias só se movem quando sensibilizadas.

Postulo, entretanto, uma espécie de racionalidade em direção à sensibilidade de entender quem é o outro, de quem divergimos. O contato com a diversidade no mínimo mostra que é possível uma forma de vida distinta da nossa. Essa postulação leva em conta as dificuldades de agir racionalmente.

Seria, antes de tudo, uma decisão. Uma tentativa de pensar com uma razão enfraquecida levando em conta até mesmo os desejos de nosso corpo – que quer poder, não diálogo, caso Nietzsche esteja certo. O desafio é pensar com consciência de nossa personalidade, algumas vezes irascível ou invencível.

O movimento requereria consciência de que o mundo como um todo talvez não esteja ao alcance de nossas capacidades (o que não quer dizer que ele não seja relevante).

Outra dificuldade que apresento para minha própria proposta é que ela aparentemente vai de encontro a algumas concepções de Nietzsche ou Freud sobre o ser humano, que, de alguma, forma considero – por simples intuição:

> *"O elemento de verdade por trás disso tudo, elemento que as pessoas estão dispostas a repudiar, é que os homens não são criaturas gentis que desejam ser amadas e que, no máximo, podem defender-se quando atacadas; pelo contrário, são criaturas em cujos dotes instintivos deve-se levar em conta uma poderosa quota de agressividade. Em resultado disso o seu próximo é, para eles, não apenas um ajudante em potencial ou um objeto sexual, mas alguém que nos tenta a satisfazer sobre ele a sua agressividade, a explorar*

sua capacidade de trabalho sem compensação, utilizá-lo sexualmente sem o seu consentimento, apoderar-se de suas posses, humilhá-lo, causar-lhe sofrimento e matá-lo – Homo homini lupus" (Freud, 2002, p. 67).

Aceitando a controversa tese de Freud, estaria eu então defendendo uma espécie de autorrepressão em relação ao que somos? Talvez. Mas apenas aumento o grau de dificuldade e esforço para que a minha proposta de suspensão de premissas ao se iniciar uma discussão seja realizável. De fato, admito que a suspensão pode ser uma rejeição ao instinto no sentido de que *"argumentos não têm valia alguma contra as paixões"*. (Freud. 1969, p. 14). A questão é que vejo a tese de Freud não como um determinismo, mas algo a ser levado em consideração e, na medida do possível, contornada. Isso apenas potencializa as dificuldades a serem superadas (se é que esse tipo de dificuldade pode ser superada).

Um ponto, porém, que pode ser derivado de Freud é que o ser humano não pode ser moldado culturalmente, de forma absoluta. E a ideia de que o humano pode ser formado a partir do zero, por trás de uma retórica de igualdade, costuma ser utilizada para justificar violência e autoritarismo. Muitas vezes, o que autoritários querem não é igualdade social, mas igualdade de pensamento.

As disputas sobre o mundo ou um país se misturam com divergências entre pessoas. Negar a influência da personalidade quando me posiciono sobre o mundo pode ser má-fé, no sentido de se esconder a verdade de si mesmo. Minha verdade, na verdade, é uma fé. *"Melhor dito, devo saber muito precisamente essa verdade, para poder ocultá-la de mim mesmo"*. (Sartre. 2003, p. 95).

Não somos ascéticos. Não há um ser simplesmente composto de pura sinceridade. O acesso ao mundo não está cristalinamente à nossa frente. Há uma distinção entre fatos (facticidade) e transcendência, como apontado por Sartre. O nosso país só se transforma no nosso mundo em um processo de reconstrução, de possibilidades infinitas, no qual um infindável número de fatores interdependentes são determinantes. E a razão é apenas um deles: ela não pode sentar-se sozinha no trono nem ser expulsa do reino.

Tenho consciência da dificuldade dessa proposta de nunca perdermos de vista nossas limitações de conhecimento quando aplicada às discussões sobre o Brasil real (ou a qualquer tema que inclua afetos). Por exemplo, em um debate com um admirador de Bolsonaro, um apoiador de Lula precisaria deixar de lado, mesmo que provisoriamente, suas concepções sobre quem considera um malfeitor para o país. E, exatamente ao contrário, para um admirador de Bolsonaro que vê em Lula a fonte de todos os nossos males.

Esse abrir mão de valores, entretanto, não é definitivo; pode ser uma forma de recuperá-los mais à frente. A intenção é abrir o diálogo. *"Quaisquer que sejam minhas condutas, sempre posso fazer convergir dois pontos de vista, meu e do outro"*. (SARTRE. 2003, p. 104).

A minha proposta é que mesmo militantes políticos possam renunciar às mais sagradas de suas de premissas em nome da consciência do nosso *eu* que nos força a pensar de uma determinada maneira e não de outra. Temos realmente vieses muito fortes.

É uma sugestão realmente difícil (talvez impossível), já que, muitas vezes, o *eu* se caracteriza por não admitir contestações sobre o que considera mais importante. Mas o que fazer, então, diante desse quadro, em que não há recuo à vista? Como recuperar as premissas descartadas? Busco, mesmo com todas as dificuldades, uma aposta no diálogo, apelando para o que há em comum entre duas pessoas que divergem.

Quando alguém tem certeza de que está do lado certo e os demais, do lado errado, isso costuma se tornar um subsídio para o cometimento de ações violentas. Principalmente no sentido de pisar em quem está no terreno tido como adversário. O ideal é nunca descartar a hipótese de que tudo em que você pensou até cinco minutos atrás poder estar completamente equivocado.

É ilusão que podemos ter acesso à realidade livrando-nos de ideologias, preconceitos, etc. Até porque fatos sem teorias não fazem sentido e teorias costumam ser carregadas de ideologias. Mas é um passo ter consciência de nossas limitações antes de entrarmos em qualquer debate ou formarmos nossas convicções. Em geral, quanto mais ignoramos nossas imperfeições, nossos pontos certos, mais certezas temos – o que costuma inviabilizar consensos e soluções.

Uma questão, porém, pode ser colocada. Como suspender nossas próprias premissas se o outro lado quer apenas nos sufocar. Em primeiro lugar, como resposta, minha proposta de *suspensão de premissas* se coloca numa dimensão de diálogo, não de guerra ou agressão, em que a única saída pode ser ter de se defender também com violência. É preciso levar em conta, entretanto, que muitos conflitos bélicos utilizam como argumento que o outro lado, o agredido, não quis se sentar na mesa de conversação. Mas trabalho com um contraditório conceito que poderíamos chamar de hiper-racionalidade enfraquecida.

E, no Brasil, quando parece ser evidente que um dos lados da disputa política resolveu quebrar a ordem democrática e praticar um golpe com a consequência possível de instalar um regime autoritário em que o debate franco não seja mais possível?

Nesse caso de fato há algo desafiante para a proposta da suspensão de premissas. Mas em primeiro lugar é preciso lembrar que o lado "golpista" considera que eles, sim, estão com a palavra sendo restringida. Que estão sendo perseguidos e vítimas de fraude. Além da aplicação da lei para quem de fato a transgrediu, com punições – para nos protegermos –, é um caso em que também cabe a suspensão de premissas até no sentido de desarmar os espíritos.

Com fortes suspeitas de ter planejado um golpe de Estado, Jair Bolsonaro, assim como Lula exerce liderança tribal sobre parcela da população a ponto de até mesmo suas proposições mais disparatadas sempre possuírem defensores sinceros e exaltados. O problema, no caso de Bolsonaro, é que mesmo com toda a cantilena de enfraquecimento das instituições obteve 49% dos votos dos eleitores. Bolsonaro é uma teia forte de quase metade dos brasileiros.

Nessas circunstâncias, mais do que prender Bolsonaro e seu entorno, o desafio para o Brasil é tentar convencer uma enorme parte da população sobre as vantagens das correntes políticas que possuem de fato compromisso com a democracia, o que, se a gente refletir bem, não é uma escolha tão óbvia quando tantas forças políticas brasileiras, de tantas ideologias, flertam com os regimes autoritários. E, missão impossível, provar que a figura de Bolsonaro é contraproducente quando se aspira uma nação pacificada e em direção ao desenvolvimento. Para esse caminho árduo, a abordagem mais eficaz é mostrarmos que não somos os proprietários das verdades factuais e morais. E que também podemos estar abertos ao que o outro lado tem a dizer, sem desmoralizá-los de início. Não há garantias de que um lado ou outro vencerá a discussão.

Provadas as desobediências flagrantes às leis, as punições rigorosas serão necessárias. Mas por incrível que pareça, esse é o passo mais fácil. Do ponto de vista do futuro da nação, para evitar ressentimentos, o desafio é tentar mostrar para milhões de brasileiros, sem tripudiar ou com espírito de vingança, que suas opções políticas estavam equivocadas, assim como as nossas também podem estar.

19. A NATUREZA QUE NÃO NOS PERTENCE

Se olharmos em volta para a natureza e a tocarmos, cheirarmos, escalarmos, pisarmos nela, alimentarmo-nos dela ou a esmagarmos em nossas mãos, percebemos como estamos conectados com o universo. São tantas cores, odores, gostos, sensações, perigos, quando se está em contato direto com o mundo natural. Convivemos neste planeta Terra com inúmeras outras espécies de animais e vegetais, estimadas entre 10 e 50 milhões. Possuímos um compartilhamento de estrutura genética quase total com alguns colegas de trajetória, como com os chimpanzés, em torno de 98%. Temos 60% do genoma de uma mosca que pousa em nossas frutas. Somos formados dos mesmos elementos de tudo que está no entorno, no ar, no céu, na terra, no mar, não importa a que distância, mesmo a milhões de anos-luz. Dividimos componentes orgânicos e inorgânicos, como hidrogênio, carbono, minérios, que também constituem as galáxias inacessíveis. De certa maneira, em qualquer lugar do espaço sideral, somos um só atômicos, quando imaginamos que qualquer coisa existente é apenas uma composição de átomos.

Todo ser vivo e não vivo, portanto, é muito próximo de nós. Tanto no sentido laico como religioso, a existência da vida, de qualquer tipo de vida, é um milagre. Nós, humanos, fazemos parte desse fenômeno assombroso da vida juntamente com árvores, insetos, felinos, peixes, mato, bactérias. Bastaria a Terra ter condições naturais um pouco diferentes de composição e temperatura para nada disso acontecer. Não existiríamos.

Se temos origens comuns e viajamos juntos pelo espaço, o que nos permite nos autoconceder um *status* especial para destruir ou dominar o que está em torno, as outras espécies? Por que os humanos são superiores para poderem se dar o direito de colonizar toda a Terra?

As explicações variam conforme o tempo. Talvez por termos sido escolhidos por um Deus para de fato tomar posse de um paraíso construído para nós, conforme a narrativa bíblica do Gênesis. Talvez seja o desenvolvimento de nossa autoconsciência e linguagem, que nos transformou em seres singulares e muito mais poderosos do que os demais. Talvez pelo fato, bastante controverso, de sermos seres racionais. Talvez até pelo polegar invertido...

A verdade é que os homens não fazem diferente de outros animais. Há, desde que há vida, uma disputa sobre os recursos restritos sobre a Terra. A exuberância que vemos na natureza possui algo de ilusório. Disputa-se por alimento e morre-se por isso. A vida de passarinho, ao contrário de mitos populares, não é de relaxamento e cantoria – mas de buscar incessantemente os alimentos e fugir dos predadores. Cada casal de animais que consiga deixar mais de dois filhotes sobreviver e se ainda reproduzirem causa um desequilíbrio no sentido de tirar espaço de outros seres.

Da perspectiva dos milhões de anos, espécies aparecem e desaparecem sobre a Terra. O *Homo sapiens* passou a se espalhar pelo mundo nos últimos 60 mil anos, enquanto muitos dos insetos que nos atormentam dentro de nossa casa ou apartamento estão por aqui há 100 milhões de anos ou muito mais. Da perspectiva inconsciente desses bichos que invadem a nossa casa, que nos picam ou nos causam horror, os intrusos somos nós.

Mas, no mínimo, há 10 mil anos, com o advento da agricultura, o autodenominado *Sapiens* se tornou imbatível na ocupação de espaços e obtenção de recursos. Nosso mix para a guerra entre as espécies, se imaginarmos que estamos em disputa sobre um território delimitado, é *"rigorosamente calibrado de altruísmo, cooperação, competição, domínio, reciprocidade, deserção e fraude"*, nas palavras de Edward O. Wilson, o fundador da sociobiologia, ramo que busca entender a organização da sociedade a partir do comportamento dos animais.

O que nos direcionou para cérebros maiores, mais inteligência, linguagem e consciência é, no entender de Wilson, *"a pergunta das perguntas"*. Mas mesmo que tivéssemos essa resposta, que direito temos de dominar todos os demais seres sob nosso comando?

Uma das explicações possíveis é que nos tornamos uma espécie sociável e eficiente em um ponto decisivo: proteger os ninhos quando alguns integrantes da comunidade partem para a caça. Exatamente a mesma característica de algumas vespas, formigas e cupins. Não por coincidência, nosso domínio entre os mamíferos corresponde ao domínios dessas espécies no mundo dos insetos. Mas é insatisfatório imaginar que nossa característica maior que nos distingue seja a mesma das formigas.

Como todos os animais, temos instintos de sobrevivência e de agressividade que levaram à dominação das demais espécies. Mas desenvolvemos, como nenhum outro conhecido, uma consciência que nos faz refletir e mesmo questionar moralmente essa dominação. Daí, desse dilema, nasce a nossa consciência ecológica.

De alguma maneira é sustentável dizer que cada vez que matamos um animal para nos alimentar cometemos um assassinato. Ou mesmo, pensando um pouco mais radicalmente, quando cortamos uma árvore para construir uma casa e seus móveis. Movimentos veganos, de vegetarianismo radical, partem dessas convicções. Mas, como vencedores, e de maneira avassaladora, de uma disputa evolucionista com outras espécies, a nossa própria existência já é uma ferida ética na natureza. Para chegarmos aonde chegamos, muitas outras espécies ou desapareceram, ou fugiram, ou estão em cativeiro nos zoológicos ou nos parques naturais.

Pela nossa trajetória, não escolhemos ser onívoros de maneira consciente. Mas isso nos tornou matadores de outros animais para podermos sobreviver. Tornarmo-nos seres sociais baseados em agricultura e rebanhos; talvez seja um acaso evolutivo, mas essa característica nos obrigou a colocar muitas espécies, dos reinos animal e vegetal, e outros, em guetos.

A consciência ecológica se transformou também em política e em disputa de poder entre os humanos, pela nossa natureza inevitavelmente social. Seja por um motivo filosófico de que talvez não tenhamos tantos direitos sobre os demais seres vivos; seja por um motivo que podemos chamar de espiritual, de que estamos invadindo uma natureza sagrada; ou mesmo por uma razão até mesmo evolutiva: se continuarmos a nossa marcha de destruição, não apenas sobre os demais seres vivos, mas também por meio de uma alteração radical na Terra, inclusive com impactos sobre a atmosfera e o clima, talvez não sobrevivamos.

Começam então as disputas políticas. Grupos ecológicos, com posturas religiosas, sentem-se no direito de paralisar empreendimentos econômicos que, segundo eles, poluem essa dimensão sagrada da natureza. Por outro lado, argumenta-se que alguns de nossos propósitos terrenos, como trazer a prosperidade a cada vez mais pessoas, livrando-as da miséria, depende dessa exploração da Terra – o que passa até mesmo por utilizar combustíveis como carvão, gás natural ou petróleo.

Mas, há, neste exato momento, um certo consenso científico de que o planeta Terra se aquece. As consequências podem ser o derretimento das calotas polares, tempestades imprevistas, inundações, a ponto de ameaçar a nossa existência. Existe, entretanto, uma divergência se nós, humanos, somos os responsáveis por esse aquecimento.

Alega-se, por parte de quem nega essa hipótese de responsabilidade do *sapiens*, que a culpa não seja nossa, que não é a primeira vez que o planeta Terra apresenta mudanças globais de temperatura. Por causa de maiores períodos de esfriamento, por exemplo, foram possíveis as migrações que atravessaram um Estreito de Bering congelado, pela Beríngia, de maneira que os primeiros humanos chegaram no continente americano a partir da Ásia. O mesmo congelamento que baixou as marés e permitiu ao *sapiens* atingir a Austrália, ilha por ilha, navegando pelo oceano em pequenas e primitivas embarcações. Aquecimentos globais e períodos glaciais se alternariam através dos tempos.

É evidente, no entanto, que poluímos a Terra. Seja por emissões de carbono por fábricas ou veículos, por dejetos nos mares e nos rios, pelo corte de árvores, pela transformação de florestas nativas em pastos e plantações. Independentemente das consequências que podem advir ou dos motivos pelos quais agimos dessa maneira, é razoável cuidar melhor das espécies que compartilham a vida na Terra conosco. E o termo cuidar, magnânimo e arrogante, deve-se ao fato de o humano ter dominado as espécies e agora dever se sentir responsável pelo destino delas.

E, talvez, o humano tenha o poder até mesmo de dominar o clima. Ou, no mínimo, saiba como conspurcar menos a atmosfera. Daí que hoje há todo um esforço no sentido de evitar emissões, de descarbonizar.

O Brasil, por suas características naturais, acaba por se tornar o centro desse debate mundial. Com florestas equatoriais ainda intocadas; biomas tão diversos como amazonas, cerrado, mata atlântica, pantanal, pampas, caatinga; maiores reservas de água doce do mundo; matriz energética relativamente limpa teríamos de ser um exemplo para o mundo de uma economia verde, viável e funcional. É o que tantos políticos, autoridades e ecologistas, sobretudo dos Estados Unidos e da Europa, exigem de nós. O Brasil de fato impressiona. Podemos hoje pegar uma embarcação para dezenas de pessoas (denominado Recreio) do município de Tabatinga (AM), e seguir do rio Solimões, e depois do Amazonas até Belém, uma viagem de 2400 km, e nos impressionar com os milhares de quilômetros de floresta ainda intocada às margens (e de vez em quando ver lixo no meio do nada, como garrafas de refrigerante de plástico boiando sobre as águas bem longe de qualquer civilização). Caso faça tal viagem, não se esqueça de levar uma rede para dormir, porque dura vários dias.

Para fecharmos acordos econômicos, para podemos vender nossos produtos com menos taxações, precisamos respeitar ainda mais nossa natureza, querem os representantes de organizações internacionais e outros países, principalmente europeus. Porém, no Brasil, há uma ponderação para essas exigências. Por que países ricos que já devastaram suas vegetações e faunas naturais exigem que não façamos o mesmo, sendo que ainda contamos com uma população pobre, que precisa se desenvolver? As exigências que fazem para que o Brasil se torne cada vez mais verde não esconderiam outros interesses, como prejudicar a venda de nossos produtos mais competitivos, como os oriundos do agronegócio, no mercado internacional? O discurso ecológico teria sido manipulado pelos homens e mulheres de negócios dos países mais ricos?

Essas questões se traduzem em decisões de Estado a serem tomadas urgentemente. Construiremos mais hidrelétricas? Exploraremos mais petróleo nas proximidades do Amazonas? Continuaremos nosso programa nuclear? Em um país com tanta escassez de recursos financeiros, podemos renunciar a receitas em nome das causas da ecologia? Qual o meio-termo aceitável ou razoável?

Não sabemos ainda as respostas. Mas essa é uma questão mundial na qual o Brasil talvez seja o principal protagonista. A solução que conseguirmos oferecer para os impasses ecológicos pode se tornar o novo paradigma para o mundo. Esse *big deal* está em nossas mãos.

20. O PRIVILÉGIO DE VIVER UMA ERA DE REVOLUÇÃO TECNOLÓGICA

O celular representa o maior passo civilizacional que já demos em relação ao combate à desigualdade do ponto de vista de como perpassamos nossa vida cotidiana. Hoje, nas piscinas dos hotéis, no superlotado transporte público, nos gabinetes presidenciais, nos bancos de praça, nas salas das casa, nas festas da *high society*, nos bailes *funk* nos morros da periferia, em pé nas ruas ao caminhar, nos encontros de adolescentes e crianças, nos consultórios médicos, no banheiro dos restaurantes, na mesa durante a alimentação, nas salas da mansão do bairro Lago Sul em Brasília, nas camas dos casais, dirigindo, até pedalando nas bicicletas, entre os policiais que fazem segurança de eventos, todos olham absorvidos para as telinhas de seus aparelhos, alheios ao que está ao redor. E quando não estamos mirando, estamos usando as câmeras para fotografar ou filmar algo que será postado em breve. Todos iguais no vício.

As redes sociais de alguma maneira nos iludem no sentido de que nos protegem da solidão. Por meio de suas ferramentas podemos nos conectar com pessoas com os mesmos gostos e hábitos ao redor do mundo, não importa quais sejam nossas preferências – nem que sejam sonhar com a volta de alguma ditadura por aí por meio de uma intervenção militar. Em alguns casos, inclusive, amizades genuínas surgem por meio dessas conexões cibernéticas.

Mostram nosso lado de autoadmiração narcisística. Transformaram-se numa espécie de diário das coisas boas da nossa vida, como aniversários de filhos, de amigos, festas, encontros românticos, reencontros com quem não vemos há décadas, vitórias de nosso time. Postamos sobre nossos cachorros, gatos, cavalos, sobre nossas viagens, sobre nossos *hobbies*. Até mesmo coisas tristes, como a morte de quem nos é querido. Também estão lá as dicas, as frases edificantes. Sabemos da vida vulgar das subcelebridades e até mesmo detalhes íntimos de uma ou outra celebridade. Hoje, os chamados *influencers*, aqueles com muitos milhares de seguidores nas redes sociais, possuem *status* de lideranças políticas com direito à palavra final sobre tudo e qualquer coisa, mesmo sobre o que eles não têm a mínima ideia. São os oráculos do pós-modernismo cibernético.

Por meio de ferramentas como o YouTube temos acesso ao tesouro da humanidade. Filmes clássicos ou revolucionários, gravações de peças orquestrais, biografia dos maiores líderes, esclarecimentos sobre questões da física, da química ou da biologia. Há desde filmes caseiros sem interesse até dicas de como abrir determinada embalagem de um produto. Praticantes de instrumentos podem receber orientações preciosas de como tocar determinado trecho musical. O que era caro e inacessível há poucos anos agora está ao alcance das mãos. Em certo sentido, um paraíso. Como vivemos por tantos milênios sem o Google?

Em redes como a "X", ex-Twitter, uma verdadeira torre de babel. Há opiniões embasadas ou saques absolutos sobre qualquer assunto. Explicações, contextualizações, xingamentos e desmerecimentos aparecem em seguida. É como se, pela primeira vez, pudéssemos ter acesso sobre a totalidade das conversas do mundo. Políticos poderosos e seres anônimos se posicionam sobre o que consideram importante. Recebem milhares de elogios e xingamentos. Hoje, a depender da idade, quem não está nas redes sociais é considerado um tipo excêntrico, um misantropo.

Por um momento, quando surgiram para o grande público, as redes sociais foram saudadas como um aprimoramento da democracia. Um âmbito onde poderíamos discutir racionalmente cada um dos tópicos em desavença no mundo em busca de uma solução o mais próximo do consenso. Seria uma aplicação prática do que o filósofo da comunicação, Jürgen Habermas, apresentou em 1981 em seu livro *Teoria da ação comunicativa*. Movimentos ecológicos, de esquerda, autodenominado progressistas, entre outros, com fé no que consideravam um progresso, acreditavam que as redes seriam um instrumento útil para que suas ideias prosperassem. Interpretações ingênuas de movimentos de rebeldia contra ditaduras em países mulçumanos, as chamadas primaveras árabes, seriam um indício de verdade dessa tese panglossiana.

No Brasil, em especial, algo considerado positivo com o advento das redes, que ocorreu no governo Lula, seria forçar a decadência e a obsolescência dos grupos de mídia tradicionais, comandados por oligopólios empresariais, como não se cansavam de repetir os críticos. Depois de décadas de domínio de empresas como a Rede Globo, a ditar a pauta cultural e política no país, ocorreria uma alteração revolucionária. Em seu lugar haveria maiores espaços para as vozes "democráticas" e "subalternas". Mas não se deram conta de que a agressividade da rede contra movimentos de esquerda poderia ser mais beligerante do que as críticas dos editoriais dos grandes jornais a um governo que se considerava progressista.

Ocorreu, na prática, o contrário de quem celebrava o otimismo interconectado. E por uma razão filosoficamente interessante para quem está preocupado com alguma busca do que seria a verdade sobre nós: ao possibilitar que todos tenham voz, as redes sociais revelaram quem somos. E nós não somos quem pensamos que somos. Somos piores.

Até então, expressar-se publicamente era privilégio de uma elite. Imagine na pré-história, até a Idade Média, com uma população massivamente analfabeta em que a leitura e a produção eram privilégio de uma parcela ínfima das sociedades. Expressar o que se pensava, ou o que se devia pensar, era muitas vezes quase um monopólio de Estado ou de líderes religiosos. Pensadores que saíram da linha eram punidos.

Uma revolução nesse sentido ocorreu com a prensa móvel de Johanes Gutemberg, em 1450, não por coincidência quando a humanidade, de acordo com os historiadores, abandona a Idade Média para ingressar na Idade Moderna – fase em que o foco de nossa vida deixa de ser Deus para sermos nós mesmos, de acordo com a filosofia da época. Ao imprimir exemplares da Bíblia para muita gente que não tinha acesso a livros, a invenção de Gutemberg permitiu que a interpretação dos textos lá contidos deixassem de ser domínio de uma aristocracia religiosa e se tornasse mais aberta. Visões menos direcionadas da Bíblia foram responsáveis pelo advento das religiões calvinistas e luterana, que fragmentaram para sempre a preponderância do catolicismo no mundo ocidental.

Séculos depois, com as redes sociais, nova revolução. A possibilidade de expressão se torna quase universal e não gostamos do que vimos no espelho. *"As redes sociais deram voz a uma legião de imbecis"*, protestou, em 2015, o escritor Umberto Eco. Hoje os lamentos sobre as consequências das redes sociais estão em todo lugar.

As redes hoje são tidas como corresponsáveis pela emergência de forças ditas de extrema-direita em diversos locais do mundo, como Jair Bolsonaro, no Brasil; Donald Trump, nos Estados Unidos; ou o partido Cinco Estrelas italiano. Mais recentemente, por trás da eleição do fenômeno ultraliberal Javier Milei na Argentina.

As redes sociais também se tornam palco de justificativa para antipolítica, nacionalismo exacerbado e movimentos tradicionalistas de direita. Pela esquerda, as redes se tornaram um caminho para calar vozes dissidentes sob a acusação de racismo, machismo, homofobia e o onipresente grito de "fascista". As redes mostram que continuamos tribais, somos simplistas em nossos pensamentos, e adoramos soluções simples e inexequíveis para questões completas.

Com as redes, acadêmicos e formuladores de opinião que antes costumavam receber anuência e aplausos por suas ideias perceberam que certas discussões quase consensuais em meios universitários ou fóruns internacionais poderiam ser recebidos com repulsa pela população. Por exemplo, a chamada discussão de gênero. Populistas de direita de diversos lugares do mundo foram hábeis em perceber a ojeriza de parcela da sociedade em relação a certos temas para se tonarem porta-vozes desse tipo de descontentamento e ganhar poder com isso.

As redes sociais também tiveram papel relevante no enfraquecimento das instituições. O poder da opinião individual, no tempo real, numa lógica de manada, acua poderes, autarquias, entidades de Estado, que além de perderem o poder relativo de emitir opiniões e regras, mostram-se lentas e antiquadas frente à velocidade do novo fenômeno. Para quem está com um celular na mão, instituições tornam-se um intermediário dispensável para que os desejos das massas se realizem.

Também se prestam a influenciar e manipular gostos, preferência e até mesmo posicionamentos políticos por meio dos chamados *influencers*, que podem ser muito bem pagos para se expressar de forma falsamente espontânea para vender produtos, agregar opiniões e "cancelar" ou "descancelar pessoas". São remunerados para isso.

Se não gostamos do fenômeno das redes sociais, é uma questão de não conseguirmos encarar a humanidade de frente. As redes mostraram exatamente como somos: basta sermos contrariados para ativar o que há de mais autoritário em nós. Que valores de democracia, de tolerância e de respeito são apenas uma casca que pode ser quebrada a qualquer momento a depender das circunstâncias em que estamos.

As redes socais já foram muito longe em demonstrar nossos distúrbios individuais ou coletivos, porém são ainda fóruns públicos. O humano se revela ainda mais em grupos privados de aplicativos como WhatsApp ou Telegram, onde homofobia, racismo, apologia à ditadura são discutidos de maneira ainda menos reprimida por meio de textos apressados ou áudios raivosos. De vez em quando, alguns são expostos por meio de prints vazados e só resta ao infrator pedir desculpas para a sociedade.

Uma das bandeiras dos anos 1960 era que as pessoas se reprimissem menos e se soltassem mais. Fossem mais elas mesmas. Isso ocorreu. As autorrepressões foram deixadas de lado e as pessoas passaram a despejar ofensas nas redes sociais. Alguns setores da sociedade, os que têm perdido batalhas cibernéticas, clamam por controle das redes. Os que ganham, contestam. Alegam que a regulamentação é um tipo de censura velada.

As redes sociais provocaram um fenômeno da falta de hierarquia dos acontecimentos. Recebemos na tela bombardeio de informações desconexas que podem ser a morte de uma fã de uma cantora norte-americana por causa do calor no Rio de Janeiro, bombardeios em Gaza, uma fofoca envolvendo um ator de televisão, um resultado num esporte, um escândalo político num fluxo contínuo e sem fim. É tal a quantidade de informação que a memória não dá mais conta de processar e guardar. É verdade também que, ao mesmo tempo que desinformam, as redes são rápidas em consertar erros. Equívocos e falhas de matérias jornalísticas ou falas de políticos são quase instantaneamente revelados pelos novos meios.

Não é que o Brasil viva uma terrível regressão reacionária. É que um grupo gigantesco de pessoas que nunca teve voz pública por muito tempo, que sempre pensou da mesma maneira, passou a conseguir se expressar e se ver como comunidade. Ou alguém acredita que em algum momento histórico toda a sociedade seria genuinamente aberta e tolerante num sonho de racionalidade comunicativa?

Talvez as redes sociais sejam a mudança de eras da magnitude da invenção da prensa de Gutemberg. Muitas vezes lemos sobre momentos interessantes da humanidade. Observamos de perto a chegada das redes e enfrentamos uma grande epidemia. A definição do que fica ou não para a história pode demorar décadas, mas, para sermos otimistas, quem sabe sejamos testemunhas de uma era de grandes transformações.

21. A VIOLÊNCIA INTRÍNSECA DO BRASIL

É contraintuitivo. Se observamos a história humana da perspectiva de milênios, séculos ou mesmo décadas, e não das últimas semanas, vivemos em um dos períodos mais seguros da face da Terra do ponto de vista do risco de ser assassinado. As guerras, por exemplo, estão concentradas em lugares específicos do planeta e há vastas regiões estáveis politicamente. Os conflitos sangrentos ocorrem hoje em locais característicos como a faixa de Gaza, Ucrânia, Armênia ou Sudão. Do ponto de vista absoluto, cada morte é para se lamentar, mas já vivemos, como espécie, momentos em que o trivial se constituía, com muita mais intensidade, de tortura, escravidão e mortes violentas. Hoje, se pensamos no mundo como um todo, ser assassinado em um conflito é uma exceção estatística. Nem sempre foi assim.

Como vivemos atormentados, receosos de assaltos, a assistir diariamente notícias sobre fuzilamento na Barra da Tijuca, no Rio de Janeiro, assassinatos de famílias na Bahia, tiroteios em Recife, execuções comandadas por milícias, bombardeios contra populações civis no Oriente Médio, terrorismo na península arábica, golpes de Estado na África, a sensação de medo e insegurança prevalece. E a razão para isso é porque não importam os períodos históricos que foram extremos, mas o que se sente aqui e agora.

O Brasil, aliás, segue como um dos países com uma das mais altas taxas de assassinatos do mundo. Em 2022 foram 47.398 assassinatos, taxa de 23,3 para cada cem mil habitantes, uma queda de 2,4% em relação ao ano anterior. Entre as vítimas, 76,9% eram negras (pretos e pardos), 50,2% tinham entre 12 e 29 anos e 91,4% pertenciam ao sexo masculino.[1] Nosso auge, como ano mais violento do Brasil, foi 2017, com 64.068 assassinatos.

---

1 **Anuário Brasileiro de Segurança Pública.** São Paulo, 2023. Disponível em: <https://forumseguranca.org.br/wp-content/uploads/2023/07/anuario-2023.pdf>. Acesso em: 21 mai. 2024.

Registramos em 2022 o maior número de estupros da história: 74.930. Existe até um crime da moda, o furto/roubo de aparelhos celulares, com 999.223 registros (este autor teve três celulares furtados/roubado em um período de um ano), em muitos casos em locais públicos tidos como relativamente seguros pela presença das forças militares estaduais. É preciso destacar também que em alguns estados há índices altíssimos de assassinatos, como Amapá (50,5 por cem mil habitantes), Bahia (47,1) e Amazonas (38,8).

O Brasil é um dos países mais letais do mundo do mundo nas comparações internacionais.[2] O índice de Portugal de mortes por 100 mil habitantes é de 0,8. No Reino Unido,1; Na Alemanha, 0,83; No Afeganistão, em conflitos, 4,02. São raros os países com índices maiores do que os nossos, como Colômbia (27,48), Belize (31,25), Honduras (38,25) ou Jamaica (52,12). Há municípios brasileiros que vivem números de guerra aberta como Jequié (88,8), Santo Antônio de Jesus (88,3), Simões Filho (87,4) e Camaçari (82,1), todos na Bahia.

Mas, apesar de índices atemorizantes que se encontram no Brasil, se examinarmos alguns dados e números, a tese de que a marcha humana permite ser vista como uma tentativa de entendimentos progressivos em direção à paz pode ficar menos vaga. Citaremos dados coletados pelo psicólogo cognitivo canadense Steven Pinker, que possui livros enormes, repletos de gráficos e informações, que tratam da gradual diminuição da agressividade física nas sociedades contemporâneas, como em *Os anjos bons de nossa natureza* ou *Iluminismo*.

Estamos no mais extenso período de "paz global " da história desde o século 16. Não sofremos confrontos diretos entre as maiores potências bélicas do planeta desde o término da Segunda Guerra Mundial – há quase oitenta anos. Nem que isso seja explicado pelo paradoxo atômico que inibe o enfrentamento entre as grandes potências bélicas, temerosas de que tudo se acabe em cogumelos nucleares. Os conflitos militares abertos prevalecem numa área que vai do Paquistão à Nigéria, com a Ucrânia ao Norte, em que vivem menos de um sexto da população mundial.

Com razão, muitos ficaram chocados com os milhares de mortos dos enfrentamentos em Gaza e com os jovens participantes de um festival de música em um *kibutz* israelense. Momento de olhar para a história em busca de

---

2 Homicídios intencionais. Taxa de homicídios por 100 mil habitantes 2022. **Countryeconomy.com.** Disponível em: <https://pt.countryeconomy.com/demografia/homicidios>. Acesso em: 21 mai. 2024.

consolo (não de justificativas): os conflitos na Indonésia nos anos 1960 deixaram 700 mil mortos; a revolução cultural chinesa chegou a 600 mil mortos; entre os anos 1950 e 1960, as disputas entre o sul e o norte do Sudão ceifaram 500 mil vidas. As mortes do regime Pol Pot, no Camboja, são estimadas em 2,5 milhões. A Guerra do Paraguai, contra Brasil, Uruguai e Argentina, levou a mais de 400 mil vítimas no século 19. Em Canudos, de Antônio Conselheiro, houve 25 mil massacrados. Na *hors concours* Segunda Guerra Mundial foram 70 milhões de mortes.

Em comparação com as guerras tradicionais, o terrorismo mata muito menos. É difícil até definir o termo terrorismo, como provam as hesitações do governo brasileiro em considerar o Hamas, organização em guerra contra o governo de Estado de Israel, nessa categoria, mesmo com fartas imagens de ataques a civis inocentes. Entidades que buscam compilar dados indicam que são em torno de 24 mil mortes por ano pelo terror global, como se pode ver, por exemplo, no "Our World in data".[3] Menos letal do que as guerras, entretanto, o terrorismo é eficiente no que se propõe: disseminar o pânico e sensação de insegurança por meio de ações midiáticas e espetaculosas.

Podemos ver a história da humanidade como uma sequência interminável de guerras, racismo e violência até um período muito recente, em que atos hoje abomináveis se tornaram exceção. Pinker, por exemplo, entrou em certa polêmica ao sustentar que o índice de mortes violentas entre homens Ianomamis antes da chegada da civilização ocidental alcançou 35%. A sequência dos livros de Laurentino Gomes sobre a escravidão mostra que a prática era um hábito disseminado em todo o mundo até recentemente, em todos os continentes, e praticamente em todas as etnias. A eclosão da Primeira Guerra Mundial foi saudada com entusiasmo por milhões pela Europa. Após uma trajetória de tantos conflitos e arbitrariedades, apenas nas últimas décadas, o que seria um átimo de nosso itinerário sobre a Terra, começamos a de fato a aceitar de maneira disseminada a paz e o respeito ao semelhante como uma regra moral.

Isso significa que podemos ficar tranquilos? Não. Nunca. Porque talvez o humano tenha uma propensão à guerra. Pensadores como Edward Wilson (que refletiu sobre o traço animal das pessoas), ou o próprio Steven Pinker, escreveram bastante a respeito do que podemos chamar de natureza humana. Significaria primazia dos laços familiares, etnocentrismo, parcialidade no

---

3 Our World in Data. Terrorism. Disponível em: <https://ourworldindata.org/terrorism>. Acesso em: 21 mai. 2024.

interesse próprio no senso moral, e prevalência de mecanismos de defesa em contextos de risco, o que leva à violência.

Wilson, em especial, faz um alerta: conhecemos com alguma segurança apenas uns 5 mil anos de nossa história. Outros 95 mil, no mínimo, em que provavelmente preponderaram disputas violentas por território, ainda nos constituem estruturalmente. Fora outros milhões de anos em que sobreviver na natureza, para qualquer espécie, constituía em lutar pela disputa de recursos escassos. Se não fosse o nosso potencial para atos violentos, talvez nossa espécie já tivesse sido exterminada.

Carregamos esses circuitos de ferocidade dentro de nós, seja por meio de nossos genes ou de nossas tradições. O mito do bom selvagem, de Rousseau, não teria exemplos nas sociedades pré-históricas. Se existiram, foram exterminados por uma tribo mais violenta. Do ponto de vista das últimas descobertas antropológicas, Thomas Hobbes, do século 17, teria mais razão ao dizer que o homem é o lobo do próprio homem e só um Leviatã, no caso, um Estado com poder de força, poderia nos controlar.

A civilização seria um freio a instintos violentos que possuem o potencial de aflorar a qualquer momento, levando-se em conta, é claro, a personalidade de cada pessoa e em que tipo de situação ela se envolverá. Do ponto de vista dos impulsos e estruturas básicas mentais, o homem não evoluiu quase nada desde há uns 50 mil anos (corrijam-me, antropólogos). Nasceríamos tão brucutus quanto os habitantes da pré-história, quando o estupro era usual – como espólio de guerra para dar um exemplo concreto. A violência não é uma aberração; é constituinte do que se pode chamar de natureza humana.

Natureza humana, aliás, é outra expressão controversa. Mas é inegável que viemos também da natureza. Nessa circunstância, nenhuma espécie sobreviveria na Terra sem o uso da violência. Nosso corpo é uma carcaça adaptada para um ambiente ancestral e não para o agora, sustentam os especialistas da chamada "sociobiologia". O que faz a diferença entre o nosso passado brutal e o período atual é a cultura. A cultura tem uma função repressora com relação às nossas estruturas violentas e impulsivas que estão em cada um de nós.

As ações ferozes estão sempre à espreita e podem se insurgir a qualquer momento – o estupro, por exemplo, foi historicamente uma arma de conquista de batalha, até mesmo no século 20. Então, não é que haja uma cultura do estupro. Ao contrário, durante séculos, naquilo que pode ser chamado processo civilizador, o estupro foi se tornando menos aceitável pela cultura, sendo cada vez mais punido ou simplesmente reprovado. Um processo longo com idas e vindas. E, para vermos um fato dramático não tão negativamente, a nossa cultura não aceita mais o estupro.

Hoje nos horrorizamos com os atos bestiais. Mas nos primórdios do surgimento da cultura, 60% dos homens podiam morrer em atos violentos de outros humanos, como mostram os dados fornecidos por Steven Pinker. Atualmente, apesar de tudo, bem menos de 0,1% morrem violentamente. Acredite, os tempos mais seguros da humanidade são os atuais; não existe passado idílico. É porque a vida sempre foi dura mesmo. É porque reagimos ao libertar de nossos atavismos perversos.

Em outras palavras, se vemos a humanidade da perspectiva dos séculos, somos seres com *hardware* da selvageria, mas que apenas muito recentemente recebemos um *software* que busca o pacifismo. De vez em quando, pelos mais variados motivos, dá um *bug*: o homem tribal que habita em cada um de nós volta a nos atormentar. *"Na verdade, é a crença de que a violência é uma aberração que é perigosa, pois nos induz a esquecer como a violência pode irromper facilmente em lugares assintomáticos"*, escreveu Pinker, em seu livro *Tabula rasa*.

Enfim, de certas perspectivas, somos ainda animais preparados para a guerra. Mas as sociedades fizeram um esforço no sentido da resolução de conflitos sem violência, à despeito de nossa própria inclinação guerreira. Contribuíram para essa reversão de tendência passagens do Novo Testamento como a célebre preleção atribuída a Jesus Cristo em que teria dito, em Lucas, *"Se alguém bater em você numa face, ofereça-lhe também a outra"*; Kant, que pode ter sido o primeiro idealizador de um organismo como a Organização das Nações Unidas, em sua obra, *A paz perpétua*; Bertrand Russel, preso por se opor à Primeira Guerra Mundial (contra Hitler, achava que todos deveriam lutar); Gandhi e sua resistência pacífica ao domínio inglês; Hannah Arendt, em suas reflexões sobre o totalitarismo; Martin Luther King, nas ações contra o segregacionismo nos EUA; sem contar milhões de anônimas e anônimos.

Vale também pensar também que a maior presença de mulheres em estruturas de poder tenha contribuído por avanços nesse sentido, apesar de não faltarem representantes do gênero feminino como senhoras da guerra, a exemplo de Margareth Tatcher, da Inglaterra, ou Golda Meir, de Israel, que reagiram de maneira feroz quando tiveram suas nações atacadas.

Ainda podem ter contribuído para a progressiva paz mundial fatores como a consolidação do Estado de direito, a democracia, o comércio entre as nações, as imigrações que trouxeram conhecimento entre culturas diversas, mais abertura de fronteiras, e prevalência de diálogos entre os diferentes.

O que traz a paz, sobretudo, é a marcha da civilização a reprimir nossos piores instintos – essa compreensão é de gente como Nietzsche e Freud. Aliás, civilizar traz frustações, ansiedades, neuroses, alimenta toda uma indústria de médicos, psicanalistas, companhias farmacêuticas e psicólogos, mas, quantitativamente, motiva a concórdia. Se um dia tiverem tempo na vida, leiam *O processo civilizador*, de Norbert Elias, para esse ponto ficar luminoso.

Em tempos de discursos de ódio nas redes, conflagrações, guerras de valores e tantas outras disputas, algumas tão violentas como em Gaza ou na Ucrânia, deste ano de 2024, pode ser até irrefletido falarmos que é possível observar tendências de menos ações bélicas no mundo ao longo do tempo. Mas a perspectiva é outra: a permanência dos conflitos aqui e ali mostram que por mais que busquemos a concórdia, o entendimento contínuo, os acordos de cessar fogo, nossos traços perigosos e violentos estão sempre à espreita para atacar novamente – israelenses e palestinos são apenas o exemplo mais evidente disponível na ocasião. A violência não é uma aberração; ela é intrínseca.

Desde os tempos imemoriais, nós, humanos, só sobrevivemos porque soubemos nos defender ou atacar com violência. A busca por alimento envolveu (e ainda envolve) o destruir de outras espécies. A conquista de território envolveu (e ainda envolve) mortes de indivíduos da mesma espécie. Sem violência como algo fundamental da espécie, ninguém estaria aqui para contar qualquer história. Um outro bicho qualquer já teria literalmente nos utilizado como alimento. Permanecemos porque soubemos e ainda sabemos nos defender e atacar.

Mas o Brasil tem algumas especificidades com relação à violência descrita. Para começar, muitas vezes a própria colonização brasileira se deu por grupos armados que chegaram nos territórios bem antes do Estado, como o caso dos bandeirantes paulistas, que não tinha pudores nem para enfrentar os jesuítas para escravizar índios educados na fé cristã. Houve também uma série revoltas políticas nos períodos posteriores à independência que tinham como peleadores as milícias contratadas, em conjunto ou contra um Estado inoperante.

O fenômeno no cangaço novo do Nordeste, as ordens para matar militantes da causa indígena ou ambiental no Norte, entre outros casos que não param de ser revelados, são outras amostras de como aqui seguimos em perigo. A violência interna tem a ver com saque, ocupação de território, divisões de butim, roubos, assaltos, e não disputas ideológicas, religiosas ou entre Estados – há uma certa recorrência histórica nesses aspectos com a exceção da guerra do Paraguai, no século 19.

Aqui existe violência política, de assassinato de autoridades públicas, de disputa por território pelo Brasil afora. Porém, nas últimas décadas, os crimes têm mais a ver com delinquência pura e simples do que com alguma causa "maior". Mata-se por patrimônio, por vingança, em brigas de bar, desavenças em família que terminam em feminicídio, por disputas entre facções de tráfico de drogas, como entre as quadrilhas do PCC e do Comando Vermelho, por controle de território.

Essas organizações, inclusive, têm agido de maneira industrial. São corporações internacionais com departamentos de importação, distribuição, área jurídica, de subornos a autoridades, e até mesmo *board* administrativos que tomam decisões que podem incluir até mesmo atentados ao Estado ou pena de morte. A maioria delas tomadas de dentro de penitenciárias brasileiras. Um traficante de rua hoje pode ser apenas o último elo de uma grande cadeia. *"O dinheiro do tráfico bancaria a estrutura burocrática em defesa do interesse de seus filiados. Pular intermediários e chegar diretamente aos fornecedores da maconha e da pasta-base de cocaína era uma tarefa estratégica para alcançar esse objetivo. É como se a mão de obra mais barata, aqueles que matam e morrem às pencas nas prisões e nas periferias brasileiras, compreendessem que, com um pouco de organização, podiam assumir as rédeas"* (Manso e Dias. 2022, p. 12).

Ou seja, as mortes no Brasil têm a ver com a inoperância do Estado em lidar com o crime organizado e a bandidagem desorganizada. Na prática, a população vê as forças policiais com ambiguidade. Os militares têm a função de nos proteger como braço do Estado. Mas houve uma distorção no sentido de que esses mesmos soldados se tornaram, em parte, milícias que achacam moradores e comerciantes, muitas vezes em locais pobres e de periferia, em troca de dinheiro – e com a omissão ou beneplácito do poder público.

A violência aqui é nas famílias, no tráfico de drogas, no roubo de patrimônio, pessoal ou empresarial. Essa é a violência cotidiana. Não há um objetivo que envolva o destino do país, em busca de outra forma de organização do Estado (nossos movimentos de guerrilha fracassaram de maneira dramática e conquistaram poucos além de representantes da classe média). A violência aqui costuma ser de pequeno interesse, seja entre ricos ou pobres violentos. Curioso que o fato de o Brasil ser relativamente pacífico em relação a inimigos externos até hoje gera uma mitificação no sentido de que somos uma nação da paz. Erro. Somos violentos e perigosos na comparação internacional.

Já as razões da delinquência entram no debate polarizado. Se são, por exemplo, por origens sociais, da desigualdade, da pobreza – mas é preciso destacar que países muito mais carentes do que o nosso apresentam índices de violência menos graves. Algo é certo: o Estado não consegue dar conta do fenômeno do banditismo em que há "*banditismo por pura maldade e banditismo por necessidade*", como cantava Chico Science à frente de sua banda Nação Zumbi.

Os planos de segurança do Estado seguem entre medidas tidas como eficientes como transferir os líderes do tráfico para locais distantes e isolados; inoperância; ou medidas como as prescritas pelo ex-presidente Jair Bolsonaro, de armar diretamente a população, uma maneira de deixar claro que o Estado não tem dado conta de sua missão. Neste momento, os formuladores de política pública seguem devendo à população alguma solução efetiva e eficiente para algo que atemoriza milhões em todas as classes sociais.

Curioso que, nesse caso, as visões divergentes de mundo também se mostram. De um lado, reduz-se a delinquência a uma espécie de má-formação moral, excluindo-se a questão social, e exigem-se punições severas, inclusive capitais, até para pequenos delitos. De outro, aumenta-se a carga das razões sociais para a delinquência e busca-se justificar o ato violento, culpando a sociedade e, no limite, a vítima. Nesse impasse seguimos com um dos países mais violentos do mundo.

22. O INCONTORNÁVEL OLAVO

Como discutimos no capítulo sobre conceitos ideológicos, no início deste livro, na política hostiliza-se bastante por palavras. Utilizam-se termos estudados pela ciência política como "esquerdista", "direitista", "fascista", "conservador", de maneira a fustigar os adversários, ocupar espaços de poder, e raramente em busca de tornar mais claro o que se discute. Aprisionar o contendor em um estereótipo desfavorável é um dos objetivos das disputas pelo poder.

Termos como "direita" e "esquerda" são parte de uma guerra simbólica em todo o mundo. No Brasil, no sentido social de que "direita" se associa a pessoas egoístas, insensíveis, de mau caráter e até mesmo corruptas. Já "esquerda" tinha a ver com certa sensibilidade, modernidade e até mesmo racionalidade. Muitas vezes, quando havia um debate político, uma maneira de acuar um adversário era simplesmente lhe estigmatizá-lo como "direitista". Por essa razão, durante décadas, praticamente ninguém da chamada *intelligentsia,* como pode ser chamada a elite cultural de um país, admitia ser considerado de direita. No Brasil era bem melhor ser um canalha esquerdista no qual ninguém poderia confiar do que ser um direitista franco.

Numa mesa de bar, no tempo recente em que a disputa política no Brasil era entre os partidos PT e PSDB, e que as divergências já eram verbalmente belicosas, porém nem tanto como ficaram no futuro, petistas levavam uma vantagem. Em algum momento, acuados com alguma linha de raciocínio desfavorável, bastava reputar seu amigo divergente como "direitista" e relaxar. O simpatizante tucano gastaria o resto das suas horas a se justificar, tentando provar que não se tratava de um reacionário renitente.

Liberais, nos sentido de que defendiam uma sociedade com maior abertura econômica e, também, mais liberdade em valores comportamentais, como uso de drogas, aborto e causas ligadas aos homossexuais, também não eram poupados. Poderiam receber, da mesma maneira, o terrível julgamento: eram de "direita", logo não deveriam ter acesso ao paraíso terreno. Ser de direita ia além das qualificações políticas: significava ser alguém desprovido de charme, antiquado, desinteressante, obtuso, entre outros adjetivos e advérbios com conotações pejorativas. Algo quase no nível de ser "racista".

Mas houve uma mudança recente nesse quadro de disputas simbólicas sobre o significado dos termos. Segundo o cientista político Jairo Nicolau, autor do livro, *O Brasil se dobrou à direita*, o fato de um político de sucesso popular como Jair Bolsonaro ter se assumido como de "direita" modificou a maneira como as pessoas se rotulam. Direita deixa de ser um estigma para quem se identificava com a posição. Passou a ser associado a temas como defesa da família, da religião, da pátria, dos valores mais profundos da nação, segundo eles. O *slogan* de Bolsonaro inclusive é, há décadas: "Brasil acima de tudo, Deus acima de todos". No rastro do movimento de Bolsonaro, muita gente resolveu sair do armário reacionário. Não causa mais tanto embaraço alguém em evento social dizer de "direita", fora para os grupos mais radicais de "esquerda".

Bolsonaro ainda introduz na sua persona valores caros à esquerda e até então utilizados por ela: como a rebeldia, a indisciplina, gaiatice, e até mesmo certa marginalidade – não no sentido da delinquência, mas do político que está à margem do sistema, que luta contra as estruturas de poder consolidadas e paga por isso até com risco de prisão, de acordo com seus admiradores.

O político brasileiro que se tornaria presidente da República eleito, assim como seus antípodas de esquerda, gostava de se posicionar como um opositor ao "sistema". Aprendeu também, como fazia a esquerda, a ser rápido em rotular. Quem não estava contra ele era "comunista", "ladrão". Bolsonaro também fez um movimento de rotular a esquerda a certa depravação moral.

No discurso político, a direita soube usar as armas da esquerda brasileira dos últimos 30 anos, como o relativismo moral, utilizar categorias simples na maneira como atacar seus adversários, marcações entre o bem e o mal sem regiões cinzentas ou ambíguas e ataques ao estado de Direito. Ora, o discurso de que o Estado como um todo, incluindo os poderes Legislativo e Judiciário, servia aos interesses de apenas um grupo específico, no caso a burguesia, e não a todo o povo, tem origem na esquerda.

A direita atual possui características pós-modernas que eram típicas de uma esquerda acadêmica, como questionar a ciência, a técnica, e desconfiar das autoridades constituídas e das constituições (antes, serviam à burguesia;

agora servem a uma suposta esquerda globalista). Há algo de rebelde nessa nova direita (ou extrema-direita, a depender da nossa relação sempre volúvel e passional com os rótulos políticos).

Houve, como dissemos, uma conformidade entre adversários políticos em considerar o "sistema" e as "elites" como inimigas.[1] Mas haveria distinções. Para a esquerda, o sistema e a elite são formados sobretudo por empresários gananciosos, uma mídia que atende seus interesses e uma classe-média mesquinha. Para a direita, esse mesmo sistema é controlado por intelectuais manipuladores, uma mídia que atende a seus interesses, e uma classe política corrupta. Note-se aí que o jornalismo tradicional passou a ser um inimigo comum de ambos os antípodas.

Do ponto de vista filosófico, para entendermos a figura de Bolsonaro e essa direita que se reinventa nos espaços simbólicos, é preciso atravessar em algum momento pela obra do pensador brasileiro Olavo de Carvalho, um filósofo praticamente ignorado nas academias, antes mais conhecido por atuação como jornalista, polemista, e depois por mensagens raivosas e escatológicas em redes sociais.

Há inúmeras possibilidades de fazer críticas consistentes ao guru da direita Olavo de Carvalho e suas grosserias. Mas dizer que não tem diploma de filosofia não é uma delas – acho até que isso é fruto de nossa visão corporativista da sociedade. Parte dos filósofos do cânone não se formou na área. Ludwig Wittgenstein, que é considerado por muitos acadêmicos o mais influente filósofo do século 20, tinha apenas um curso incompleto de engenharia mecânica e, vivo, publicou apenas um livro, o *Tractatus Logico-Philosophicus*. O caminho para criticar um filósofo em seu papel de filósofo é mais trabalhoso: ler a obra dele e apontar o que é inconsistente.

Nas faculdades, o rumor de que se tratava de um "direitista" bastava para que muitos ficassem a uma distância de segurança daquele autor maldito. No máximo, alguns estudantes ou recém-formados (de todas as ideologias) buscavam cursos de Olavo ainda em DVDs para preparar aulas ou reforçar o

---

1 "A elite brasileira é escravista. Ela pode ser avançada em um debate em Nova York, visitando Paris. Mas aqui no Brasil a mentalidade dela é escravista. E nós temos que ter coragem de dizer isso", disse Lula em abril de 2022. Lula: Elite é escravista e classe média ostenta padrão acima do necessário. **Uol**, São Paulo, 6 abr. 2022. Disponível em: <https://www.uol.com.br/eleicoes/2022/04/06/lula-elite-classe-media-brasil.htm?cmpid=copiaecola>. Acesso em 21 mai. 2024.

conhecimento sobre pensadores clássicos. Essas lições de Olavo ainda estão disponíveis para a compra em sites como o Amazon[2] e algum estudante conservador rancoroso pode ser capaz de entregar até mesmo eleitores do PSOL que buscavam se formar por esses DVDs. Outra forma de conhecer Olavo era por seus artigos em "O Globo" e, depois, em seu site próprio, *Mídia sem Máscara*.

Além disso, os títulos de seus livros, com termos como "idiota", "imbecil", assustavam no sentido de que na filosofia não deve se julgar o autor e seu comportamento pessoal, mas suas ideias (princípio hoje ignorado tanto à esquerda quanto à direita). Nas aulas de filosofia, ainda nas disciplinas de lógica 1, para calouros, é ensinada a chamada *falácia ad hominem* – quando alguém ataca o autor de um pensamento em vez de tentar se contrapor ao próprio pensamento dele por argumentos. Praticar essa falácia é querer levar um cartão amarelo numa discussão filosófica, ou mesmo vermelho. Era, entretanto, uma falácia conveniente para não se ler Olavo e se dedicar a algum europeu ou americano da moda.

Mas obras como *O imbecil coletivo*, de Olavo, são leituras fundamentais para entender o Brasil que vivemos hoje. Mesmo publicada originalmente em meados da década de 1990, o livro traz uma genealogia de ideias e valores que se tornaram correntes nos anos seguintes, em alguns casos de maneira exacerbada, cuja reação a eles é uma das origens do que a gente pode chamar de bolsonarismo.

Em pesquisas sobre mentalidade dos brasileiros há os seguintes resultados, por exemplo, de um instituto denominado GPP (mas que se mantêm quando feitos por outras empresas de análise): 81% são contra a legalização da maconha; 77% contra a legalização do aborto; 90% querem a diminuição da maioridade penal; 79,7% querem ensino religioso na escola pública; 52% querem mais intervenção do Estado na economia. Mas pessoas como Olavo afirmavam há tempos que esses brasileiros que representavam os valores da maioria não tinham espaço na *intelligentsia* brasileira.

Logo, parcela majoritária da população brasileira tem pensamentos que podem ser considerados de direita, muito mais do que a elite cultural gostaria. Família, igreja, ordem, segurança são princípios-chave, inclusive. O livro

2 CARVALHO, OLAVO. História das histórias da filosofia. Aula 1 - Coleção História Essencial da Filosofia (+ DVD) Capa comum – 20 out. 2008. **Amazon.** Disponível em: <https://www.amazon.com.br/Hist%C3%B3ria-Das-Hist%C3%B3rias-Filosofia-Aula/dp/8588062062>. Acesso em 21 mai. 2024.

O imbecil coletivo explora, a partir de muitos exemplos, exatamente essa situação de desequilíbrio intelectual e *"direitismo da sociedade em contraposição às elites"*. Tenta mostrar que em determinados setores, como jornalismo, produção cultural, academia e burocracia, o que deveria ser considerado uma maneira ideologizada à esquerda de ver as coisas foi pouco a pouco se naturalizando, impregnando mentes e corações, até se tonar a verdade universal imposta.

É meio paranoico isso, mas é como se os comunistas tivessem pensado assim: *"Já que não conseguiremos fazer nunca a sonhada revolução, com a ditadura do proletariado e tudo mais, vamos pouco a pouco inoculando esquerdismos nas pessoas até ver onde isso vai dar"*. Morto em 1937, o italiano Antonio Gramsci, autor dos *Cadernos do cárcere*, seria o patrono intelectual desse movimento de "marxismo cultural", que, com a participação dos autores da chamada *Escola de Frankfurt*, espraiou-se pela *intelligentsia* mundial, inclusive e, sobretudo, na acadêmica norte-americana, que hoje é um dos motores do que se chama de politicamente correto, e dos movimentos identitários de raça e gênero, etc.

Pensamentos defendidos por Olavo de Carvalho permearam até mesmo a primeira mensagem presidencial de Jair Bolsonaro enviada ao Congresso, em 2019, que contém, em sua introdução, frases como essa: *"O Brasil resistiu a décadas de uma operação cultural e política destinada a destruir a essência mais singela e solidária de nosso povo, representada nos valores da civilização judaico-cristã"* (Bolsonaro. 2019, p. 8).[3]

Segundo Olavo, a maneira como naturalizamos valores esquerdistas, considerando-os imprescindíveis, e tornando abjetos os que pensam de maneira diferente, está bem registrada nos nossos meios de comunicação. Sim, leiam o livro, que o diagnóstico às vezes é duro e real. Há, sim, alguns exemplos em que Olavo busca demonstrar sua tese.

Olavo manifestava algumas desconfianças dos imensos agrupamentos humanos em locais públicos. Mas é ponto para ele quando "cidadãos de bem" aplaudem de maneira exultante as forças policiais, fenômeno bastante comum nos protestos contra a presidente Dilma Rousseff anos de 2015 e 2016. Se era a Polícia Federal, eram quase uivos de júbilo. O brasileiro comum pode preferir a ordem da polícia aos valores da pequena bandidagem cultuado em nossos filmes ou música popular consumida pela classe-média que tem diploma

---

3 BOLSONARO, Jair Messias. Mensagem ao Congresso Nacional 2019. **Presidência da República**, Brasília, 2019. Disponível em: <https://www12.senado.leg.br/noticias/arquivos/2019/02/04/mensagem-presidencial>. Acesso em: 21 mai. 2024.

universitário. O esquerdismo de academia *standard* pensa de maneira contrária a quem uivou para a PF e nem sempre percebe que está em desacordo com os valores da maioria absoluta da população. *O imbecil coletivo* trata disso.

Com relação à visão de Olavo de Carvalho sobre filosofia no Brasil há um recado a ser dado. Por imposição acadêmica, fomos adestrados a conhecer profundamente alguns autores europeus ou norte-americanos e desestimulados a pensar por nós mesmos. Então, nas universidades, o estudante se depara com vários tipos de especialistas, gente cultíssima. Por outro lado, quando procura saber qual a filosofia de seu professor, o que ele realmente pensa e elabora por si mesmo, não recebe uma resposta consistente. Em geral, trata-se de algum conhecedor de algum pensador consagrado ou de algum tema filosófico.

Detalhe que Olavo de Carvalho, como parte razoável dos mais criativos filósofos brasileiros, nem formado em filosofia é, o que não é um problema quando o que importa não são os títulos, mas a força dos argumentos. Nem tem curso superior. Uma pena é que tantos seguidores de Olavo não façam como o próprio mestre. Há casos e casos de gente que se abdicou de pensar para segui-lo de maneira aparentemente cega. Olavo formou durante sua trajetória mais devotos do que filósofos.

O estilo de Olavo, muitas vezes irônico, picaresco, provocativo ("A história inteira do samba não vale três compassos de Bach" (p. 85), "Iguais aos outros no mal, os gays têm escassa folha de serviços na prática do bem" (p. 207). Sua leitura é concomitantemente fácil e pândega, irritante e revoltante. Outro exemplo, ao se opor à luta das mulheres pela divisão das tarefas do lar de maneira igualitária, alegando que os homens fazem menos tarefas por questões históricas, como terem participado de guerras: "*Que nessas condições [na guerra] as mulheres ficassem com o encargo de fazer a cama e recolher as meias era menos uma questão de justiça do que um favor devido à generosidade masculina*" (p. 218).

Olavo é leitura possível para quem jamais leu qualquer obra de filosofia, ou mesmo de, tomando a liberdade, literatura militante. Antes de condenar o autor ao inferno por causa das sentenças aparentemente aviltantes aqui citadas, melhor ler os artigos por inteiro. O "guru do bolsonarismo" é culto, didático, e escreve bem, não há dúvidas disso.

As agressões, entretanto, estão lá. Olavo de Carvalho diz que não ofende pessoas, somente as ideias delas. Mas isso não é convincente. Basta não concordar com ele para receber um caminhão de ofensas. Veja o que escreveu sobre o jornalista e ex-deputado Fernando Gabeira: *"É uma vergonha nacional que um sujeito obviamente desqualificado, tolo, descoordenado de cabeça, seja aceito como intelectual por conta de antigos feitos de armas que um analfabeto poderia realizar com mais méritos"* (p.170).

Mas algumas das diatribes de Olavo quando se defende de seus adversários são na verdade falando dele mesmo, especulo: *"É próprio do ser humano, quando embirra com alguém por motivos irracionais, inventar contra ele toda a sorte de argumentos contraditórios que o condenem"* (p. 259).

Lido com atenção, é possível perceber até mesmo certas incompatibilidades profundas entre bolsonarismo e olavismo. Dois exemplos: 1) o filósofo desprezava qualquer movimento de massa que tenha como bandeira a moralidade, achava que a questão ética seria algo de foro íntimo, silencioso, de se fazer o correto, e não se esgoelar com relação aos crimes alheios. Para Olavo de Carvalho, a indignação não fomenta em nada a honestidade e a decência. 2) Elitista, não tinha nenhum apreço sobre os líderes populistas: *"A massa estúpida que aprecia a ignorância do líder como sinal de que ele é 'povo' é a mesma que, ao ver um jovem pobre ler poesia ou filosofia lhe pergunta com desdém: 'Que é que você vai ganhar com isso?'"*.

As posições em tese "direitistas" estão sempre lá. Como quando se posiciona com a ideia de conceder direitos sociais à população. Para ele, apenas uma ilusão para fortalecer a burocracia e o poder de Estado na medida em que mais direitos significam na verdade mais delegacias, mais tribunais, mais fiscalização, mais gastos públicos e mais opressão.

Ao buscar tirar do caminho todas as camadas de socialismo que há na cultura, ele busca trazer de volta temas segundo ele jogados por debaixo do tapete pela filosofia, como o religioso e o sagrado. Filosoficamente ele aposta nas perenidades e nos valores universais. Esse segundo movimento de Olavo se opõe às tendências da filosofia do século 20, como considerar que não há nada substancial ou transcendente por trás das coisas, que estamos sozinhos, e, pior, não conseguiremos encontrar uma maneira balanceada de lidar com isso. Apenas vamos seguindo entre erros e equívocos.

O próprio fenômeno do que é chamado de marxismo cultural pode ser visto por outro prisma. Pode ser, por exemplo, uma tentativa (hipócrita?) de o capitalismo se tornar mais humano, integrando cada vez mais mercados consumidores, incluindo minorias, adolescentes, etc. Uma visão corroborada por neomarxistas, como o esloveno Slavoj Žižek. Outro que se debruçou sobre o tema, o canadense Steven Pinker, que politicamente pode ser considerado um liberal, vê todos esses fenômenos como mais passo do processo civilizatório, no sentido em que a humanidade paulatinamente diminui a quantidade de violência no mundo incrementando seu aparato repressivo, sobretudo moral. Tese que está em seu livro *Os anjos bons da nossa natureza*.

Talvez essa minha discordância de fundo seja o suficiente para que eu recebesse o rótulo de "imbecil" do falecido Olavo e olavistas. Mas vamos ouvir com atenção o que nosso adversário intelectual tem para dizer para descobrir as fragilidades dele e encurralá-lo (intelectualmente, claro). Ofender ou desprezar é o caminho mais fácil, mais raso, e o que menos se aprende.

23. OS REACIONÁRIOS DE TODO O MUNDO ESTÃO UNIDOS

No Brasil, mas também em todo o mundo ocidental, principalmente nos anos 1990, havia a ilusão de que compartilhávamos de premissas comuns em uma esfera global. Democracia, crescimento econômico, queda na desigualdade, proteção às minorias, luta contra o analfabetismo, repúdio ao racismo, desenvolvimento sustentável, numa lista razoavelmente longa de desejos compartilhados. A disputa política se dava em como se alcançar da melhor maneira esses objetivos. Dentro do cardápio, divergências apenas entre mais liberalismo, mais intervenção do Estado ou soluções mistas. Mas o caminho estava traçado. A dúvida era como chegar lá.

O breve consenso foi fruto da dissolução dos países comunistas no final dos anos 1980 e da convicção de que a humanidade jamais encontraria um regime mais eficiente do que a democracia liberal. Caberia aos povos, democraticamente, eleger governos que sucessivamente buscariam, de maneira racional, mais à direita, ao centro ou mais à esquerda, resolver os problemas apontados. Era o fim da era dos radicalismos. Era o fim da história.

Mas eis que essa verdadeira marcha triunfante do iluminismo sempre esteve longe da unanimidade quando passamos a observar os movimentos subterrâneos. O século 21 tem sido pródigo no surgimento de líderes e movimentos que buscam resgatar valores que pareciam estar para sempre esquecidos. Só estavam debaixo do tapete. São políticos bem votados que falam em família, espiritualidade, nação, pátria, violência. Combatem a progressiva integração global, a imigração, a liberação dos costumes. Consideram que o projeto democrático no máximo criará um mundo de consumistas sem transcendência religiosa. Na melhor das hipóteses, uma sociedade rica, mas sem alma.

Esses líderes radicais querem recuperar valores medievais de sangue, terra e mitos. Seria tudo isso coisa de maluco se alguns dos principais mentores desse projeto regressista não tivessem – extraordinariamente – se transformado de seres obscuros e exóticos em verdadeiros gurus de pessoas que se tornaram bastante poderosas. Falamos, por exemplo, de Steve Bannon, conselheiro de Donald Trump e seu chefe de campanha em 2016; de Alexandr Dugin, uma espécie de Rasputin de Vladimir Putin; e até mesmo do falecido Olavo de Carvalho, com suas notórias ligações com o movimento bolsonarista. Aliás, para saber o que esses pensadores aprontaram e o grau de repercussão de suas ideias, a fonte é *A guerra pela eternidade: o retorno do tradicionalismo e a ascensão da direita populista*, do etnógrafo Benjamin Teitelbaum, que buscou contato pessoal com todos eles para se aprofundar em seu objeto de pesquisa.

Não se trata apenas de alguns intelectuais tresloucados. Com contatos entre si, tornaram-se próceres de movimentos que se espalharam no mundo todo por meio de cursos *online*, militância nas redes sociais ou encontros sombrios em diversos lugares, inclusive no Brasil. Com o passar dos anos, formaram verdadeiras milícias virtuais prontas a defender suas ideias e atacar os pontos de vista divergentes. Enquanto analistas e jornalistas tampavam o nariz para o que ocorria tão perto, essas correntes começaram a crescer e conquistar o poder em vários países. Quando o pessoal da imprensa caiu na real (se é que caiu) já era tarde.

Não é à toa que nos *slogans* políticos desses líderes há claras referências à pátria ou ao passado. Vejamos: *"Brasil acima de tudo, Deus acima de todos"*, de Bolsonaro, *"Make America great again"*, de Trump, e a recuperação da grande Rússia, de Putin. Isso significa que tais políticos leram tais pensadores? Apesar da proximidade pessoal, é possível que não. O que tais intelectuais querem é alguém de ação que possa levar à frente seus projetos conspiratórios e reacionários.

Esses movimentos de ultradireita partem do princípio filosófico de que o humano, representado pelo cidadão comum, é muito mais ligado a valores espirituais, familiares e nacionalistas, do que em questões como ascensão social ou igualdade, acredite se quiser. Uma análise diversa do padrão em apontar como causa do fenômeno Trump a decadência de tradicionais regiões industriais do interior americano.

Não que contextos econômicos sejam esquecidos, mas passam a ficar em segundo plano quando se busca uma conexão mais profunda com o mundo (nesse sentido, o presidente da Argentina, o "ultraliberal" Javier Milei não é exatamente um representante desse movimento). Putin e companhia buscam uma vida mais espiritual, em contato com o sagrado, com valores rígidos e pouco terrenos – incompatíveis com a democracia. Nesse sentido, chamar Olavo de Carvalho de astrólogo, na lógica interna deles, seria até um elogio.

Para essa turma, o urgente a ser feito, como primeiro passo para o grande plano, é destruir, não construir. Revolucionários, apostam em arrancar as bases do que é feito atualmente para só depois implantar o "novo". Os alvos estão, por exemplo, nas universidades e escolas públicas, que formam o futuro e que, de fato, radicalizaram-se em vários aspectos, à esquerda. Nesse sentido, já perceberam, por exemplo, que os ministros da Educação do governo de Bolsonaro, leitores de Olavo, estavam mais interessados em atacar os "esquerdistas" ou "globalistas" do que em melhorar os índices de evasão escolar? Nos Estados Unidos de Trump foi a mesma coisa. Tentar aniquilar políticas de meio ambiente, destruir a mídia tradicional, tudo no mesmo pacote.

Para horror dos verdadeiros conservadores, as instituições são inimigas desse pessoal, um alvo a ser enfraquecido – o ódio ao Supremo Tribunal Federal no Brasil, por exemplo, vai muito além de se revoltar contra decisões monocráticas supostamente arbitrárias. Conhecimento científico? Também deve ser visto com desconfiança; veja o caso da rejeição às vacinas contra a Covid em plena época de pandemia. Direitos humanos? Ressalvas e desconfianças. Ah, e gente como Trump, Bolsonaro e Putin é ótima para destruir o que estiver pela frente.

Então, no limite, se você chegar para um ultradireitista e tentar acusá-lo de querer destruir as bases da civilização liberal-iluminista atual e buscar retomar um regime não democrático, autoritário, patriarcal, religioso, hierárquico, desigual, etc., pode ouvir de volta, com sinceridade: *"Sim, claro, mas você esqueceu de me chamar de direitista reacionário também"*.

24. QUANDO O BRASIL É GAZA

Guerras despertam interesse. Locais que poderiam ser desconhecidos ou ignorados se tornam alvo de nossas atenções quando se envolvem em conflitos armados. Ocorreu com a Ucrânia invadida pela Rússia e com a Faixa de Gaza e seus mais de 2 milhões de habitantes espremidos em uma área de 40 por 10 km no litoral do Mediterrâneo. Gaza parece ser o pior local do mundo para se viver. Mas bem próximos de nós, no Brasil, há regiões com condições sociais e mesmo de segurança ainda piores do que Gaza em tempos de paz.

É possível ver centenas de imagens e vídeos sobre Gaza nas redes, antes da campanha de destruição perpetrada pelo governo de Bibi Netanyahu, de Israel, após o ataque praticado pelo grupo terrorista Hamas. O território contava (e ainda conta) com uma série de atrações improváveis para quem só pensa em fome e desolação. Até antes da última guerra, a universidade islâmica possuía um campus atrativo: havia passeios de barco na orla para casais, e o cemitério da Primeira Guerra ainda possui centenas de lápides organizadas de ingleses que venceram o império turco-otomano e instalaram o protetorado que permitiu a chegada dos judeus que fundaram, em 1948, seu controverso Estado.

Os prédios de Gaza são de cor cinza, de concreto. Há ruas não pavimentadas com lojas e camelôs. Crianças, muitas crianças, em todo lugar, também a buscar a água potável comprada de Israel. A arquitetura modernista-retangular lembra as construções das periferias das grandes cidades brasileiras e muitas de nossos municípios do interior. O cenário é desértico marrom-acinzentado.

O Brasil está localizado a cerca de 10,5 mil km da Faixa de Gaza em distância. Aqui, se saímos por via terrestre dos grandes centros em direção ao interior vemos, quase a invadir a pista, prédios com a arquitetura retangular que pode rememorar a de Gaza. Porém, se lá domina o concreto e o escampado, por aqui prevalece o vermelho-alaranjado dos tijolos das casas não pintadas sobre barrancos de cor marrom e o mato. O cenário é tropical vermelho-lajota-marrom-laranja-esverdeado.

Por lá há os buracos na estrada e os carros retorcidos pelos bombardeios. Por aqui, as crateras na pista são pela falta de eficiência do setor público e os automóveis arruinados são máquinas deixadas após acidentes que se tornaram peças de um ferro-velho. Pela dificuldade de acesso, a paisagem de pobreza e caos da Palestina podemos observar apenas pelas imagens. O panorama brasileiro pode ser visto *in loco* quando se sai de Belo Horizonte em direção ao Vale do Aço pela BR-381, de Recife para o agreste pela BR-232, do Rio para a Baixada Fluminense pela BR-040 ou, sem pegar nenhuma via federal, pelas ruas do centro de São Paulo dominadas pelos habitantes da cracolândia. Na verdade, aqui como lá a pobreza se pode ver de qualquer lugar.

Aqui contamos com a democracia – o que faz toda a diferença. Há mais direitos para mulheres e comunidades LGBTQ+, e não estamos em guerra. Lá há destruições recentes pelos bombardeios; aqui há lixo abandonado e levado pelos urubus. A construção, nos trópicos, como lá, parece ruína.

Para avançar na comparação, podemos abandonar a subjetividade impressionista e ir aos dados. Em Gaza somam 1,2 milhão os que dependem de ajuda humanitária, no caso, da ONU, para se alimentar (58% da população). Aqui no Brasil, o Bolsa Família chegou a cerca de 21,5 milhões de famílias, o equivalente a 40% da população.

Gaza é um local mais igualitário que o Brasil. O índice de Gini lá (incluindo a Cisjordânia) é de 0,337, enquanto o Brasil é de 0,529 (quanto mais próximo de 1 mais desigual é o país). A expectativa de vida brasileira está em 76 anos, enquanto na Palestina alcança-se 75,9 anos de acordo com dados do Banco Mundial, que trata a faixa de Gaza e a Cisjordânia como uma mesma região do ponto de vista dos dados coletados. O último conflito com Israel deve prejudicar os números na região em conflito.

A mesma fonte mostra também que a maior diferença estatística entre a região conflagrada e o Brasil é a renda *per capita*. A renda da Palestina é de US$ 3,8 mil anuais e a brasileira, de US$ 8,9 mil. Mas no Maranhão a renda *per capita* domiciliar é inferior a US$ 2 mil, segundo o IBGE, cerca da metade de um morador da faixa de Gaza.

Os palestinos fecharam com o desemprego de 25,7% em 2022, muito mais elevado que o nosso no mesmo período: 9,3%. A inflação, por outro lado, foi de 1,2% em Gaza contra a nossa de 5,8% no mesmo período. O acesso a eletricidade era maior por lá, mas na margem de erro: 100% (Brasil, 99,5%).

Com relação ao índice de assassinatos, antes da guerra, os números palestinos nos humilham, indicando apenas uma morte violenta por cada 100 mil habitantes anualmente. Aqui marcamos 22. Ou seja, até há poucos meses era bem mais seguro andar pelas ruas da Palestina do que pelas cidades brasileiras. Por último: o índice de uso de internet pela população de Gaza, 89%, era oito pontos percentuais mais elevado do que aqui.

Assim como nos comovemos com as mortes de inocentes em Israel, nós nos abalamos, ainda antes da guerra, com a maneira como vivem os palestinos, em especial na faixa de Gaza, que tem recebido o epíteto de "maior prisão a céu aberto do mundo". Se fôssemos seres puramente lógicos, deveríamos nos chocar, na mesma medida, ao termos a consciência de que pessoas tão perto de nós vivem em condições sociais iguais ou em alguns casos piores do que tantos no Oriente Médio que, como nós, não querem saber de guerra, mas apenas aspiram a uma vida melhor. Para muitos brasileiros a vida era (quase) como se fosse na faixa de Gaza antes dos conflitos que se iniciaram em outubro de 2023.

25. UMA VIA MORTÍFERA PELO BRASIL

Muitos brasileiros gastam fortunas em busca de aventura em diversos locais do mundo. Outros, mas radicais, arriscam sua vida em escaladas no monte Everest, no Himalaia, ou nas ondas gigantes de Nazaré, em Portugal. Mas, se o objetivo é se expor ao perigo, não precisam sair do Brasil. Basta enfrentar algumas de nossas rodovias. Contam com crateras nas pistas, não têm acostamentos, a ultrapassagem é impossível e exigem perícia de corredor de Fórmula 1. As invasões de comunidades prejudicam expansões e animais domésticos podem atravessar a via a qualquer momento. Existem quebra-molas inesperados e desvios impensáveis. Há também a visão de carros destruídos ou caminhões tombados nas laterais. Um dos maiores exemplos é a BR-381, em Minas Gerais. A novela da duplicação das pistas dessa BR já dura décadas.

A BR-381, uma das muitas vias do Brasil que recebe a alcunha de "rodovia da morte", liga São Paulo, nosso principal polo industrial, ao Vale do Aço, onde estão as maiores reservas de minérios de ferro do mundo e algumas das principais usinas siderúrgicas do Brasil. Une regiões populosas. Pela importância econômica, relevância logística e utilidade social, deveria ser uma das melhores do país. Em Minas, principalmente no trecho de cerca de 200 km entre Belo Horizonte e Ipatinga, o que se vê são evidências de um país lutando contra a falência que não consegue concluir suas obras mais importantes.

O pior trecho é a saída de Belo Horizonte. O trânsito já costuma engarrafar ainda dentro da capital mineira, na ponte que atravessa o rio das Velhas. No calor, os moradores das comunidades do entorno estão prontos para vender garrafas de água logo que os veículos começam a parar. No frio, vendem cabos e carregadores de celular. É a luta pela vida de um lugar pobre.

A região é extremamente montanhosa e acidentada. É rotina algum motorista imprudente perder a paciência com a via estreita, executar uma ultrapassagem indevida e encontrar a morte numa batida frontal, incluindo a família. Ônibus que caíram nos abismos matando boa parte de seus passageiros não são histórias incomuns. Este autor, como repórter do jornal *Hoje em Dia*, acompanhou por semanas a repercussão de um desses acidentes, em fevereiro de 1996, quando um ônibus que transportava turistas que passavam o Carnaval nas praias do Espírito Santo despencou de um vale do município de Caeté. O veículo caiu de dezenas de metros com as rodas para cima e houve 31 mortes.

Enquanto as casualidades continuam, a política sempre tenta se aproveitar da rodovia, que é a obra mais esperada pela população de Minas. *"Vou transformar a estrada da morte em estrada da vida"*, disse o então candidato Lula, em setembro de 2022, em plena campanha presidencial. A promessa de Bolsonaro ocorreu em julho de 2021. *"Sai, a duplicação sai. Conversei com o Tarcísio (de Freitas, então ministro dos Transportes) há pouco e ele me botou a par. Depende de o TCU liberar e eu acho que o TCU vai liberar. Liberando, imediatamente nós partimos para as licitações"*, disse.

Dilma Rousseff, em campanha para a reeleição em 2014, chegou a assinar a ordem de serviço para a duplicação das pistas. Em Minas, criticou seus antecessores pela demora na obra. *"Aqueles que criticam o atraso da BR-381, por que não respondem por que não fizeram a rodovia antes?! Eles estiveram à frente do Governo Federal por oito anos e nada fizeram. Podem até me criticar, mas deveriam responder a essa pergunta antes"*, questionou. No poder, o presidente Temer entrou em conflito com a bancada de Minas quando seu governo tentou retirar parte dos recursos para as obras. O presidente Lula, que incluiu a obra no PAC, em 2009, também prometeu que faria a obra. Treze anos depois, culpou o "golpe" contra a Dilma pela paralisia.

Hoje, quem passa pelas pistas da BR-381 pode perceber que idas e vindas no andar de cima da administração púbica têm consequências danosas. A estrada alterna trechos duplicados, trechos arruinados, trechos desgastados, túneis prontos e túneis paralisados. É confusa, perigosa. É uma mostra evidente de que vivemos sob administradores públicos displicentes e inconstantes – viciados em culpar as administrações anteriores por todo e qualquer fracasso.

O trecho mais perigoso da BR, os 116 km entre Belo Horizonte e a cidade de João Monlevade (onde há uma unidade da siderúrgica Arcelor Mittal), foi concluído em 1960. Dez anos depois, a estrada chegou a Governador Valadares, totalizando 306 km. Mas o desenvolvimento do Brasil logo deixou as vias obsoletas por causa da magnitude do tráfego, que inclui enormes carretas a levar equipamentos para as siderúrgicas, como a Usiminas, em Ipatinga, e a principal unidade da Arcelor (antiga Acesita), em Timóteo.

Em 2006, no primeiro mandato do Presidente Lula, foi aprovado o estudo de viabilidade técnica e econômica de duplicação do trecho Governador Valadares a Belo Horizonte. Solução tida como definitiva. A pretensão era executar as obras, divididas em dois túneis e nove lotes, no segundo mandato de Dilma Rousseff. Uma empresa espanhola, a Isolux, venceu seis lotes. Nenhuma outra empreiteira se interessou pelo trecho mais movimentado, a partir de Belo Horizonte até o município de Caeté, de 31 km, por apresentaram valores acima do orçamento sigiloso do DNER (hoje DNIT).

Em 2015, a Isolux abandonou as obras alegando problemas de custos e construção. A solução do atual governo é que as ações sejam tocadas pela iniciativa privada por meio do pagamento de pedágio, exceto o trecho mais perigoso nos arredores de Belo Horizonte.

O Painel da Confederação Nacional de Transportes de Consultas de Dinâmicas de Acidentes Rodoviários já registrou que morrem anualmente em média 260 pessoas por ano no trecho mineiro da BR-381, que inclui a rota para São Paulo. Proporcionalmente, a maioria dos acidentes ocorre nos 100 sinuosos quilômetros entre Belo Horizonte e João Monlevade, onde a estrada foi construída seguindo uma antiga rota de burros que contornava as montanhas. No trecho do pequeno município de Jaguaraçu, caminhões costumam cair das pequenas pontes em curva que passam sobre os córregos, como o da Oncinha. A cidade com o irônico nome de Bela Vista de Minas é atravessada por um viaduto em curva. Caso um veículo caia da construção, atingirá residências e edifícios públicos. É uma pista que não perdoa erro dos motoristas, muito menos imprudência.

As mortes da BR-381 são uma característica trágica dessa obra específica. Mas a estrada é apenas uma integrante da longa lista de empreendimentos púbicos brasileiros que não são concluídos nunca. Podemos citar desde a megalomaníaca Transamazônica, da década de 1970, à ferrovia Transnordestina, prevista para ser concluída em 2010 e longe do final. As obras da ferrovia Norte-Sul se estenderam por quase quarenta anos. Também prevista para ficar pronta em 2010, a transposição ainda atende um número de brasileiros aquém do previsto. Em Pernambuco, a refinaria Abreu e Lima, fora o escândalo de corrupção, funciona parcialmente até 2024, e as obras serão retomadas. As refinarias previstas para Maranhão e Ceará foram abandonadas após as ações de terraplanagem.

Após consumir cerca de R$ 40 bilhões, a Comperj, que produziria produtos petroquímicos, foi deixada de lado e o governo busca um novo escopo para reduzir os prejuízos. Por causa da concepção inviável do projeto, a empresa que cuidava da concessão da BR-040, que liga Juiz de Fora a Brasília, abandonou o negócio em 2023. Um novo modelo foi anunciado logo depois. O metrô de Belo Horizonte não ganha estações novas desde 2002.

É possível contar a história do Brasil apenas por meio de uma estrada como a BR-381. Dos caminhos do tráfego do ouro até os dias de hoje. Ciclos de pujança econômica se alternam com momentos de decadência. Milhões construíram a vida ao longo de suas pistas. Mas há um padrão: o setor público sempre fica aquém do mínimo que deveria oferecer à população que tenta usufruir seus serviços. Nesse caso, inclusive, permitindo que brasileiros coloquem sua vida em risco pela inoperância alheia.

26. UM VALE COM AS NOSSAS ORIGENS

O Nordeste, principalmente o sertão, sempre foi celebrado na cultura brasileira como um local de seca, de pobreza, de inspiração, de curiosidade sociológica dos "sudestinos", e até mesmo pelo sofrimento de seus moradores. Além dos milhares de imigrantes que por décadas se deslocaram para o sul, o sertão nos ofereceu, por meio de nossos melhores artistas, obras-primas como o romance *Vidas secas*, de Graciliano Ramos; o *Auto da Compadecida*, de Ariano Suassuna; as canções "Vozes da Seca" e "Asa Branca", de Luiz Gonzaga; ou as peças em barro de mestre Vitalino, de Caruaru. São obras que se tornaram parte do imaginário dos brasileiros, rurais ou urbanos, de qualquer região do país.

Em muitos aspectos, o sertão ainda parece ter parado no tempo. Ao se chegar nas pequenas cidades, há idosos nas janelas e senhoras atravessando as ruas com sombrinhas para fugir do calor. Todos são acolhedores e hospitaleiros. Ainda há pouca água e preocupação com a falta de chuva. Continua a paisagem da caatinga, com seus galhos emaranhados, cactos, árvores barrigudas, ipês floridos, bromélias, palma – que, nos tempos de seca, fica cinza e se esverdeia nas primeiras chuvas. Bodes e cabras com sinos ainda pastam no meio da aridez. A paisagem das serras e chapadas, os personagens e os bichos do sertão, como o pássaro aracuã, as formigas carnívoras ou o lagarto teju continuam impactantes.

Mas o som ao redor mudou. Saíram jumentos e mulas, mais raros. Não há mais *"o rico anda de burrico e o pobre anda a pé"* da letra do cearense Humberto Teixeira. Os ricos têm caminhonetes potentes e os pobres andam de motos de baixa cilindrada. Há motocicletas em todo canto, nas áreas urbanas e rurais. Levam pessoas solitárias, casais, famílias. A criatividade nordestina tem transformado motos em triciclos utilizando-se eixos de carros abandonados em ferros-velhos. Dessa maneira, há motos de três lugares, moto-caminhonete e moto de até dez lugares. A moto é o novo animal de transporte brasileiro.

As estatísticas mostram que uma das regiões em que a religião católica mais resiste ao avanço evangélico é o Nordeste. Talvez não por muito tempo. Tome-se o caso do Vale do Catimbau, na transição entre o agreste e o sertão no estado de Pernambuco. Com menos de dois mil habitantes, a vila ali localizada possui 12 igrejas evangélicas. No final tarde de domingo, parece que toda a população do lugarejo coloca seus melhores e mais recatados trajes para orar. São famílias inteiras, dos idosos às crianças, caminhando sob as últimas luzes do sol, carregando bíblias de capa de plástico preto, sob olhares de alguns bêbados que ainda subsistem nos botecos. Já com relação à igreja católica, na praça principal, ninguém lembrava qual tinha sido a última vez em que houve uma missa celebrada. A averiguar se essa mudança na religião afetará o voto, já que o interior do Nordeste se mantém fortemente lulista/petista nas eleições presidenciais e os evangélicos brasileiros possuem uma tendência de voto na direita.

A série de *streaming* "Cangaço Novo" foi celebrada por causa das excelentes cenas de ação envolvendo assaltos a banco no interior do Ceará. Mas a obra está desatualizada. As agências bancárias estão desaparecendo não só pelos roubos, mas também por causa do Pix. O Pix é cobrado nos restaurantes, nas lojas de artesanato, pelas manicures, nos postos de gasolina e nos pousos para dormir. Todo mundo tem celular, principalmente para enviar áudios, e quase todo mundo cobra pelos seus serviços em Pix, que se tornou uma mania nacional. Tente pagar em cartão que lhe pedirão para fazer um Pix.

A indumentária, há décadas, não é o gibão de couro – a vestimenta descendente da *jubba* árabe que por séculos dominou a região. Compradas nas feiras, hoje as roupas são as produzidas pelo polo de confecção do Agreste, como no município de Santa Cruz do Capibaribe, mas que está sendo sufocado pelas importações industriais chinesas. Preponderam as camisetas e shorts de *nylon*, muitas vezes em estampas coloridas ou com inscrição em inglês. As sandálias de couro foram substituídas pelos chinelos de borracha. O chapéu típico, por um boné. Quem quiser se aprofundar sobre esse assunto pode assistir ao documentário *Estou me guardando para o carnaval chegar*, sobre os empreendedores da confecção de Toritama (PE), uma das cidades mais liberais do Brasil.

As casas de pau a pique, cor de barro, com locais externos que serviam como banheiros, estão cada vez mais atípicas. Os domicílios com paredes coloridas, graciosos, com telhados inclinados, também estão desaparecendo. Passaram a dominar a paisagem as residências e comércios de tijolos (aparentes ou cobertos por azulejos), de estrutura de ângulos retos, com caixa d'água azul sobre a laje. O que se perde em estética (muito), pode ser que se ganhe em qualidade de vida, pois as novas moradias possuem água encanada e, por exemplo, são menos sujeitas à infecção de barbeiros, que trazem a doença de Chagas, que por séculos foi uma praga comum de Minas para o Norte.

Não se escuta tanto Luiz Gonzaga. Os principais ritmos do forró (xaxado, coco, baião e xote) evoluíram para a pisadinha, de cantores como João Gomes, em que o forró se torna eletrônico e o trio acordeom, zabumba e triângulo pode dar lugar a um teclado com ritmos pré-programados. Esse estilo é tocado até nas igrejas evangélicas no estilo pisadinha gospel. Como no filme, *O céu de Suely*, versões tecnopops traduzidas de sucessos internacionais ainda se ouvem nos bares e restaurantes, em que a carne de bode é iguaria e o roedor preá, mesmo com restrições de órgãos ambientais, é também um tira-gosto admirado junto com a cachaça Pitú. No sertão, escuta-se também bastante a música sertaneja originária nos estados em torno de Goiás.

Emprego continua difícil. Se não fossem os auxílios governamentais, como o Bolsa Família e a aposentadoria para os idosos, a imigração para o Sudeste ou agora para o Centro-Oeste, não pararia. Pessoas sem qualificação conseguem trabalhar na agricultura, mas apenas nos tempos de chuva. Na seca, esperam. Uma esperança pode estar no fato de que cada vez mais as pessoas têm valorizado a educação, incluindo cursos superiores, mesmo que a distância. A conferir se esse movimento em direção ao aprendizado trará algum tipo de desenvolvimento local.

A sensação de insegurança também cresceu exponencialmente nos últimos anos. As casas agora estão com cercas e grades. Inclusive, condomínios horizontais do Programa Minha Casa Minha Vida, logo depois de inaugurados, ganham muros construídos pelos próprios moradores em busca de proteção. Temem dos pequenos furtos ao cangaço novo. A milícia, que já domina as regiões metropolitanas, aproxima-se do sertão.

Se a análise é de longo prazo, os índices sociais mais importantes, como mortalidade infantil, expectativa de vida ou saneamento têm melhorado no Nordeste – basta buscar os números oficiais. Não na velocidade necessária, mas a passos lentos.

Falta muito e o desafio está posto. O sertão brasileiro continua em busca de sua vocação econômica adaptada aos tempos atuais para sobreviver em um mundo tão conectado e competitivo. No caso de Pernambuco, uma obra tão esperada, como a ferrovia Transnordestina até o porto de Suape, foi prometida para ficar pronta em 2010 e quase nada aconteceu no estado, o que enseja certo desânimo. Criticada no Sudeste, a continuidade da polêmica e superfaturada obra da refinaria Abreu e Lima, pela Petrobras, foi bem recebida como maneira de impulsionar o desenvolvimento. No entanto, cabe aos que formulam as políticas públicas do Brasil apresentar uma solução viável para a população que vive na terra. Criativos, trabalhadores, sobretudo fortes, os sertanejos, que serão a mão de obra e os beneficiados desse sertão sustentável, são um bônus e só têm a colaborar para uma era de desenvolvimento mais do que merecida.

27. A POLÍTICA DO JUDICIÁRIO

Imagine se o filósofo Friederich Nietzsche, ateu, tivesse razão ao intuir que o que mobiliza o humano é ter poder, cada vez mais poder. Ou então, que o versículo presente no início do Eclesiastes, da Bíblia, *"Vaidade de vaidades, diz o pregador, vaidade de vaidades! Tudo é vaidade"*, tenha sido acurado ao definir que esse sentimento é o que move profundamente cada ser. Logo, aceitando-se essas premissas, laica ou religiosa, poder ou vaidade seriam as forças motrizes do que constituem as pessoas nas suas relações com os demais.

Além disso, imagine que exista alguém em posição de determinar, ao final, quem tenha razão numa disputa qualquer de relevância para a sociedade – ou seja, que exerce esse arbítrio de fato. Como não ser tomado pelas demandas intrínsecas do poder ou da vaidade? Esse papel de juízo final pertence a um integrante do Supremo Tribunal Federal brasileiro. Por decisões colegiadas ou pelos ainda mais controversos vereditos monocráticos – com poder até de reverter multas milionárias a empresários que admitiram ser corruptos – são essas autoridades que têm o encargo de decidir quem está correto nos temas que dividem nossa comunidade tantas vezes polar.

Numa sociedade ideal não haveria lei penal. Em um suposto paraíso, praticamente não haveria leis. Sujeitos racionais, sempre a agir de maneira ética, não entrariam em grandes conflitos a ponto de precisarem de uma interferência do Estado.

O mundo real se dá ao contrário dessa utopia. Sem punição, justa ou não, sem sistema legal, justo ou não, nenhuma sociedade se sustenta. Desaba em poucos dias, talvez em poucas horas. Porque por baixo da capa de civilização e humanidade somos animais que buscam a sobrevivência. E sobreviver, atacar, conquistar e matar são quase verbos sinônimos. A situação menos ruim é acatar o sistema legal, no fundo, apenas um limite que nos impende de sermos quem somos nos recônditos. Mas o sistema legal é aceitável apenas quando estiver ancorado no que chamamos democracia, onde as pessoas têm direito a se defender publicamente perante as instituições.

O bom cidadão precisa cumprir as leis, prevê o censo comum. Mas, além de contarmos com uma das constituições mais extensas e detalhadas do mundo, há no Brasil 6,8 milhões de normas que regem a nossa vida (Zeina. 2022, p. 78). Não é irrazoável imaginar então que se tivermos que, a partir de amanhã, seguir todas as normas que nos impõem, o país se paralisaria automaticamente.

Parece haver um certo orgulho nacional em criamos leis que resolveriam os problemas, incluindo os econômicos e os sociais. Mas na prática não é isso o que ocorre, já que do papel para a geração de riqueza o caminho costuma ser muito mais árduo do que imaginam os legisladores.

Muitas vezes, costumam ser dignos de compaixão os cidadãos não poderosos, injustiçados, que precisam de decisões do judiciário – podem ter que esperar por décadas. No Brasil não se acredita muito em cumprir as leis, mas que um juiz tome uma decisão amigável, pessoal. Sem falar de um sistema judiciário enorme em comparação com os demais países do mundo, que movimenta uma gigantesca máquina de magistrados e advogados a consumir os recursos da sociedade e até a provocar algum ressentimento em alas mais radicais.

Quem ler o livro de Felipe Recondo e Luiz Weber, *O tribunal: como o Supremo se uniu ante a ameaça autoritária*, sobre a relação do STF e o governo Bolsonaro, perceberá que os juízes togados não se limitaram a fazer o papel de intérpretes objetivos da Constituição. Muito além disso, atuaram no limite tênue entre interpretar a lei e agir como um poder moderador, a influir na administração pública, delimitando os espaços de atuação dos poderes Executivos, também atribuindo-lhe funções.

Na era Bolsonaro, a cúpula do Judiciário brasileiro ainda se encontrou com a principal circunstância que faz os desiguais se unirem: um inimigo em comum. Se de fato Bolsonaro, hoje inelegível, pretendia liderar um golpe de Estado – e já havia evidências robustas nesse sentido –, encontrou o STF como uma barreira.

Nessa missão que se concederam, os togados agiram como políticos estrategistas com uma causa a encabeçar. Nesse sentido, é preciso ser bastante ingênuo para acreditar que as nomeações de Lula e Bolsonaro para a mais alta corte se basearam em critérios como "notório saber jurídico" – esse predicado não é mais suficiente, nem mesmo necessário para que alguém conquiste uma cadeira no Supremo, no máximo um lustre. O que vale é a fidelidade e a capacidade política, o que não é um demérito porque é impossível ocupar um papel como esse sem se valer da política constantemente.

As idas e vindas do judiciário brasileiro, entretanto, colaboram para a instabilidade existencial das pessoas em relação a quem tem a última palavra no país. Um exemplo é se a prisão valeria após a segunda instância ou depois do trânsito em julgado, tema que ficou marcado pelo "vaivém jurisprudencial", conforme a obra de Weber e Recondo mostra. Com a última decisão pela segunda hipótese, de 2019, o STF pavimentou a vitória de Luiz Inácio Lula da Silva como presidente do Brasil, retirando-o da carceragem. Antes disso, o STF corroborou as decisões condenatórias contra Lula, por corrupção, em instâncias inferiores, mantendo-o na prisão.

Poucos anos antes, uma decisão do ministro Gilmar Mendes impediu que Lula se tornasse ministro de um governo Dilma Rousseff em apuros, com base em uma gravação tida como ilegal do juiz da operação Lava Jato Sergio Moro. O mesmo Moro, nos atos seguintes, foi minado por uma série de decisões de ministros do Supremo anulando delações da Lava Jato.

Também ocorreram as disputas televisivas entre ministros, os pedidos de vistas eternos, e até uma inesperada presença do atual presidente do Tribunal, Luiz Roberto Barroso, a receber uma vaia em palanque da União Nacional dos Estudantes, episódios que têm deixado perplexos até quem sempre busca ver a Corte com os olhos da boa-fé. Há também as operações envolvendo combate a corrupções, autorizadas e depois canceladas pelo judiciário por questões formais, dando espaço para a sociedade imaginar que todo esforço foi em vão. Afinal, pensa o cidadão comum, houve ou não houve desvios bilionários? Se houve, mesmo com os erros de procedimento judiciais, por que todos ficarão impunes? Como não interpretar todos esses movimentos sinuosos do Judiciário com alguma desconfiança? Ao longo do tempo, figuras políticas com suspeita de desapreço pelo regime democrático, como Jair Bolsonaro, também se aproveitaram dessas incongruências para atacar o poder Judiciário, buscando enfraquecê-lo e desmoralizá-lo.

Na disputa contra Bolsonaro, conforme interpretação possível do livro de Weber e Recondo, o Tribunal abraçou uma lógica de batalha. Seus ministros estiveram imbuídos do sentimento de que se não vencessem não sobreviveriam como instituição. Para isso, no cenário de névoas, ligaram o que costuma se chamar, no jargão jornalístico, de o rolo compressor. A citação é longa, mas necessária, sobre o que constitui o Supremo nos últimos anos:

"O STF ampliou o seu poder de atuação na prática, não dependeu de mudanças legislativas que lhe garantissem novos instrumentos ou redefinissem seus limites. Em certas ocasiões, promoveu a expansão na marra. O tribunal não se restringiu, nem sempre foi deferente aos outros Poderes, nem foi ortodoxo quando lhe interessou. Escolheu o que julgar, quando julgar, e como julgar. Decidiu não decidir de forma estratégica. Decidiu decidir como entendesse mais adequado. Reinterpretou determinados conceitos conforme suas estratégias processuais e institucionais, mudou seus próprios entendimentos conforme a circunstância de momento, decidiu casos com um olho no direito e outro na conjuntura política. No nome de quem estava sendo processado" (p. 238).

Em suas convicções, formada paulatinamente pelos ministros, eles tinham pela frente um adversário perigoso, potencialmente letal. Não ficaram na defesa, partiram para o ataque, o que inclui, como cereja do bolo, o inquérito sobre *fake news* conduzido por Alexandre de Morais. Investigação que, quanto instaurada, foi criticada por um senador hoje governista, Randolfe Rodrigues, como evidência de que haveria uma "ditadura de toga" em ação no Brasil. A expressão de que viveríamos em uma "ditadura de toga" virou mantra entre os bolsonaristas.

Se pensarmos na perspectiva dos integrantes do Supremo, havia explicação para seus atos heterodoxos. Do outro lado da trincheira havia um presidente da república que chamou o ministro Alexandre Morais de "canalha" e se confraternizou com gente que pedia AI-5 e intervenção militar na frente do comando militar em Brasília. Houve manifestações sombrias na frente da sede do STF que lembravam rituais da Ku Klux Kan. A essas questões soma-se o processo eleitoral sendo diariamente achincalhado por meio de tentativa de deslegitimar as urnas eletrônicas, xingamentos pessoais de todos os tipos na internet, ambiguidades e hiatos nos posicionamentos dos comandantes das Forças Armadas.

Os acontecimentos de 8 de janeiro, que resultaram na depredação das sedes dos três poderes brasileiros, comprovaram que sim, que havia parte da sociedade mobilizada pelo golpe de Estado, mas sem o apoio prático de quem tinha os instrumentos para tal, apesar de um arroubo ou outro de alguns militares de alta-patente.

Mas o Plenário do STF também foi vandalizado no meio desse processo, violência inédita entre democracias consolidadas. O papel de Bolsonaro nessa possível conspiração ficou mais claro em vídeo divulgado no qual comandava reunião ministerial com o objetivo de perturbar a normalidade do processo eleitoral. Ainda há lacunas que, quando preenchidas, poderão levar Bolsonaro para a cadeia, local onde seus seguidores sectários tentarão transformá-lo em mártir, assim como outras pessoas tentaram fazer com Lula.

Uma questão filosófica sobre o sistema jurídico, entre outras, pode de ser colocada da seguinte maneira. Uma justiça "rigorosa" pode punir inocentes. Uma justiça preocupada em jamais castigar os castos poderá deixar de fora os mais ardilosos criminosos. A Operação Lava Jato, com seus atropelos legais, pode ser um exemplo da primeira hipótese. A situação política virou e a justiça se tornou mais cautelosa. Agora, o dilema se repete com os revoltosos de 8 de janeiro. A direita bolsonarista tenta fazer um *spin*, transformando-os em vítimas inocentes de processos marcados, segundo eles, não pela lei, mas pelo espírito de vingança.

Queremos a punição das pessoas que não nos agradam e a absolvição de quem nos conquistou afetivamente, mesmo que eles tenham cometido os mesmos crimes. Comemorar ou lamentar uma punição, logo, é mais uma questão de afeto do que de justiça – como se pode ver observando-se a parcela que comemorou a soltura de Lula. Tende ser a mesma que quer ver Bolsonaro, definitivamente, na prisão. Se você tem ódio de alguém é porque esse alguém, de alguma maneira, domina seu coração, já refletia Nietzsche – lembrando que corações são dominados também pelos afetos negativos, como intuiu Sergio Buarque de Holanda sobre os brasileiros.

Mas é preciso lembrar que nenhum desses que se dizem desolados pelos destino dos vândalos de 8 de janeiro lamentou a decisão intempestiva do ministro do STF Gilmar Mendes de tirar Lula do jogo político, em 2016, jogando uma pá de cal no governo Dilma. A verdade é que, se você aceita uma forma condenável para alcançar um objetivo admirável, em breve essa mesma forma será utilizada para objetivos também condenáveis do seu ponto de vista. A justiça, em tese, possuiria essas amarras formais ao agir sobre a sociedade, evitando a luta política desagregadora.

Há uma série de soluções intermediárias ou radicais para essas questões jurídicas. O filósofo Jean-Paul Sartre, após abraçar o marxismo maoista, recomendou o banimento da sentença judicial e todas as forças de tribunal. Acenou para uma justiça sem juiz, conduzida por proletários (Scruton. 2015, p. 156). O poder judiciário como simples representante da burguesia, contra os sem defesa, é um clichê presente nas universidades de cursos da área de humanas ao redor do mundo. A nova direita inverteu a interpretação e coloca o judiciário como um poder que defende privilégios de uma minoria autoritária, elitista, contra uma maioria acuada. Nisso, essa direita se atemoriza com decisões do judiciário a favor da liberação do aborto ou do consumo de drogas.

O direito também atua em um ponto cego. Por exemplo, quem de nós pode afirmar com certeza que um senhor de 80 anos que caminha pela calçada, sem nenhum processo nas costas, nunca matou alguém? Por acaso o seguimos desde a tenra idade em todos seus dias? É impossível ter a completa certeza da inocência de qualquer pessoa sem possuir poderes divinos (até que as câmaras *Big Brother* dominem nossa sociedade). Toda punição, nesse sentido, é parcial, porque os punidos são apenas os que foram pegos, justa ou injustamente, sem conseguir efetivamente se defender, e não a totalidade dos que cometeram crimes.

Além disso, o judiciário parte do princípio de que os atos humanos são feitos a partir de seres livres e autônomos. Se imaginarmos, por hipótese, que as pessoas podem ser prisioneiras de certa maneira de agir, o que pode incluir ações criminosas, punições não têm a função de corrigir, mas apenas de intimidar e proteger as vítimas de delinquentes.

Se Bolsonaro tentou de fato dar um golpe de Estado, devemos reconhecer que o judiciário ajudou a abortar um plano malsucedido – fora a negativa de parte da cúpula militar em praticar a ilegalidade. Mas como a realidade não comporta posições maniqueístas, juízes, há momentos, parecem acreditar que são heróis acima do bem e do mal. Esqueceram-se, talvez, de que o seu papel formal é ser guardião de um texto que é produzido por parlamentares e, ao irem além desse ponto, precisam não só ter a total convicção de que a causa é nobre – como "salvar a instituição ou a democracia" – como provar à sociedade por que merecem o apoio. Fora disso, agravam a já tensa situação política brasileira.

Ainda há fatores que precisam ser levados em conta. Uma Constituição complexa, detalhista, uma sociedade dividida que tende a levar suas questões para o judiciário, uma corte suprema com debates transmitidos para a população. Difícil que, numa situação como essa, a justiça não se envolva em polêmicas, até porque não importa que decisão seja tomada, sempre haverá parte da sociedade a questioná-la.

Não existem julgadores sem pecados, imunes ao poder, alheios à vaidade. Se apenas os puros pudessem julgar, todo crime prosperaria sem punição pelo simples fato de que as cadeiras da magistratura ficariam vazias. Mas não seria de todo mal os juízes terem alguma autoconsciência de que suas agendas pessoais, decisões sem justificativas convincentes, e abusos injustificados podem contaminar um poder que, em tese, deveria contar com o suporte das leis e a confiança dos brasileiros – algo cada vez mais labiríntico nos dias atuais.

28. BRASILEIROS, MAS ANTES DE TUDO HUMANOS

O período entre o nascimento e a morte pode ser considerado uma sequência de júbilos, surpresas, aprendizados, grandes e pequenas decepções, alegrias fugidias, angústias, desejos frustrados, conquistas, perdas, amores transitórios e definitivos, doenças, esperas, amolações, rotinas, festas, trabalho, conquistas vãs, esperanças não realizadas, cansaço – numa trajetória inexorável em direção ao túmulo, à cremação, ao desaparecimento ou à cova rasa, a depender das circunstâncias. A desvantagem da lucidez é que ela é prima-irmã do realismo, que por sua vez pode ser uma intercessão perfeita com certo pessimismo.

Fomos jogados no mundo. Não termos escolhido nascer e ao mesmo tempo lidar com obrigações, regras morais, cobranças afetivas é uma carga que não tem justificativas. A rigor, se refletirmos, o máximo que se pode exigir de alguém é que tente, se possível, machucar menos os outros. Como impor algo, uma maneira de se comportar e pensar, a quem nem mesmo optou por estar nesse mundo? É como ser obrigado a ir a uma festa e ser forçado a dançar no meio da pista aos olhos dos outros.

Sempre quando há outra pessoa em jogo, nas relações, sofreremos desenganos. Até porque, de alguma maneira, quando mais afeto temos por alguém, mais queremos que ela esteja conosco, que compartilhe nossos gostos e hábitos, e seja como nós – o que é impossível, porque essa outra pessoa vive em seu próprio espaço de liberdade, com suas próprias dúvidas, angústias e decisões urgentes a tomar. Possui reivindicações diferentes em relação a você e aos outros. Nesse sentido, a condição básica de qualquer humano é a mais profunda solidão, mesmo que cercada de amores, amizade e afetos.

Buscaríamos compensar essas questões estruturais de insatisfação nos agarrando ao que a vida pode oferecer como compensação: bens materiais, trabalho, bebida, sexo, criar uma família, religião, ativismos políticos, lutar por mais poder no ambiente de trabalho, uso de substâncias entorpecentes, vandalismo, pixações, prática ou torcida nos esportes, usufruir da cultura, *hobbies*, criar artisticamente, debater em grupos de WhatsApp. Desesperadamente, e muitas vezes sem perceber, tentamos nos agarrar sempre a algo para seguirmos na vida. Nosso envolvimento e atividades diárias nos ajudam a refletir menos sobre a precariedade e o desamparado de nossa condição.

A partir do momento em que nos livramos das necessidades do corpo, como a fome, o frio e o medo de um perigo imediato, como um predador, já entramos nessa estrutura de *"tristeza não tem fim; felicidade, sim"*, como percebia o poeta Vinicius de Moraes (poetas percebem essas coisas muito mais do que os especialistas em ramos de conhecimento humano). A melancolia seria verdadeira; já as exibições de alegria, algo a ver com o disfarce de uma situação de desconsolo. *"Felicidade se acha em horas de descuido"*, avisou o escritor Guimarães Rosa, no conto "Barra da Vaca", em sua obra *Tutameia*. As consolações da vida se dão nos momentos de amizade, carinho, sono, conforto, mas, sobretudo, de esquecimento.

Pequenas e grandes felicidades muitas vezes se seguem quando superamos algo que não precisaria ter ocorrido. Pensem no contentamento quando se encontra um objeto perdido após dias de procura. Ou na cura de uma doença de alguém querido. Ou na vitória em um processo judicial. O melhor seria não ter ocorrido a perda, a doença ou o processo. Já felicidades positivas, como, por exemplo, ingressar numa universidade, ganhar numa loteria, ou mesmo comemorar uma gravidez, tem muito a ver com expectativas de futuro, não com o presente. Outra situação de felicidade ocorre quando rememoramos determinadas situações, como uma viagem, um começo de relacionamento, um primeiro encontro. Mas, quando vividos no presente, talvez esses acontecimentos tenham sido tomados por tensões e pequenos aborrecimentos. O rememorar faz aflorar o bem-estar que estava envolvido em determinado acontecimento e faz esquecer o que incomodava naquele exato momento vivido.

A amargura de quando se sofre uma injustiça como o racismo, o assalto, a doença nossa ou de quem amamos, a fome, a miséria, é quando esse vazio intrínseco a nós é preenchido de forma violenta. É quando, de maneira penosa, o mundo não nos deixa nem mesmo sentirmos que a nossa estrutura se dá nos espaços desocupados da vida.

Tudo o que nos permeia é perpassado pela terminalidade, está em direção a um fim. Seja da perspectiva dos bilhões de anos no universo seja na perspectiva dos poucos dias ou horas de um alimento. Móveis estragam, casas precisam ser ocasionalmente reformadas, carros necessitam de revisões e ser vendidos antes de se tornarem inviáveis. Objetos somem, eletrodomésticos estragam, buracos aparecem nas ruas. Até países surgem e depois encontram momentos de decadência. Modas e gostos vêm e vão. Empresas entram em falência. A trajetória das coisas, inanimadas ou não, é em direção a morte, até mesmo para dar lugar a algo novo, que um dia também perecerá. Esse desgaste, esse atrito, essa deterioração, compõe-nos e nos afeta, causa sofrimento. A celebração ou atribuição positiva à vida é uma reação a um mundo nosso em direção ao desparecimento.

Porque a vida nesse ínterim do nascimento à morte é preencher esse gigantesco espaço vazio entre esses dois momentos. O dia que se nasce é o dia em que se começa a morrer, e essa terminalidade é sentida diariamente. E, muitas vezes, um caminho, nem mais ou menos digno do que outras opções, é colocar boa parte de nossa carga emocional nos destinos de um país ou em nos pertencer a alguma nação. O pertencimento de ser brasileiro significa uma maneira de preencher o vazio, de se ligar a algo que estaria além da terminalidade das coisas – veja que muitas nações têm origem míticas, o que levaria a ser algo suspenso em relação ao tempo. Lembramos que não escolhemos ser brasileiros ao nascermos. E, como nação historicamente nova, o Brasil não tem nem mesmo uma origem mitológica a apresentar. Isso talvez nos dê uma consciência maior da provisoriedade de todas as coisas.

Cada pessoa é ao mesmo tempo semelhante num genoma e única e diferenciada na sua percepção do mundo. Daí a dificuldade de se falar sem incorrer em erros e caricaturas sobre questões como o que constitui a identidade nacional. Mas temos uma trajetória histórica compartilhada, de língua, de governantes, de leis, de aspectos culturais, o que acaba por nos direcionar para certos comportamentos comuns.

Temos a questão da mistura. Da bagunça. Da impontualidade. Do jeitinho presente desde as pequenas coisas como nas grandes, como as leis que não pegam, para inglês ver – numa referência histórica ao acordo de proibição de tráfico de escravos, no século 19, que serviu apenas para tentar enganar os britânicos abolicionistas enquanto os navios seguiam a contrabandear escravos para nossas terras.

Temos a capacidade de nos adaptar e conviver com o que é diferente. Temos "não brancos" que tocam bem ritmos africanos e o samba enquanto negros são virtuosos nos instrumentos europeus de uma orquestra sinfônica. Pardos estão em todo lugar. Mesmo os negros e quem se sinta como branco há de ter, no mínimo, algum pardo em sua ascendência. Deveríamos ter orgulho de nosso viralatismo e lembrar que raças definidas são para animais de rebanho ou de estimação, não para nós.

A facticidade de nossa vida e de nossa história está presente até hoje: violência, sofrimento, escravidão. Temos a fina capa de ser um país de pessoas gentis, leves, e estatísticas de país violento. Não temos sabido como superar a pobreza em definitivo, usamos o Estado para que a renda do país se concentre numa minoria, e fomos um dos últimos países a abolir a escravidão. Nós vamos decidir o que fazer com essas constatações desairosas para seguir em frente. A sugestão é que não sejamos tomados pelo ressentimento nem pelo esquecimento.

Há várias maneiras de nos posicionarmos perante nossa vida. Podemos ser pretos, pobres. Ricos, privilegiados. Pardos, miscigenados. Descendentes de escravos. Descendentes de europeus. Descendentes de escravos, índios e europeus ao mesmo tempo. Podemos ser evangélicos, católicos, espíritas, umbandistas, ateus, agnósticos, sincréticos. Direitistas, esquerdistas, oportunistas. Otimistas, pessimistas, melancólicos, desiludidos. Cultos e ignorantes. Brasileiro é um pouco isso, vir de qualquer lugar, o que que pode significar não ser de lugar nenhum.

A vida, como já foi defendido algumas vezes aqui, pode ser radicalmente reduzida a apenas à ocupação do tempo do nascimento à morte. Cada um pode preencher esse tempo da maneira como puder. Julgar que uma vida é superior à outra sempre é uma operação arbitrária quando se sabe que todos os valores podem ser individualmente acatados ou descartados numa situação em que não há hierarquias entre o certo e o errado.

No fundo, nada é ético ou não ético em si, bom ou mal em si. O mundo é indiferente à nossa maneira de julgar. A gente escolhe se quer ter reações morais frente aos acontecimentos que passam frente aos nossos olhos. A gente que escolhe se ser brasileiro será algo fundamental na nossa vida. Nascemos neste país; sem dúvida, somos afetados pelos seus valores, pela sua sociedade. Mas somos livres para dimensionar que peso isso terá em nossa vida. Isso valeria para outras questões, como gênero, etnia, sexualidade. As coisas factuais não são determinantes em si. O que importa mais é o que fazemos com ela.

Posso querer ser guerrilheiro anticolonial, posso querer ser militante religioso, ortodoxo, posso querer ser batedor de carteiras. Posso tentar ser músico, jogador de futebol, jornalista, professor (se vou conseguir é outra história). Posso preferir a indiferença. São apenas opções entre outras, de um ponto de vista moral; são decisões que terão consequências bastante diferentes em nossa vida, que podem nos levar à riqueza, à glória, ao reconhecimento ou à prisão. Do ponto de vista existencial, um ambiente em que a moralidade pode ficar sem espaços, qualquer decisão pode ser ao mesmo tempo indefensável ou inatacável.

Gays, negros, trans, todas as letras que representam a sexualidade contemporânea, os sexos, numa sociedade utópica seriam uma denotação que teria cada vez menos peso quando se imagina um objetivo harmonioso. Porque se o fim é a igualdade, por que tanta obsessão em nos diferenciarmos?

"Como conseguir em nosso mundo uma convivência pacífica entre as pessoas apesar da diversidade de raças, classes, cores, religiões e convicções? Esse é o problema com que toda comunidade, todo país sempre volta a se defrontar. A nenhum outro país senão o Brasil, ele se impôs em uma constelação tão complicada, e nenhum outro país – e é como grato testemunho disso que escrevo este livro – conseguiu resolvê-lo de maneira tão feliz e exemplar como o Brasil", afirmou Stephan Zweig numa visão ingênua de um refugiado do nazismo sobre o nosso país.

Zweig acertou no diagnóstico. Mas não conseguiu ver que nossa harmonia é apenas uma camada de desacertos profundos longe de ser resolvidos. E a solução passa por uma miríade de tarefas a serem cumpridas na área da educação, economia, comportamento, fortalecimento da impessoalidade e eficiência das instituições, numa lista sem fim.

Sempre haverá conflitos na nossa trajetória futura. Porque se há humanos, há conflitos. Conjunturas e circunstâncias costumam colocar pessoas contra outras, mesmo que elas sejam bem-intencionados. O atrito é intrínseco entre nós.

Se o universo tivesse um ano (tem 13,8 bilhões), comparativamente, a civilização teria 14 segundos, e o Brasil teria surgido no último átimo das coisas. Podemos acabar com tudo a qualquer momento, mas estamos ainda no começo e abertos para qualquer possibilidade. Somos ainda crianças.

A HISTÓRIA DESSA HISTÓRIA

Esta obra aconteceu mais ou menos assim. Sempre quis produzir algo de certo fôlego sobre o Brasil, tema que além de ser o lugar onde nasci é uma obsessão desde criança. Afinal, o que e quem somos? Em agosto de 2023, Andreza Matais, então diretora da sucursal do *Estado de S.Paulo*, incitou-me a escrever artigos para o site do jornal. Marco Pace, editor da Almedina, após ler alguns textos, convidou-me para conceber um livro sobre o país. Formalizei a tarefa exatamente no dia em que me ia embora de Pernambuco, após uma passagem de quase um semestre por aquelas terras e mares. Pedi uma audiência com o argentino Julio Cabrera, meu mentor filosófico há duas décadas, e, num encontro notável e longo num café em Brasília, concebemos o esboço deste livro. Com a ajuda de Vítor Diniz, que foi o mecenas dessa história, além de conselheiro sênior, enclausurei-me para dar conta do dever (abraços aos meus grandes amigos recifenses, incluindo ao já brasiliense Rafa e à Cecília). Já Murilo Medeiros, com a notável diligência profissional, garantiu que a nossa máquina de produção de fatos e dados sobre determinadas regiões e cidades do Brasil continuasse a todo vapor.

Nesse meio-tempo, parei apenas para visitar meu pai, minha madrasta, minha mãe e meus irmãos em Belo Horizonte no Natal, além das tias queridas e meus sobrinhos fofos: Ana, Toninho e Olívia. Por uma semana interrompi o projeto para gravar um disco de *punk rock* brasileiro com meus antigos companheiros de jornada, André Lacerda e Marcelo Moraes, no estúdio do Fernando Jatobá (por favor, escutem a banda Gentlemans). De vez em quando conversava sobre música com o pessoal da minha primeira banda, os Poors, de Belo Horizonte. Também saí do foco uns poucos dias para a comemoração dos 80 anos de meu pai, em Florianópolis, em um evento-surpresa – nessas ocasiões, os irmãos discutem sempre sobre o Brasil e o mundo de maneira intensa, quase bárbara, perto das vias de fato por causa das discordâncias.

De vez em quando havia rápidos debates sobre a vida com a Andreza e com a Fernanda. E sempre me atualizava com a Mayra Amaral (abraço ao Ângelo!).

Tarefa finalizada, pedi para meu irmão Bruno Lana, que é economista, ler o texto. O tanto de imprecisões que achou me deixou até com certo embaraço, mas, corrigidas, permitiram-me a segurança de enviar novamente a Julio Cabrera, que, em outro invulgar encontro em café diverso, apontou-me certas questões filosóficas a serem aprimoradas. Adriano Ceolin foi o primeiro que me disse que o texto estava aceitável.

No meio-tempo conversava com tanta gente. Os que me inspiraram e não estão nominalmente citados aqui sabem quem são.

Quando queria saber qual a opinião de "direitistas" sobre determinado tema, enviava ao grupo "Purgatório da Treta", do meu colégio Marista Dom Silvério, de Belo Horizonte. Quando precisava de maiores referências sobre a "esquerda", tenho colegas da filosofia e mesmo do jornalismo que me ajudaram bastante. Estava muito bem servido por ambos os lados da tal polarização. Ronaldo Barreto, *google boy*, ou canadense vermelho, fez o papel de "isentão" nisso tudo, assim como a sempre isenta Isabella Tavarez.

Na minha casa, a infraestrutura para meus momentos de enclausuramento, às vezes radical, foram garantidas pela Clarinda e Deja. Não passei fome em nenhum momento. E conversávamos muito sobre o cotidiano da vida de tantas pessoas que ainda não estão retratadas nos livros e mesmo nas reportagens. Abraços também a todos da família da Lucinha, Gabi, Rafas, Alessandra, Mariah e Pietro pela convivência de sempre.

Agradeço à Luna Bolina, editora de desenvolvimento da Almedina Brasil e à produtora editorial Erika Alonso pelos preciosos cuidados com o texto. Os equívocos que restarem são de minha total responsabilidade.

E, finalmente, todo amor para a Lu e a Lavínia, que conviveram comigo nesse período de inquietude, escrita, leitura, pesquisa, alguma impaciência geral, e produção intensa. No meu pequeno escritório em Brasília, duas cachorras e um gato, bichos achados na rua, revezavam-se como companhia, dormindo debaixo da cadeira.

A todos agradeço por estarem juntos nesse processo.

INDICE ONOMÁSTICO

BIBLIOGRAFIA

Este livro não é uma obra acadêmica de interpretação de pensamentos de autores. Por isso, cada um dos livros citados aqui são frases ou parágrafos que suscitaram certas reflexões que muitas vezes se transformaram em anotações às margens das páginas ou em um caderno, escritas à lápis. Algumas foram aproveitadas durante o texto.

Livros:

ALONSO, Gustavo. **Cowboys do Asfalto**: música sertaneja e modernização brasileira. Rio de Janeiro: Civilização Brasileira, 2015.

AMARAL, Chico. **A música de Milton Nascimento**. Belo Horizonte: Editora e Consultoria Gomes, 2013.

ARENDT, Hannah. **Eichman em Jerusalém**: um relato sobre a banalidade do mal. São Paulo: Companhia das Letras, 1999.

ARON, Raymond. **O ópio dos intelectuais**. São Paulo: Três Estrelas, 2016.

BARCININSKI, André. **Tudo passará**: a vida de Nelson Ned, o pequeno gigante de canção. São Paulo: Companhia das Letras, 2022.

BELLOS, Alex. **Futebol, the Brazilian Way of Life**. New York: Bloomsbury, 2014.

BARROS, Celso Rocha de. **PT, uma história**. São Paulo: Companhia das Letras, 2022.

BOBBIO, Norberto. **Dicionário de política**. Brasília: Editora UnB, 2002.

BUENO, Eduardo. **Brasil uma história**: cinco séculos de um Brasil em construção. São Paulo: Leia, 2012.

CABRERA, Julio. **A filosofia no fogo cruzado de direita e esquerda**. Associação Nacional de Pós-graduação em filosofia. Disponível em:

https://www.anpof.org.br/periodicos/argumentos-revista-de-filosofia-ufc/leitura/1009/28600.

CABRERA, Julio. **Projeto de ética negativa**. São Paulo: Edições Mandacaru, 1989.

CABRERA, Julio. **Mal-estar e moralidade**: situação humana, ética e procriação responsável. Brasília: Editora UnB, 2017.

CAETANO, Galindo. **Latim em Pó**. São Paulo: Companhia das Letras, 2023.

CALDEIRA, Jorge. **A história da riqueza do Brasil**. Rio de Janeiro: Estação Brasil, 2017.

CARDOSO, Fernando Henrique. **A arte da política**: a história que vivi. Rio de Janeiro: Civilização Brasileira, 2015.

CARDOSO, Fernando Henrique. Winter, Brian. **O improvável presidente do Brasil**. Rio de Janeiro: Civilização Brasileira, 2006.

CARVALHO, Olavo. **O imbecil coletivo**: atualidades inculturais brasileiras. Rio de Janeiro: Record, 2018.

CUNHA, Euclydes da. **Os Sertões**. São Paulo: Publifolha, 2000.

DESBOIS, Laurent. **A odisseia do cinema brasileiro**: da Atlântida a cidade de Deus. São Paulo: Companhia das Letras, 2011.

DOLORES, Maria. **A vida de Miton Nascimento**. Rio de Janeiro: Record, 2022.

ELIAS, Norbert. **O processo civilizador**. Vol 1: uma história dos costumes. Rio de Janeiro: Zahar, 2011.

FAOUR, Rodrigo. **História da Música Popular Brasileira sem preconceitos**. Rio de Janeiro: Record, 2021.

FAUSTO, Boris. **História do Brasil**. São Paulo: Edusp, 2010.

FIGUEIREDO, Janaína. **Que passa Argentina**. Rio de Janeiro: Globo Livros, 2023.

FOUCAULT, Michel. **El yo minimalista y otras conversaciones**. Buenos Aires: Biblioteca de La Mirada, 2003.

FRAGA, Plínio. **Tancredo Neves**: o príncipe civil. São Paulo: objetiva, 2017.

FREUD, Sigmund. **Mal-estar na civilização**. Rio de Janeiro: Imago, 2002.

FRIEDEN, Jeffry A. **Capitalismo Global**. Rio de Janeiro: Jorge Zahar editor, 2008.

FREYRE, Gilberto. **Casa Grande & Senzala**. Recife: Global Editora, 2009.

GALEANO, Eduardo. **As veias abertas da América Latina**. Rio de Janeiro: L&PM, 2010.

GALINDO, Caetano W. **Latim em pó**: um passeio pela formação de nosso português. São Paulo: Companhia das Letras, 2023.

GASPARI, Elio. **A ditadura acabada**. Rio de Janeiro: Editora Intrínseca, 2016.

GOMES, Laurentino. **Escravidão Volume 1**. Rio de Janeiro: Globo Livros, 2019.

GORDON, Flávio. **A corrupção na inteligência**: intelectuais e poder no Brasil. Rio de Janeiro: Record, 2019.

HOBSBAWN, Hobsbawn. **A era dos extremos**. São Paulo: Companhia das Letras, 1994.

HEGEL, G.W.F. **Enciclopédia das Ciências Filosóficas**. Em Compêndio (1830). 2. Ed. São Paulo: Edições Loyola, 2005. Vol. 1 A.

HOBBES, Thomas. **Leviatã ou matéria, forma e poder de um estado eclesiástico e civil.** São Paulo: Editora Nova Cultural, 2000.

HOLANDA, SERGIO BUARQUE. **Raízes do Brasil**. São Paulo: Companhia das Letras, 2013.

KANT, Immanuel. **Fundamentação da metafísica dos costumes**. São Paulo: Barcarolla, 2009.

KIRK, Russel. **A política da prudência**. São Paulo: Coleção Abertura Cultural, 2013.

KIERKEGAARD, SOREN. **Temor e tremor**. Lisboa: Guimarães Editora, 1990.

KUBITESCHECK, Juscelino. **Por que construí Brasília**. Brasília: Edições do Senado Federal, 2010.

LAMPEDUSA, Tomassi. **O leopardo**. São Paulo: Editora Nova Cultural, 2003.

LATIF, Zeina. **Nós do Brasil**: nossa herança e nossas escolhas. Rio de Janeiro: Record, 2022.

LEAL, Victor Nunes. **Coronelismo, enxada e voto**. São Paulo: Companhia das Letras, 2012.

LLOSA, Mario Vargas. **La llamada de la tribu**. Santiago: Alfaguara, 2018.

MANSO, Bruno e Dias, Camila. **A Guerra**: a ascensão do PCC e o mundo do crime do Brasil. São Paulo: Todavia, 2022.

MARIA, Julio. **Elis Regina**: nada será como antes. São Paulo: Master Books, 2015.

MARX, Karl. ENGELS, Friederich. **A ideologia alemã**. Rio de Janeiro: Civilização Brasileira, 2007.

MAXWELL, Kenneth. **A devassa da devassa**. São Paulo: Paz e Terra, 2010.

MEDEIROS, Marcelo. **Os ricos e os pobres**: o Brasil e a desigualdade. São Paulo: Companhia das Letras, 2023.

MORAIS, Fernando. **Lula**. *Volume 1*. São Paulo: Companhia das Letras, 2021.

MILL, John Stuart. **A liberdade/utilitarismo**. São Paulo: Martins Fontes, 2000.

NICOLAU, Jairo. **O Brasil se dobrou à direita**: uma radiografia da eleição de Bolsonaro em 2018. Rio de Janeiro: Zahar, 2020

NIETZSCHE, Friedrich. **Genealogia da Moral**. São Paulo: Companhia das Letras, 1998.

NOSSA, Leonencio. **As guerras da independência do Brasil**. Rio de Janeiro: Topbooks, 2022.

NUNES, Felipe. Traumann, Thomas. **Biografia do abismo**: como a polarização divide famílias, desafia empresas e compromete o futuro do Brasil. Rio de Janeiro: Harper Collins, 2023.

PASQUALETTE, Bernardo Braga. **Me esqueçam**: Figueiredo, a biografia de uma presidência. Rio de Janeiro: Record, 2020.

PILAGALLO, Oscar. **O girassol que nos tinge**: uma história das Diretas Já, o maior movimento popular do Brasil. São Paulo: Editora Fósforo, 2023.

PLATÃO. **A República**. São Paulo: Editora Nova Cultural, 2000.

PINKER, Steven. **Os anjos bons da nossa natureza**. Companhia das Letras: São Paulo, 2011.

PINKER, Steven. **Tábula Rasa**. *São Paulo*. Companhia das Letras, 2004.

PRADO, Paulo. **Retrato do Brasil**: ensaio sobre a tristeza brasileira. São Paulo, L&PM editores, 2023.

RIBEIRO, Djamila. **Pequeno manual antirracista**. Companhia das Letras: São Paulo, 2019.

SANTOS, Yanê Lopes dos Santos. **Racismo Brasileiro**: uma história da formação do país. São Paulo: Todavia, 2022.

SARTRE, Jean-Paul. **O ser e o nada**: ensaio de ontologia fenomenológica. Petrópolis: Editora Vozes, 2003.

SCHOPENHAUER, Arthur. **O mundo como vontade e representação.** Rio de Janeiro: Contraponto Editor, 2004.

SCRUTON, Roger. **Tolos, fraudes e militantes**: pensadores na nova esquerda. Rio de Janeiro: Record, 2015.

SEABRA, Murilo. **Metafilosofia**: lutas simbólicas, sensibilidade e sinergia intelectual. Brasília: Bibliofonte: 2014.

SOWELL, Thommas. **Conflito de visões**: origens ideológicas das lutas políticas. São Paulo: Coleção Abertura Cultural, 2011.

SPYER, Juliano. **O povo de Deus**: quem são os evangélicos e por que eles importam. São Paulo: Geração Editorial, 2021.

SUASSUNA, Ariano. **Iniciação à estética.** Rio de Janeiro: José Olympio Editora, 1972.

TINHORÃO, José Ramos. **Música Popular**: um tema em debate. São Paulo: Editora 34, 1997.

TRELLINI, Piero. **Anatomia do Sarriá**: Brasil x Itália, 1982. Campinas: Editora Grande Área, 2022.

WAPSHOTT, Nicholas. **Keynes x Hayeck**: as origens e a herança do maior duelo econômico da história. Rio de Janeiro: Record, 2016.

WILLIAMSON, Edwin. **História da América Latina.** Lisboa: Edições 70, 2009.

WILSON, O. Edward. **O sentido da existência humana.** São Paulo: Companhia das Letras, 2014.

WILSON, O. Edward. **A conquista social da terra.** São Paulo: Companhia das Letras 2012.

WITTGENSTEIN, Ludwig. **Da Certeza.** Lisboa: Edições 70, 1969.

WITTGENSTEIN, Ludwig. **Investigações Filosóficas.** In: Wittgenstein, Coleção Os Pensadores. São Paulo: Nova Cultural, 2000.

WITTGENSTEIN, Ludwig. **Tractatus Logico-philosophicus.** São Paulo: Edusp, 1993.

ZWEIG, Stephan. **Brasil: um país do futuro.** São Paulo: L&PM, 2022.